I0820723

La casa de mi madre

GROU

SHARI FRANKE

La casa de mi madre

LA LUCHA DE UNA HIJA POR LA LIBERTAD

Traducción de Miguel Trujillo Fernández

GROU

Papel certificado por el Forest Stewardship Council®

Título original: *The House of my Mother*

Primera edición: septiembre de 2025

Printed in Spain – Impreso en España

ISBN: 979-13-87724-21-4
Depósito legal: B-12.136-2025

Compuesto en Compaginem Llibres, S. L.
Impreso en Rotoprint by Domingo, S. L.
Castellar del Vallès (Barcelona)

GT 2 4 2 1 4

Para cualquier persona que haya sido silenciada,
manipulada, maltratada o se sienta sola.
Eres más fuerte de lo que piensas.
Que los ángeles terrenales y celestiales te eleven.

ÍNDICE

TERCERA PARTE:
La hechicera

CUARTA PARTE:
La humanidad acosada por los demonios

PRÓLOGO

Hay historias que nacen de un susurro, de una voz que apenas se atrevía a existir. Que se quedan atrapadas entre recuerdos confusos y emociones reprimidas, esperando el momento justo para salir a la luz. Historias que, cuando por fin se cuentan, tienen la capacidad de conmover, de incomodar y también de despertar conciencias.

La de Shari Franke es una de esas historias.

Durante años, millones de personas siguieron su vida a través de una pantalla. La vieron crecer junto a sus hermanos, jugar con ellos, celebrar cumpleaños, ir de vacaciones... Para muchos, eran la imagen de la familia perfecta. Pero lo que se muestra a través de la cámara no es siempre lo que sucede cuando esta se apaga.

La casa de mi madre es el intento valiente de una hija por recuperar su voz, por contar el abuso oculto tras las paredes de un hogar aparentemente feliz. Pero esta obra no es solo un relato autobiográfico, también es un espejo en el que nos vemos reflejados como sociedad: consumidores de vidas ajenas y testigos pasivos de comportamientos que jamás aceptaríamos si sucedieran fuera del mundo virtual.

El testimonio de Shari Franke no solo es valioso por exponer un problema actual que pocos se atreven a mencionar: la explotación infantil en redes sociales; lo es, principalmente, por ser la primera obra de no ficción sobre *sharenting*, escrita de puño y letra por parte de la víctima. Y ahí reside su importancia.

A través de sus vivencias, la autora destapa una sociedad adultocentrista, en la que algunos padres llegan a considerar que sus hijos son una extensión de sí mismos, una propiedad privada que pueden exponer, manipular o controlar a voluntad.

La falta de límites legales abre la puerta a nuevas formas de abuso que, aunque disfrazadas de amor o educación, terminan atentando contra la dignidad y la integridad de las infancias. Cuando los hijos son vistos como propiedades, desaparece el respeto por su privacidad y sus derechos se diluyen bajo la idea de que los padres siempre saben lo que es mejor. Lamentablemente, no siempre es así.

Este discurso se ha usado durante años para justificar comportamientos autoritarios, pero en la era digital cobra nuevas formas: desde la exposición de la vida íntima en redes sociales hasta el castigo ejemplar grabado y compartido como contenido educativo.

Los niños expuestos en las redes no solo pierden el derecho a decidir sobre su imagen y su intimidad, sino que también se ven obligados a vivir bajo la mirada pública. La ausencia de regulación en el entorno digital ha hecho que muchos padres, sedientos de fama y de dinero, pierdan la noción de los límites éticos, llegando incluso a cometer abusos impensables, como en el caso de Shari.

El problema no reside únicamente en la exposición, sino en el mensaje que se transmite: que los niños no tienen derechos y que sus vivencias pueden ser monetizadas para cubrir las necesidades de los adultos.

En la actualidad se están normalizando prácticas muy dañinas, ya que se perpetúan modelos de crianza que ponen en riesgo el bienestar emocional de generaciones enteras.

Por eso, Shari no escribe desde el resentimiento, sino desde la necesidad de sanar y de proteger a otros niños que, como ella, han crecido creyendo que tienen la obligación de estar siempre disponibles para los demás.

Porque, al final, esta historia va sobre todos nosotros. Sobre qué clase de espectadores somos. Sobre cuántas veces callamos ante lo que nos incomoda. Ella nos invita a mirar a través de sus ojos. A preguntarnos, con sinceridad, si el entretenimiento justifica cualquier cosa. Y a recordar que todos esos niños que vemos a diario en las redes tienen unos derechos que deberían ser respetados.

No es fácil leer a Shari sin removerse por dentro. No es fácil acompañar a unos niños que vivieron la peor de sus pesadillas dentro de su propio hogar. Pero es necesario, porque hay historias que nacen de un susurro, pero cuando encuentran su voz tienen el poder de cambiar el mundo.

Natalia Díaz (@medianochetube)

Te conduciría y te llevaría a la casa de
mi madre; ella que solía enseñarme.

CANTAR DE LOS CANTARES 8, 2

BIBLIA

INTRODUCCIÓN

Por fin

30 de agosto de 2023

Era un miércoles, al principio de un nuevo curso en la universidad, y me encontraba encorvada sobre mi escritorio abarrotado, ahogándome en un mar de programas de estudios y tareas de lectura para la primera semana. Estaba leyendo las páginas por encima, pero mi mente se negaba a centrarse y mis pensamientos no dejaban de volver a mis cinco hermanos.

Había transcurrido un año desde la última vez que había escuchado sus voces y visto sus caras, y la idea de que siguieran atrapados en esa casa me estaba comiendo viva. A pesar de todos mis esfuerzos —las incontables llamadas telefónicas, las súplicas desesperadas a cualquiera que quisiera escucharme—, parecía que no había nada que pudiéramos hacer para alejarlos del peligro.

Sonó mi móvil y el nombre de nuestra vecina apareció en la pantalla. El corazón se me detuvo un instante; cada llamada de aquella vecina era como una cuerda salvavidas. Significaba alguna novedad sobre mis hermanos. Significaba que todavía estaban vivos.

—Shari, ¡la policía está en casa de tu madre! —Las palabras explotaron a través del altavoz, sin tiempo para saludos—. ¡Han sacado las pistolas y están a punto de echar la puerta abajo!

El corazón se me constriñó en el pecho mientras unas imágenes vívidas y horripilantes inundaban mi mente. Unas figuras sin rostro y de uniforme sacando pequeñas bolsas para cadáveres de la casa de mi madre.

El pensamiento apareció en mi mente: «Ha ocurrido. Están muertos».

Aturdida, cogí las llaves del coche y salí corriendo. El trayecto desde mi piso de estudiante hasta la casa de mi madre en Springville normalmente duraba veinte minutos, pero ese día fue una eternidad comprimida en momentos de pánico ciego.

No había vuelto a estar en esa casa desde que Ruby había renegado de mí un año antes. Ruby, la autoproclamada santa de la maternidad. Ruby, quien había convertido mi vida en una versión surrealista de *El show de Truman* para sus discípulos de las redes sociales. Ruby, quien nos había sometido a mis hermanos y a mí a su retorcida interpretación del crimen y el castigo durante toda nuestra vida; hasta que llegó Jodi, que añadió unos terroríficos sabores nuevos de sadismo al régimen.

Jodi. Nuestra propia líder de secta de la familia, una falsa profeta que irrumpió en nuestra vida como un huracán y convirtió a mi madre en una acólita aduladora y deslumbrada que se tragaba todas y cada una de sus palabras demenciales como si se tratara de agua bendita. Mi padre, que había sido una vez nuestra ancla, fue expulsado, lo que dejó a Ruby y a Jodi solas para gobernar sin oposición a mis hermanos pequeños que todavía estaban allí con ellas.

Conduje a través de las calles de Springville, que tan bien conocía, con una furia sorda y demasiado familiar hirviendo a fuego lento dentro de mí mientras avanzaba a través de la tranquilidad de la zona residencial. ¿Por qué nadie tenía ninguna información acerca de mis hermanos? ¿Por qué los habían sacado del colegio? ¿Por qué nadie podía protegerlos del peligro?

Tanto los vecinos preocupados como yo habíamos enviado incontables advertencias al Departamento de Servicios para la

Infancia y la Familia y a las fuerzas de seguridad. Yo me había pasado un año prácticamente gritando desde los tejados. Y, aun así, a pesar de las evidentes señales de que había problemas, nadie había hecho nada al respecto. Las banderas rojas que habíamos alzado bien podrían haber sido invisibles, y el sistema que se suponía que tenía que proteger a mis hermanos los había dejado a merced de dos mujeres borrachas de delirios y poder desenfrenado.

Viré hacia nuestra somnolienta calle sin salida y me encontré con una zona de guerra. Los coches de policía formaban una barricada de luces parpadeantes. Los equipos SWAT merodeaban por nuestro jardín delantero. Había vecinos apiñados en las aceras, con las caras llenas de miedo y fascinación.

Salí de mi coche y un agente se interpuso en mi camino, con la cara como una lápida.

—No puedo dejarla pasar más allá de este punto, señorita.

—Pero ¡esa es mi casa! —supliqué—. Mis hermanos… ¿están bien? ¿Dónde están?

Oí unos fragmentos de voces por la radio. ¿Era el nombre de mi hermano lo que había oído?

—Por favor —le rogué—. ¿Puede contarme alguien lo que está pasando?

Otro agente se acercó a mí y habló con tono urgente.

—Señorita, ¿podría decirnos la distribución de la casa? ¿Hay alguna caja fuerte? ¿Pistolas?

Entre lágrimas, le di la información que necesitaba: siete dormitorios, seis cuartos de baño en los que una vez nos habíamos dado empujones para tratar de conseguir espacio frente al espejo, algunas pistolas guardadas bajo llave, una despensa que podría aguantar un apocalipsis. Cada estancia contenía el eco de los fantasmas de quienes habíamos sido una vez.

Entonces, estalló el caos. La puerta de entrada quedó hecha trizas bajo la embestida del ariete. Los agentes irrumpieron en la casa como avispones furiosos. Yo me quedé plantada donde estaba, observando.

«Por favor, Dios. Que estén vivos», recé.

Un pensamiento surrealista burbujeó dentro de mí. Aquel momento, aquel clímax del descenso a la locura de mi familia, tenía que quedar documentado, preservado y compartido en las redes sociales. Al igual que había ocurrido con cada sonrisa forzada, con toda la perfección escenificada.

Saqué mi teléfono móvil, con las manos firmes a pesar de la locura a mi alrededor.

«Encuadrar la imagen. Sacar la foto».

El texto cristalizó en mi mente, unas pocas letras que cargaban con el peso de los años: «POR FIN».

«Subir a Instagram. Compartir».

Aquella pesadilla había nacido en las redes sociales, así que también debía morir allí.

PRIMERA PARTE

◇◇◇◇◇◇◇◇◇◇◇◇◇◇◇◇◇◇◇◇◇◇

El jardín de las delicias

CAPÍTULO I

Eternamente unidos

Tengo un sueño recurrente. Siempre comienza de una forma preciosa.

Una luz etérea baña unos campos ondulados que llegan tan lejos como alcanza la vista. Una sensación de profunda paz me invade por completo al darme cuenta de que esto debe de ser el cielo. Mi viaje terrenal ha terminado.

El paisaje cambia y se vuelve familiar, pero al mismo tiempo parece de otro mundo. Los seres queridos que he perdido aparecen en la distancia, con rostros radiantes. Avanzo hacia ellos, ingrávida y ligera, y los abrazo entre lágrimas de felicidad. «Esto es el paraíso —pienso—. Esto es la paz».

Entonces veo esos ojos. Fríos e inflexibles, clavándose en mí con un poder tan ancestral como las estrellas. Es ella. Ruby.

De repente, la voz de Dios retumba a mi alrededor, haciendo temblar hasta los mismos cimientos del cielo:

—Hija mía, ¡has hecho mal al desafiar a tu madre!

Me despierto de golpe, con el corazón latiendo con fuerza, y, durante un momento, el terror permanece ahí: ¿es que nunca podré verme libre de ella, ni siquiera en la otra vida?

Mi madre nació con el nombre de Ruby Griffiths el 18 de enero de 1982 en Logan, en el estado de Utah. Fue la primera de los cinco hijos de Chad y Jennifer Griffiths, cuyas familias habían sido miembros devotos de la Iglesia de Jesucristo de los Santos de los Últimos Días desde hacía generaciones.

Cuando Ruby era joven, su familia se mudó a Roy, en Utah, una pequeña ciudad donde dicha Iglesia moldeaba casi todos los aspectos de la vida. En aquella comunidad tan unida, los días giraban en torno al estudio de las Escrituras, la vida sin vicios y, por encima de todo, la familia. Al fin y al cabo, esa es la piedra angular de nuestra fe.

Como era la hija mayor en un hogar estricto y conservador, la infancia de Ruby no se centraba tanto en los juegos como en la responsabilidad, y recibió la tarea de ayudar a criar a sus hermanos pequeños. Puedo imaginarme fácilmente a una joven Ruby con la espalda recta y los ojos decididos, cumpliendo las expectativas de su familia con un sentido de recto propósito, esperando con entusiasmo el día en que ella tuviera su propia familia, disfrutando de la idea de ser por fin la que creara las reglas y moldeara su hogar exactamente como le pareciera conveniente. Para Ruby, la maternidad no era solo un papel para el futuro: era la cúspide de sus aspiraciones, la única cosa que siempre había querido para sí misma por encima de todo lo demás.

Su reverencia por la maternidad no es poco común en la teología de la Iglesia de Jesucristo de los Santos de los Últimos Días con la que me crie. En mi fe, convertirse en madre es una vocación espiritual del más alto nivel, una oportunidad de emular la divinidad y participar en el gran tapiz de la creación. Tal vez esa fuera la razón por la que Ruby no veía las consecuencias físicas —las incomodidades del embarazo, el dolor desgarrador del parto— como obstáculos que superar ni cargas que soportar. En vez de eso, se trataba de pruebas sagradas, oportunidades para demostrar su fe inquebrantable en el plan de Dios y garantizar su lugar en la otra vida celestial, junto a los ancestros consagrados que habían recorrido ese camino antes que ella.

En cuanto cumplió los dieciocho años, sonó el pistoletazo de salida en la carrera de Ruby hacia la exaltación eterna, y mi madre se embarcó en su misión para poblar no solo su hogar terrenal, sino también su mansión celestial.

Pero, primero, necesitaba un marido.

En el año 2000, cuando la Ruby de dieciocho años puso el pie por primera vez en el campus de la Universidad Estatal de Utah, tan solo tenía una cosa en mente: cazar un hombre. Sí, había escogido la contabilidad como su especialización, pero, para ella, la universidad nunca fue un lugar donde aprender, sino un lugar donde encontrar una pareja para poder casarse, formar una familia y comenzar a cumplir con su propósito divino lo antes posible.

En un tablero de visión codificado por colores, Ruby estableció las cualidades clave que necesitaba en un hombre. «Doce centímetros más alto que yo», «Guapo», «Coche pagado», «Ingeniero». (Su propio padre era ingeniero, así que tal vez le gustaba la idea de que la historia se repitiera). Y no hace falta decir que su hombre ideal tenía que ser devoto de la Iglesia.

Entonces apareció mi padre, Kevin Franke: un estudiante de último curso que vivía en el campus, de veintidós años de edad, cuatro más que ella. Estaba a punto de terminar sus estudios de Ingeniería Civil y era básicamente un producto de su fe en la Iglesia de Jesucristo de los Santos de los Últimos Días. Era doce centímetros más alto que Ruby (bien), tenía una mandíbula cincelada (era guapo; doble bien) y su agudo intelecto y su ambición dejaban entrever un futuro prometedor.

Además, parecía muy... agradable. Kevin exudaba una amabilidad genuina y tenía un aura tranquila que era como un bálsamo para el intenso espíritu de Ruby. Al fin y al cabo, ella no tenía ningún interés en las luchas de poder; lo que necesitaba era a alguien lo bastante relajado como para que le permitiera tomar las riendas sin oponer demasiada resistencia, un copiloto que se contentara con dejar que ella llevara el timón de su viaje compartido, que pagara las facturas y que le diera los hijos que anhelaba.

Kevin había nacido el 9 de octubre de 1978 en Ogden, Utah, y era el más joven de siete hermanos, doce años enteros por debajo del hermano al que más se acercaba en edad. La llegada tardía de Kevin lo convertía en una especie de anomalía: mientras sus hermanos transitaban por el instituto y la vida posterior, él todavía estaba aprendiendo a atarse los zapatos, y sus días se sucedían entre una neblina de aventuras por el vecindario y ver deportes en la televisión, supervisado por unos padres que ya lo habían hecho todo antes.

A la madre de Kevin no le gustaba cocinar ni tampoco la repostería; la vida giraba en torno a las comidas precocinadas, la televisión y las conversaciones sobre la fe. En la casa solía haber un ambiente relajado, sin demasiadas normas; un entorno tranquilo que esculpió a Kevin para convertirlo en un hombre amable y equilibrado.

Al igual que Ruby, Kevin estaba entregado a encontrar a su compañera espiritual; la futura madre de los hijos que esperaba poder criar según las enseñanzas del evangelio. Pero había ido a la universidad para aprender, para asegurarse su futuro, y no tenía ninguna prisa por conocer a su esposa. Al menos, hasta que vio a Ruby.

Fue él quien la vio primero, moviéndose por la sala en un evento con perritos calientes de la semana de bienvenida del campus. Ruby, la indiscutible abeja reina, revoloteaba de un hombre a otro, y su confianza seductora no se parecía a nada que él hubiera visto antes. Ayudaba el hecho de que tuviera una belleza natural, con el pelo rubio, una enorme sonrisa deslumbrante y una figura esbelta; Ruby era exactamente su tipo.

Mientras ella sometía a audiciones metódicas a sus posibles maridos, como una directora de casting tratando de encontrar a su actor protagonista, Kevin se dio cuenta de que el reloj no iba a detenerse. Ruby era un premio codiciado y, si no lograba hacerse destacar entre la multitud, acabaría siendo nada más que otro segundón en la carrera de la joven hacia el altar.

Una noche, Kevin estaba sentado al lado de Ruby, cogiéndole la mano por debajo de una manta mientras veían una película con unos amigos. A él no podría importarle menos lo que estaba ocurriendo en la pantalla; lo único en lo que podía pensar era en la suavidad de su piel, la suave presión de la mano de la muchacha sobre la suya, la caricia ocasional del pulgar de Ruby sobre sus nudillos. Cada sensación era eléctrica y le provocaba escalofríos que subían por su brazo y llegaban directamente hasta su corazón.

Entonces Kevin se volvió hacia ella y se dio cuenta de que otro chico —uno de los admiradores de Ruby— estaba sentado demasiado cerca, al otro lado de la joven. El estómago le dio un vuelco al advertir que ella también le estaba cogiendo la mano por debajo de la manta. Aunque normalmente era muy racional, Kevin se levantó de golpe, con la cara ardiendo y el corazón acelerado. Sin decir ni una palabra, salió de allí hecho una furia, dejando a Ruby mirando boquiabierta el lugar por donde se había marchado.

Al día siguiente, Kevin habló con ella y le dejó bien claras las normas. Se acabó lo de cogerles la mano a otros chicos. Punto. La joven, atraída por su pasión hacia ella, se apresuró a presentárselo a los Griffiths, sus padres y sus críticos más duros. Ellos lo aprobaron y Kevin, a su vez, les presentó a Ruby a sus propios padres, los Franke, que pensaron que parecía una señorita encantadora y perfecta para su hijo.

Dos semanas después del día que se conocieron, Ruby fue directa al grano.

—Entonces ¿vamos a casarnos? —le preguntó.

Había pillado a Kevin con la guardia baja, y este pronunció la palabra más peligrosa del diccionario:

—Sí.

En solo catorce días, habían pasado de ser dos extraños a estar comprometidos.

Mientras Ruby y Kevin se zambullían en la planificación de la boda, tuvieron ocasión de conocerse un poco más. Resultó que a los dos les encantaba tocar el piano, aunque el acercamiento al instrumento de cada uno no podía haber sido más diferente. Él tenía memoria fotográfica y era capaz de tocar temas de jazz y canciones populares sin ensayar siquiera, mientras que ella había dedicado todo su ser al piano en el pasado. Durante la adolescencia, se había sumergido en el mundo de la música clásica; sus sueños estaban llenos de visiones de salas de conciertos y ovaciones en pie. Se acercaba a cada pieza con una meticulosa precisión; se pasaba horas perfeccionando cada nota, cada cambio dinámico. Para ella, tocar no tenía nada que ver con pasárselo bien, sino con lograr la excelencia, y, cuando no alcanzaba la perfección, se abría una herida en su ego que no era capaz de cerrar por mucho que ensayara.

Toda la autoestima de Ruby estaba construida sobre la excepcionalidad, así que, si no podía ser extraordinaria, ¿qué sentido tenía entonces? Necesitaba un nuevo sueño, una nueva fuente de validación. Si la música no iba a definir su grandeza, entonces lo haría la maternidad. Rostros de querubines sonriéndole con el amor y la adoración que anhelaba. Páginas en blanco preparadas para escribir en ellas con su sabiduría, sus valores, su «rubynismo».

Un par de hijos le habrían parecido bien a Kevin, pero ella ansiaba un clan, y él estaba encantado de aceptar la gran visión de

Ruby, de mover el cielo y la tierra para apoyarla con sus sueños. Así pues, se estableció la dinámica: Kevin sería el perpetuo actor secundario para el papel principal de Ruby en su épica producción de la «Madre Suprema».

El 28 de diciembre del 2000, apenas tres meses después de haberse conocido, Ruby y Kevin caminaron hacia el templo, preparados para quedar eternamente unidos a ojos de Dios. Ella era todo un espectáculo vestido de marfil, con el pelo como una cascada de rizos y un chal de estilo suroccidental sobre los hombros para protegerse del frío del invierno. Ni siquiera los zapatos disparejos de Kevin —uno negro y el otro marrón, ya que se había vestido a toda prisa en la oscuridad— podían atenuar su sonrisa.

Había ocurrido; el momento de cuento de hadas de Ruby se había hecho realidad. Mientras los votos salían por sus labios, pensó que la etapa de ser «felices para siempre» se desplegaba ante ella como una alfombra roja: al fin, su vida estaba a punto de comenzar.

CAPÍTULO 2

Lágrimas

—Parece que ya está cansada de estar ahí dentro —dijo la obstetra—. Vamos a tener que hacer un parto asistido.

Y entonces, con un aparato que parecía más apropiado para limpiar alfombras que para guiar una nueva vida a la luz, la doctora me succionó la cabeza y me sacó al mundo a la fuerza.

Era el 3 de marzo de 2003 y, después de nueve difíciles meses de embarazo llenos de un montón de complicaciones médicas, la Ruby de veintiún años al fin me había expulsado del útero a mí, su primer bebé. De alguna manera, a través de la neblina de dolor y agotamiento, consiguió esbozar una sonrisa victoriosa. En sus brazos no solo había un bebé, sino también el poder definitivo de una mujer. Su derecho divino a moldear un alma nueva a su propia imagen.

Mientras me acunaba durante los momentos de agotamiento posteriores al parto, miró más allá del bulto que chillaba y se retorcía entre sus brazos para ver el futuro glorificado que yo representaba. En mi pequeño cuerpo, Ruby veía las primeras pinceladas de su *magnum opus*, el primer capítulo de la épica narrativa que sería su legado de una habilidad maternal incomparable.

Cuando yo tenía unos tres meses, Ruby me llevó al pediatra para averiguar por qué lloraba tanto —mis llantos constantes ponían a prueba su visión de felicidad maternal—, pero el doctor le dijo que no era más que un cólico. Cuando comencé a rechazar los biberones y a quedarme apática, Kevin se asustó y me llevó a toda prisa a urgencias, donde descubrieron que tenía una obstrucción intestinal que ponía en peligro mi vida. Sin la cirugía inmediata que me hicieron, lo más probable es que hubiera muerto. Parecía como si, desde el mismísimo principio, mi infancia estuviera destinada a ser una lucha por la supervivencia.

Contrariamente a lo que cree la mayoría de los padres, Ruby no creía que fuera necesario consolarme cuando yo era un bebé. ¿Por qué iba a hacerlo? La filosofía de su familia siempre había sido que a un bebé no le hace ningún daño desahogarse llorando. Que no se debe consentir a los bebés. Que no se deben consentir las rabietas. Es por su propio bien, para que sepan quién manda, y para que, cuando crezcan, sean capaces de aprender a enfrentarse a cualquier desafío que les presente la vida sin ser unos débiles perdedores o unos llorones.

Sin embargo, curiosamente, mis primeros recuerdos son de Ruby llorando. Tenía lágrimas para cualquier ocasión. Alegría, tristeza, aburrimiento; no importaba, ella lloraba por todo, una mujer perpetuamente en conflicto con su propia estabilidad. Tal vez esa era la razón por la que quería tantos hijos. Como si fueran unas muñecas rusas, cada una de ellas una versión ligeramente más pequeña que la anterior, para que pudieran absorber el tsunami de sus emociones desbocadas. Al fin y al cabo, ¿qué mejor forma hay de llenar el enorme vacío de tu interior que rodearte de pequeñas versiones de ti misma que te adoran? Aunque es curioso que alguien que lloraba tanto pareciera ser completamente inmune a las lágrimas de los demás, incluidas las mías.

A menudo me pregunto cuánto de mi yo adulta se forjó en esos primeros años formativos. Mi tendencia a esconder mis emociones, a presentar un rostro estoico ante el mundo…, ¿serán los ecos de una niña pequeña aprendiendo que su angustia siempre será ignorada? Incluso antes de que pudiera formar palabras o pensamientos, ¿estaba aprendiendo que mi dolor no importaba, que mis necesidades eran inconvenientes? Si mis lágrimas hubieran recibido consuelo en lugar de una calculada indiferencia, ¿habría crecido para ser una persona más abierta, menos reservada? ¿O siempre estuve destinada a retraerme dentro de mí misma, a volverme emocionalmente distante sobre la marcha, a que mis sentimientos estuvieran atrapados detrás de una fortaleza que todavía me cuesta atravesar?

No hay forma de saberlo con seguridad; después de todo, la naturaleza y la crianza bailan un tango complejo. Pero, mientras reflexiono sobre las muchas incongruencias de mi infancia, no puedo evitar sentir tristeza por esa bebé que lloraba para llamar a su madre. Que quería una clase de amor diferente al que recibía. Un amor que permitiera vulnerabilidad, y también lágrimas, que permitiera la gama completa de las emociones humanas. Un amor que permitiera a una niña tener la libertad de sentir.

CAPÍTULO 3

Mamá no se porta muy bien conmigo

En 2005, cuando yo tenía dos años, *El show de Ruby* amplió su elenco con el debut de mi hermano Chad. Junto a él, también debutó nuestra primera perra, Nolly, una inquieta cachorra de labrador de color anaranjado que estaba llena de energía y amor. Se acercaba a mí correteando y meneando el rabo furiosamente, y me bañaba en besos húmedos. Nolly, de forma muy similar a mi hermano pequeño, siempre conseguía hacerme reír.

En 2007 entró en escena la tercera criatura de Ruby, una niña. No voy a mencionar su nombre en este libro. A lo largo de esta narrativa, todos mis hermanos pequeños permanecerán sin nombrar, a excepción de Chad. Esto no es un descuido, sino mi última línea de defensa para ellos.

En un mundo más amable, sus historias no serían carne de cañón para un libro. Sus momentos privados serían suyos, conocidos solamente por sus amigos y sus familiares, en vez de estar diseccionados por gente desconocida en internet. Pero la paz y el anonimato nunca fueron algo que estuviera escrito para nosotros. Tenemos que darle las gracias a Ruby por ello. A ella y a su insaciable sed de atención y éxito.

El viaje de mi madre hacia los focos comenzó de forma bastante inocente: un blog de cocina con el título *Good Lookin Home Cookin* (Comida casera con buena pinta). Los blogs de madres eran todavía una frontera salvaje en esa época, preparados para que cualquiera se apoderara de ellos, y Ruby, al igual que sus hermanas y sus amigas, estaba emocionada por explorar las posibilidades de los medios digitales.

—Mi objetivo principal para este blog es documentar el crecimiento y las experiencias de nuestra familia —proclamaba Ruby en su flamante perfil nuevo de bloguera—. Quiero que mis hijos tengan un lugar en internet donde puedan entrar y disfrutar leyendo sobre ellos mismos y viendo cuánto han progresado.

En mi iglesia, se nos alienta a documentar nuestras vidas de forma meticulosa, a crear una hoja de ruta para que las futuras generaciones comprendan sus raíces, y parecía como si internet no fuera más que una extensión de eso, otra forma de llevar a cabo el trabajo del Señor. Su pequeño blog lleno de recetas le dio a Ruby el primer contacto con la existencia en internet y las posibilidades que eso tenía —como una herramienta para expresarse a sí misma, una forma de proyectar una identidad y de forjar una conexión con la gente compartiendo sus recetas de mantequilla de frambuesa, pollo con miel y lima, y galletas para las caminatas—, pintando la imagen de una casa llena del aroma constante del pan recién horneado y las comidas preparadas con cariño.

La verdad es que no estoy segura de que preparara siquiera esos platos. Sí, Ruby siempre estaba horneando algo (le gustaba probar las recetas de su libro de cocina de Ann Romney), pero la mayoría de las recetas de *Good Lookin Home Cookin* eran más una cuestión de aspiración que de realismo, una parte de una imagen, la de una madre sonriente y llena de harina, con las risas de sus querubines congregados alrededor de la mesa. Incluso en aquella etapa tan inicial de su carrera en internet, Ruby demostraba que estaba dispuesta a sacrificar la autenticidad en el altar de las apariencias.

Hay algunas excepciones; puedo confirmar que su pan era legendario, un elemento básico de todas las reuniones familiares y comidas compartidas. Lo cortaba en rebanadas gruesas; cada trozo era una hogaza en sí misma, con burbujas de aire irregulares que dejaban entrever un amasado a mano llevado a cabo con mucha paciencia. La corteza siempre tenía una ligera grieta que daba paso a un interior blando y cálido. Era de la clase de pan que exigía atención, que convertía un simple bocadillo en una comida. Una sola rebanada solía bastar para llenarme, aunque normalmente acababa comiendo más.

Después empezó otros blogs: *Full Suburban* y *Yummy Mummy's*, y en este último escribía ella y otras madres blogueras amigas suyas. Empleando su talento natural para el marketing, comenzó a marcar nuestras fotos familiares con un logotipo en la esquina que rezaba: «Una vida Franke». Mis tres tías, Ellie, Bonnie y Julie, que vivían todas a una distancia de hora y media en coche entre ellas con sus maridos y sus propias nidadas crecientes, mostraron un interés similar en los blogs. Parecía estar grabado en el ADN de las hermanas Griffiths, una urgencia femenina por coger la vida familiar y convertirla en algo más grande.

«Todos mis hijos van a aprender a tocar el piano», proclamaba Ruby, y, como yo fui la primogénita, me tocó ser el conejillo de Indias. Desde los cinco años, mi madre me despertaba a las seis de la mañana y me sentaba delante de nuestro Kawai vertical para ensayar bajo su mirada rigurosa.

—¡Curva los dedos, Shari! ¡Cuenta bien! —ladraba, golpeando el piano con la mano y haciéndome dar respingos—. Y, por el amor de Dios, ¡no me pongas esa cara!

Aprendí enseguida que cualquier cosa por debajo de un entusiasmo desenfrenado desataba la furia de Ruby. Un atisbo de descontento en mi cara y, ¡pam!, un golpe en mi brazo, un capirotazo en los labios o un fuerte tirón de la oreja. Rara vez lloraba cuando ella me castigaba; solo una persona tenía permitido derramar lágrimas en esa casa, y no era yo. De modo que permanecía en silencio y mantenía una expresión neutral. Pero, por debajo de ese exterior calmado, el entendimiento de un hecho estaba comenzando a echar raíces.

«Mamá no se porta muy bien conmigo».

Me sentía agradecida de tener a Nolly, que había crecido y había pasado de ser una cachorra adorable a convertirse en una labrador adulta.

Durante esas extenuantes sesiones de ensayo, cuando la voz crítica de mi madre parecía llenar cada rincón de la habitación, la perra se colocaba debajo del piano, con su cuerpo cálido pegado a mis pies. Cuando la diatriba de mi madre era demasiado dura, yo bajaba la vista para ver los amables ojos marrones de Nolly mirándome, llenos de amor y consuelo, como diciendo: «No pasa nada, estamos juntas en esto».

—Mamá —gimoteaba yo cuando entraba en la habitación de mis padres tarde por la noche, con mi caballo de peluche, Burbujas, aferrado al pecho—. Me duele la barriga otra vez.

Ruby soltaba un fuerte suspiro, con la cara arrugada por el fastidio.

—Shari, ya hemos hablado de esto. No te pasa nada malo. Vuelve a la cama.

Incluso entonces, con cinco años de edad, mi cuerpo estaba comenzando a rebelarse, como si mis propias células estuvieran gritando como protesta contra el entorno en el que se encontraban. Por supuesto, ahora sé que el dolor de mi estómago era algo más que una simple queja infantil: era una respuesta física a mi ansiedad.

Por la noche, esa constante sensación de intranquilidad se transformaba en algo terrorífico. Me quedaba tumbada en la cama, sintiendo cómo la oscuridad me presionaba, completamente convencida de que, en cualquier momento, un demonio de verdad se materializaría junto a mí en la habitación, preparado para robarme el alma. El miedo era tan real que le suplicaba a Ruby que me permitiera dejar la luz encendida cuando me iba a la cama. Pero ella no tenía tiempo para mis tonterías.

—No, Shari, tienes que aprender a dormir a oscuras. No hay demonios en mi casa.

Por supuesto, estaba equivocada. Sin duda había uno.

Y, en cuanto las luces se apagaban, otros aparecían; figuras grotescas sacadas directamente de un paisaje infernal medieval, entidades demoniacas que me miraban cruelmente con sus sonrisas retorcidas. Sus caras me atormentaban durante mis noches sin dormir; sus historias agónicas se desarrollaban en mis sueños.

¿Por qué una niña tan pequeña tenía unos miedos tan tangibles relacionados con la posesión demoniaca? Estoy segura de que el paradigma profundamente religioso en el que estaba sumergida tenía mucho que ver con ello. Nosotros creemos firmemente en el poder de Satanás y en la habilidad de su legión de espíritus caídos de poseer a los individuos. Creemos que el mal puede habitar dentro de formas físicas, a veces de forma pasajera, y otras, durante largos periodos. Como me habían criado para creer que hasta el propio aire que respiraba estaba lleno de fuerzas invisibles que luchaban por el dominio de mi alma, para mi joven mente no era demasiado difícil imaginar esa batalla librándose con furia en mi propia habitación.

También es posible que mi constante sensación de temor cada vez que estaba junto a mi madre emocionalmente volátil me hubiera predispuesto a esos miedos; como si mi subconsciente, incapaz de comprender el caos de casa, hubiera conjurado terrores sobrenaturales para dar forma a la ansiedad informe que parecía permear nuestro hogar.

Una semana, estuve ensayando una nueva canción que me había asignado mi profesora de piano, repitiendo cada nota y cada acorde hasta que prácticamente podía tocarla dormida. Ruby parecía satisfecha con mi progreso, y decidió que había llegado el momento de avanzar a otra pieza de música. Pero entonces llegó mi clase de piano.

—No acaba de salirte del todo bien, cariño —dijo la profesora después de oírme tocar—. Vamos a trabajar en ello una semana más.

Iba a tener que esperar una semana más hasta que me diera una pegatina que significaba que daba la lección por aprendida. Y, sin duda, aquello no le parecía nada demasiado importante. De lo que ella no se daba cuenta era de que esa pequeña estrella dorada representaba la vida o la muerte para mí: ¿cómo se suponía que iba a decirle a Ruby que su opinión había sido invalidada? ¿Es que mi profesora no comprendía la posición tan precaria en la que me había dejado, el delicado equilibrio de poder que acababa de alterar?

Unas lágrimas calientes me escocieron en las comisuras de los ojos y me retorcí en mi asiento mientras la profesora me miraba con una expresión interrogativa, poco acostumbrada a ver unas reacciones tan intensas en una niña de cinco años.

—¿Qué te pasa, Shari? —me preguntó.

—Es que mi madre piensa que ya la sé tocar bien… —dije con la voz temblorosa.

¿Cómo podía explicarle a mi profesora el campo de minas por el que tenía que pasar a diario, las cáscaras de huevo encima de otras cáscaras de huevo entre las que me veía obligada a caminar sin pisar ninguna?

Mi profesora, presintiendo que la caja de Pandora acababa de abrirse, optó sabiamente por cerrarla.

—Bueno, no pasa nada. Toma una pegatina, ¡buen trabajo! Lo estás haciendo genial. ¿Empezamos una pieza nueva la semana que viene?

Uf. Había logrado salir de las arenas movedizas… de momento.

Al rememorar el pasado, me maravillo por lo rápido que mi joven mente se adaptaba a los humores de Ruby. Con cinco años, ya sabía de forma instintiva cuál era mi lugar. Ser maleable. Ser obediente. Transformarme y moldearme para adoptar cualquier forma con la que pudiera ganarme el afecto condicional de Ruby. Era una planta esforzándome por estirarme hacia el sol, contorsionándome de formas antinaturales solo para alcanzar un rayo de su aprobación. Pero no importaba cuánto me doblara y me retorciera, no importaba cuánto consiguiera o lograra, porque jamás era suficiente. Siempre había un aro nuevo por el que saltar, alguna nueva expectativa que superar.

Ningún hijo debería tener que ganarse jamás el afecto de un padre. Y ningún logro puede llenar jamás el vacío donde debería estar el amor incondicional. En la actualidad, el simple pensamiento de sentarme delante de un piano desencadena algunas de mis ansiedades más tempranas y profundas, todas ellas ligadas a mi madre. Es una pena que las cosas más hermosas, incluida la música, puedan quedar destrozadas por las sombras de nuestro pasado.

CAPÍTULO 4

La furia interior

Cuando yo tenía seis años, en 2009, Ruby dio a luz al bebé número cuatro, otra niña. Mis tres tías y sus respectivos maridos estuvieron presentes en el parto y, según contaban siempre, mi hermana simplemente salió sin más, como si estuviera emocionada por formar parte de la fiesta.

El día que mi madre volvió a casa del hospital, recuerdo que me quedé en el umbral de la puerta de su habitación, observando a mi abuela mientras le daba a Ruby un regalo; un precioso pijama de seda.

Mientras permanecía allí, contemplando la escena, no pude evitar sentir una punzada de algo que no era capaz de identificar del todo. ¿Celos? ¿Anhelo? Ruby y su madre compartían un vínculo que parecía impenetrable, una cercanía que yo admiraba y envidiaba al mismo tiempo. Sus risas fáciles y sus sonrisas compartidas me hacían sentirme todavía más consciente de la distancia que había entre ella y yo.

—¿A mí también me traerás un pijama de seda cuando tenga un bebé? —pregunté de sopetón.

—¡Pues claro! —dijo Ruby con voz despreocupada—. Cuando tengas un bebé, entonces es cuando podremos ser amigas.

En ese instante, todas las piezas encajaron en su sitio. La distancia que siempre había sentido, el anhelo por una relación más cercana con mi madre...; todo tenía sentido. Ruby y yo no podíamos ser amigas de verdad hasta que yo fuera una mujer con un marido y mi propia familia. Hasta que fuera su igual. Del mismo modo que ella había tenido que convertirse en esposa y en madre para ganarse de verdad el respeto de su propia madre, yo tendría que hacer lo mismo. Iba a tener que esperar para recibir su amor.

Mientras observaba a Ruby y a mi abuela maravillándose de lo bonito que era aquel pijama, me hice un juramento silencioso a mí misma: «Algún día yo también tendré mi propio bebé. Algún día me regalarán un pijama de seda. Y ese día, por fin, mi madre y yo seremos amigas».

Mi madre comenzó a tratar de quedarse embarazada de inmediato, a pesar de que era evidente que el estrés de sus constantes embarazos le estaba afectando. Había días en los que sus ojos se estrechaban hasta convertirse en rendijas y sus labios se transformaban en finas líneas sin sangre mientras observaba el caos de una casa llena de pequeños seres humanos. Inspeccionaba nuestro hogar con la mirada fría y calculadora de un general evaluando un campo de batalla, decidiendo cómo imponer el orden. ¿Su arma escogida? La voz, y a veces las manos. Quienquiera que estuviera más cerca se llevaba el embate de su frustración. Un jarrón volcado, un juguete tirado, un vaso que tenía la más mínima mancha; todo se convertía en una excusa para sus ataques.

En cuanto sus hijos comenzábamos a gatear, Ruby nos alistaba como su equipo de limpieza de tamaño portátil. Su filosofía era sencilla: todo el mundo contribuye, todo el mundo tiene que estar ocupado. Al fin y al cabo, las manos perezosas eran el campo de juego del diablo. Una de sus tácticas favoritas era el bombardeo de limpieza. Nos reunía a todos, mirándonos con un brillo en los ojos, y anunciaba:

—Muy bien, tropa. Voy a poner el temporizador para dentro de una hora. Vamos a limpiar esta casa de arriba abajo. Preparados, listos, ¡ya!

Todos nos desperdigábamos como un remolino y empezábamos a limpiar el polvo, a fregar y a ordenar. Era caótico, agotador y extrañamente estimulante. A mí no me importaba ser la pequeña ayudante de mamá, ponerme a cargo de mis hermanos para contribuir a organizar nuestra vida doméstica, cada vez más exigente.

En casa, íbamos bastante justos de dinero, pero la carrera de Kevin como ingeniero geotérmico estaba en auge. Se sentía genuinamente fascinado por la tectónica de platas y la licuefacción de la tierra, y se sumergía en un mundo académico en el que los cambios ocurrían en un marco temporal geológico. Era un fuerte contraste con los dramas cotidianos de la vida diaria que consumían la psique de su mujer; los colapsos emocionales que nos dejaban a todos caminando en un campo de minas.

Un día, algo cambió en Ruby. Sus lágrimas, siempre presentes, adquirieron un peso nuevo; incluso con mi entendimiento limitado me di cuenta de que había ocurrido algo muy triste. Mi madre había sufrido otro aborto, el tercero, a las diecisiete semanas de gestación. El embarazo estaba tan avanzado que ya había sentido esas primeras patadas en el vientre, sabía el género —un niño— y hasta había elegido un nombre. En esa ocasión, no era solo perder un embarazo; se sentía como si hubiera perdido a un hijo, un fragmento de sí misma.

Ruby nunca se permitió darse tiempo para lamentarse; le habían enseñado que, cuando la vida se complica, tienes que atarte bien las botas y seguir adelante. Seguir teniendo más bebés, seguir horneando pan, seguir yendo de un lado para otro.

Una noche, tuvo un sueño en el que estaba haciendo la compra y veía a un niño pequeño solo junto a las manzanas. Le preguntó dónde estaba su mamá y él le dijo que no tenía. «¿Te gustaría venir a casa conmigo? —dijo ella—. ¡Yo podría ser tu mamá!».

Él asintió con la cabeza, y Ruby lo metió en el carro encima del pan y los plátanos. Un mes más tarde, estaba embarazada. En cuanto su tripa comenzó a hincharse con su quinto hijo, una calma extraña y fugaz la invadió. Para ella, el embarazo seguía siendo su mayor vocación, una conexión sagrada con su propósito divino. En esos momentos de callada contemplación, cuando su mano descansaba tranquilamente sobre su vientre creciente, vi atisbos de ella en su estado más pacífico y realizado. Cómo anhelaba poder saborear la misma sensación de propósito, embarcarme en mi propio viaje espiritual y descubrir el verdadero significado de la vida.

CAPÍTULO 5

Pioneros

Cuando yo tenía ocho años, nos mudamos a nuestra primera casa unifamiliar. ¡Por fin tenía un columpio en el jardín! Me pasaba incontables horas en ese columpio, impulsándome con las piernas e imaginando que podía tocar el cielo.

Ruby, con su entusiasmo por hacer borrón y cuenta nueva, comenzó de inmediato a pintar las paredes y las puertas con distintos tonos de amarillo, su color favorito.

—Mamá —le dije una vez—, ¿por qué todo tiene que ser tan… brillante?

Las tonalidades llamativas me resultaban abrumadoras; hacían que cada estancia pareciera estridente y caótica.

Ella se limitó a mirarme con una sonrisa, claramente orgullosa de su trabajo.

—¡Es alegre! ¿No te sientes contenta al verlo?

Yo no tenía el valor para decirle que, sobre todo, ese amarillo me hacía sentir como si estuviera atrapada dentro de un plátano gigante.

Nuestra casa se encontraba en Springville, un asentamiento llano y extenso en el que vivían unas diez mil personas, fundado en 1850 por los pioneros de la Iglesia de Jesucristo de los Santos de los Últimos Días. Springville se encuentra a los pies de la cordillera Wasatch; esas montañas marcaron el límite del mundo para mí durante muchísimo tiempo.

Si tienes interés por la buena cocina y la cultura sofisticada, tal vez te llevarías una decepción con lo que ofrece Springville. Tenemos un Walmart, un supermercado de barrio, un par de Taco Bells y un IHOP. Eso es básicamente todo. Para tener opciones de entretenimiento más interesantes, la gente hace el trayecto de quince minutos en coche hasta Provo o Spanish Fork.

Springville no tiene su propio templo, así que muchos de sus habitantes van en coche al templo de Provo para rezar. Antes parecía una tarta de bodas en forma de nave espacial —un óvalo con una columna que recordaba a un ovni—, pero después añadieron un edificio de ladrillos rojos más convencional. Para la experiencia clásica de un templo blanco de la Iglesia de Jesucristo de los Santos de los Últimos Días, hay que hacer un trayecto de hora y media en coche hasta el impresionante templo de Salt Lake City, con su chapitel oriental central más alto coronado por la estatua dorada del ángel Moroni.

Recuerdo sentir el revoloteo de los nervios en mi estómago mientras entraba en la fuente bautismal, con el agua lamiéndome los tobillos a través del encaje de mi mono blanco. Tenía ocho años y estaba a punto de dar oficialmente los primeros pasos significativos en mi fe a través del bautismo.

Mientras estaba sumergida bajo la superficie, sentí una oleada de paz. Ahora estaba a salvo. Ocurriera lo que ocurriera a mi alrededor, yo estaría protegida por Dios y mi fe. Porque ¿qué eran las rabietas y las diatribas de Ruby comparadas con las verdades eternas del evangelio? El bautismo me hacía sentir a salvo, protegida y acogida, de modo que me aferré a esa sensación como si fuera un salvavidas, y escribí en mi diario que durante el bautizo me había sentido como si hubieran colocado un gofre caliente por encima de mí.

Alrededor de esa época, Ruby creyó que yo ya era lo bastante mayor como para tener la «charla». La de los pájaros y las abejas.

El porche delantero de nuestra casa nueva se convirtió en el escenario, y no recuerdo exactamente qué fue lo que originó la conversación —a lo mejor yo había hecho una pregunta inocente sobre los bebés—, pero sí que recuerdo que me esforcé por procesar aquella información nueva y francamente perturbadora.

Le pregunté a Ruby cuánto tiempo tenía que quedarse «eso» dentro para que una chica se quedara embarazada. Su vaga respuesta, algún número arbitrario, no hizo más que incrementar mi desconcierto. En mi joven mente, me imaginaba a las parejas poniendo temporizadores, tratando el acto con el mismo desapego clínico que el horneo de un bizcocho. «Enchúfalo durante treinta segundos y, *voilà!*, ya tendrás un bebé en camino».

Mi visión del mundo cambió de forma drástica, ya que de pronto todos los adultos que veía se convertían en participantes de ese estrambótico ritual. Nuestro vecino que sacaba la basura había hecho ese acto extraño. Cuando nuestro obispo pasó en coche con sus hijos, me sentí mortificada. «Dios mío, ¿el obispo también?». La idea de que esos adultos responsables, los pilares de nuestra comunidad, se prestaran a un acto semejante me resultaba casi imposible de soportar. Me quedé con una sensación de repugnancia y confusión, y empecé a ver el sexo como una cosa extraña y asquerosa que los adultos obviamente hacían por deber hacia Dios, más que por deseo.

En mi familia es tradición celebrar el bautismo de un niño regalándole sus primeras Escrituras. Las mías estaban encuadernadas en cuero de calidad, con mi nombre grabado en letras doradas en la cubierta. Aunque el lenguaje dentro de esas páginas a menudo se me escapaba, me pasaba horas leyendo cada versículo con atención y resaltando mis pasajes favoritos con un abanico de colores.

En cuanto comencé a aprender sobre Joseph Smith, el profeta y fundador de nuestra Iglesia, mi fascinación por nuestra religión se transformó en obsesión.

Me encantaba aquel personaje intrépido que se atrevió a desafiar la estructura religiosa de su época, en la década de 1830. Me sentía cautivada por las historias de sus aventuras buscando tesoros que se transformaron en misiones sagradas, por cómo sus trances y sus visiones propiciaron el auge de una religión completamente nueva. A la mayoría de las niñas les gustan Disney, las muñecas y los dibujos animados (y a mí también me gustaban esas cosas), pero, para mí, la historia de Joseph Smith y las planchas de oro estaban a la misma altura que *Frozen*.

Ayudaba el hecho de que él no fuera una figura distante de las páginas de la historia antigua o un santo del Antiguo Testamento de una tierra lejana: era, al igual que nosotros, un norteamericano corriente con un origen corriente. Y me encantaba que esa historia no hubiera ocurrido hacía tanto tiempo, sino que hubiera tenido lugar en una época tan reciente que mis antepasados de sangre, como la Viuda de Nauvoo, podrían haber sido amigos suyos.

La Viuda de Nauvoo, una antigua antepasada de la parte de la familia de mi madre, había vivido en Nauvoo, en el estado de Illinois, durante la década de 1840, cuando tuvo lugar la persecución a las congregaciones de la Iglesia de Jesucristo de los Santos de los Últimos Días. Cuando una muchedumbre se congregó para quemar su casa si no renunciaba a su fe, ella les devolvió la mirada sin miedo. «¡Quemadla y sed condenados!», declaró. Cuando era pequeña, había escuchado esa historia en incontables ocasiones: era una leyenda sagrada de la familia.

Algunos días, miraba por la ventana y soñaba despierta, imaginando a la Viuda de Nauvoo caminando por ese mismo terreno mientras viajaba hacia el oeste para comenzar una nueva vida. La mujer podía sentir la tierra bajo sus pies y el sol en su espalda mientras soñaba con un futuro en el que por fin pudiera ser libre de los horrores de su pasado...

—¡Shari! ¡Ven a poner la mesa para la cena!

Uf. Odiaba cuando Ruby interrumpía mis ensoñaciones espirituales para obligarme a hacer tareas domésticas.

Mientras colocaba los platos y las servilletas con ensayada precisión, mi mente se distrajo imaginando a la Viuda manteniéndose firme frente a una muchedumbre de escépticos, imaginando el fuego de la convicción ardiendo en sus ojos. En mi mente, yo estaba justo ahí, junto a ella. A veces, esos momentos me parecían más reales que cualquier cosa del mundo que me rodeaba.

—No, no, los tenedores van a la izquierda, ¿cuántas veces tengo que decírtelo? —se quejó Ruby mientras mi hermano pequeño, que todavía no era más que un bebé, descansaba sobre su cadera.

Los ojos de Kevin se desviaron hasta los míos con un resplandor de solidaridad. Siempre había sentido un fuerte vínculo con él, como si fuéramos compañeros de tripulación que navegaban juntos a través de aguas tormentosas. Había un estoicismo en él, una fuerza silenciosa que no podía evitar admirar. Puede que mi padre no fuera un visionario como Joseph Smith, ni un iconoclasta como la Viuda de Nauvoo, pero a su propia manera él también era un héroe; un hombre que había aceptado la desagradecida tarea de ser el «buen tío» de nuestra familia.

Mientras mi madre se afanaba con el postre, maldiciendo entre dientes, yo me senté sobre el regazo de mi padre, llena de preguntas como siempre.

—Papá, ¿por qué tenemos que pagar el diezmo? —le pregunté, porque acababa de descubrir que todas las personas de mi fe le dan el diez por ciento de sus ingresos a la Iglesia—. ¿Es que Dios no tiene suficiente dinero ya?

Kevin se rio entre dientes y me revolvió el pelo.

—No se trata de que Dios no tenga suficiente dinero, cariño. El diezmo es un antiguo principio que se remonta a hace miles de años. Le damos a Él el diez por ciento de lo que ganamos a modo de ofrenda, para demostrarle nuestra gratitud y obediencia.

—Pero ¿qué hace la Iglesia con todo ese dinero? —insistí.

—Bueno, el dinero se emplea en la construcción de templos e iglesias, y para financiar el trabajo de los misioneros alrededor del mundo. Pero el diezmo consiste en algo más que simplemente dar dinero. Es una alianza, lo que significa que es una promesa especial que le hacemos a Dios. Al darle una parte de lo que tenemos, le mostramos que confiamos en Él para que cuide de nosotros a cambio.

Pensé en ello durante un momento, tratando de comprender ese concepto con mi joven mente.

—Entonces ¿es como que nosotros compartimos nuestras cosas con Dios y Él comparte sus bendiciones con nosotros?

—Exactamente. —Kevin sonrió—. Cuando cumplimos las promesas que le hacemos a Dios, Él nos bendice de una forma que no podemos imaginar siquiera.

Asentí con la cabeza, sintiendo una sensación de orgullo por formar parte de algo tan importante.

—Yo también quiero pagar el diezmo, papá. Cuando sea mayor y tenga mi propio dinero, voy a darle el diez por ciento de todo a Dios, al igual que haces tú.

Ruby, que había estado escuchando en silencio, intervino:

—Eso es, Shari. El deber más importante de una mujer son su marido y su familia, pero, si además de eso también gana dinero, Dios es especialmente feliz cuando ella paga su diezmo. Eso demuestra que está poniéndolo a Él en primer lugar, incluso en sus asuntos financieros.

Levanté la mirada hasta mi madre, sorprendida y complacida por su aprobación. Me gustó saber que una chica podía ser una fiel sierva del Señor de muchas formas, no solo siendo una esposa y madre diligente, sino también contribuyendo financieramente a la Iglesia.

—¿A ti también te gustaría poder ganar un montón de dinero para dárselo a Dios? —le pregunté a Ruby mirándola con curiosidad.

Ella puso los ojos en blanco.

—Claro, ¡si tus hermanos y tú no me dierais tanto trabajo! ¿Sabes lo agotador que es ser vuestra madre? Pero tener hijos es una vocación divina, y sé que, al criaros en la fe, yo también estoy haciendo el trabajo de Dios. Y eso es suficiente recompensa.

Mientras hablaba, no pude evitar pensar en mis tías, que habían comenzado a grabarse a sí mismas con cámaras de mala calidad y subían vídeos a internet con los que ganaban dinero. Habíamos visto algunos de esos vídeos juntas, y me pregunté cómo sería si mi madre también comenzara a grabarse a sí misma para YouTube, al igual que hacían ellas. «No —pensé—. Seguramente no querrá que la gente vea lo enfadada que está todo el tiempo».

CAPÍTULO 6

La furia de Ruby

Ruby siempre estaba enfadada con nosotros, siempre estaba constantemente al límite, preparada para estallar a la mínima. Probablemente podría haber soportado sus bravatas de no ser por el matiz de crueldad que tan a menudo teñía su furia.

Recuerdo estar en el cuarto de baño, experimentando con mi paleta de maquillaje infantil. Debía de tener alrededor de nueve años y, como muchas niñas que tanteaban las aguas de los cosméticos, mis intentos no podían ser menos sutiles: un atrevido pintalabios rojo, una sombra de ojos metálica que serviría para hacer señales a los aviones y una base que tenía muy poca relación con mi verdadero color de piel. Me había convertido en un caos de colores discordantes y entusiasmo mal enfocado.

Ruby me llamó para que bajara a ensayar un dueto con el piano, uno que le encantaba tocar. Aquel dueto exigía una compañera que cantara, y ese trabajo me tocaba inevitablemente a mí. Siempre temía esos conciertos improvisados; me sentía como una actriz reticente a la que lanzaban a un escenario que yo nunca había pedido ocupar.

A regañadientes, bajé las escaleras con la cara convertida en un arcoíris salvaje, y de mala gana ocupé mi lugar frente al piano. Toqué las notas de forma mecánica, pero no me animaba a cantar.

—Shari, ¡¿por qué demonios no estás cantando?! —me espetó ella, apuñalando las teclas con los dedos.

—No lo sé, mamá...

Mi voz era apenas un susurro.

—A lo mejor tienes tanto maquillaje en la cara que se te ha olvidado cómo escuchar a tu madre —dijo con desdén—. ¡Tal vez debería quitarte todo ese maquillaje a bofetones!

La mano de Ruby solía encontrar el camino hasta mi cara, una brusca punzada de desagrado infligida con precisión. Sus bofetones estaban bien calibrados; nunca eran lo bastante fuertes como para dejar moratones visibles, al menos en mí, pero siempre lograban infundirme miedo. Según su lógica retorcida, estaba moldeando la obediencia, esculpiendo la docilidad con cada golpe ardiente. También pienso que para ella no éramos más que su saco de boxeo, una forma que tenía de liberar su furia. Siempre parecía más tranquila después de haberse desahogado con alguno de nosotros.

Un día, estaba sentada con las piernas cruzadas en el suelo de mi habitación, absorta en un libro, cuando sentí un fuerte tirón en la parte posterior de mi cabeza, seguido por un débil sonido metálico.

Sobresaltada, me di la vuelta justo a tiempo para ver a Chad, mi pícaro hermano de siete años, marchándose a toda prisa con un par de tijeras aferradas en la mano y una sonrisa traviesa en la cara. Mi mano voló hasta la parte posterior de mi cabeza, donde un pequeño mechón de pelo había desaparecido de forma sospechosa.

Oh, oh.

—¡Chad! —grité, poniéndome de pie de un salto para perseguirlo—. ¡¿Qué has hecho?!

Pero ya se había alejado y su risa resonaba por el pasillo mientras emprendía la huida. Mi hermano ya estaba mostrando una tendencia hacia las bromas y el comportamiento de payaso, tal como suele ocurrir con muchos varones pequeños. Parecía disfrutar sembrando el caos y el desorden a su paso, y buscando nuevas formas de sacar de quicio a la gente.

Volví a mi habitación y evalué los daños en el espejo. Sabía que se iba a liar una buena; Ruby estaba obsesionada con mi largo y espeso pelo castaño, y me había prohibido cortármelo o alterarlo de ninguna forma jamás. Siempre decía que, algún día, los hombres querrían casarse conmigo solo por mi preciosa melena.

De pronto, Ruby entró como una exhalación, con un pequeño mechón de mi pelo en la mano.

—¿Cómo has podido hacerte esto?

—¡No he sido yo! Ha sido Chad. Me lo ha cortado mientras yo estaba desprevenida. —La furia chisporroteó como electricidad a su alrededor—. Ha sido solo una broma, ni siquiera se nota que me lo ha cortado, ¿ves? —añadí, tratando de suavizar la situación.

Pero ella no estaba dispuesta a dejarlo correr.

—Chad, ¡ven aquí! —gritó, y su voz resonó por toda la casa.

Hice una mueca. Mi hermano pequeño iba a meterse en un buen lío.

Mientras lo observaba entrando temeroso en la habitación, con los ojos muy abiertos y temblando, quise protegerlo. Sí, a veces podía ser un verdadero demonio, pero seguía siendo mi hermano, y odiaba ver que Ruby descargaba toda la fuerza de su furia sobre él.

—¿En qué estabas pensando al cortarle el pelo a tu hermana de esta manera? —exigió saber ella, con la voz helada.

Chad arrastró los pies y se quedó mirando al suelo.

—No lo sé —respondió, encogiéndose de hombros y con el labio inferior tembloroso.

Di un paso hacia delante, tratando de intervenir.

—Mamá, no es para tanto. Ya me volverá a crecer.

Pero Ruby me ignoró. Tenía toda su atención centrada únicamente en mi hermano.

—Venga, campeón, vamos al baño. Es hora de hacerte un cortecito de pelo a ti también.

Me quedé mirando, paralizada, mientras Ruby se llevaba a Chad por el pasillo, con la mano fuertemente cerrada alrededor de su brazo. Un momento después, oí el zumbido del cortapelos eléctrico. Contuve el aliento, esforzándome por tratar de oír cualquier atisbo de lo que estaba ocurriendo. Entonces la puerta del cuarto de baño se abrió y mi hermano salió arrastrando los pies, con la cabeza gacha. Ruby le había rapado una franja gruesa e irregular en el centro de la cabeza —una especie de versión inversa de una cresta— y le había dejado unos mechones de pelo que le sobresalían en ángulos extraños, lo que le daba el aspecto de un pollo desplumado.

—Ya está —dijo, satisfecha con su trabajo—. A lo mejor la próxima vez te lo pensarás dos veces antes de decidir que quieres jugar a ser peluquero. —Entonces me miró a mí con ojos inflexibles—. Y que eso sea una lección para ti también, Shari. En esta casa, no buscamos excusas para el mal comportamiento de las demás personas.

Asentí con la cabeza en silencio, con la garganta demasiado constreñida para hablar.

Cuando Ruby bajó las escaleras, rodeé a mi hermano con los brazos y le acaricié el pelo desigual.

—Lo siento, Chad —susurré; notaba una aplastante sensación de culpa.

CAPÍTULO 7

Refugio

Tenía once años y me encontraba en el umbral de la adolescencia; mi cuerpo y mi mente estaban comenzando a cambiar de una forma que todavía no comprendía del todo. Mientras tanto, Ruby estaba embarazada de su sexta y última criatura —otra niña—, y nuestra casa ya de por sí llena se estaba acostumbrando a la idea de tener una hermana más uniéndose a nuestras filas.

Para entonces, nuestra rutina ya estaba completamente establecida. Todos nos despertábamos alrededor de las seis o seis y media de la mañana, cuando la casa cobraba vida con el sonido de los ensayos de piano, violín o arpa. Después todos nos congregábamos en la cocina, donde Ruby preparaba gachas de avena o huevos. A veces aprovechábamos para estudiar las Escrituras durante el desayuno, ya que las tardes normalmente estaban ocupadas con las actividades extraescolares que teníamos todos.

A continuación, cada uno nos preparábamos el almuerzo para el colegio, un ejercicio diario de responsabilidad y autosuficiencia. Recuerdo estar mirando a mis hermanos mientras se ponían de puntillas, apenas lo bastante altos como para llegar a la encimera, preparándose con cuidado los sándwiches y escogiendo la fruta.

—Así es como uno se convierte en un adulto capaz —decía Ruby.

Después nos marchábamos a clase. Nuestra madre jamás nos llevaba en coche; llegar al colegio era otro ejercicio diario de independencia que, según ella insistía, servía para construir el carácter. Debido a nuestras edades, no siempre íbamos al mismo colegio, así que nuestros métodos para llegar variaban. Algunos de nosotros tomábamos el autobús, un retumbante mastodonte amarillo que se nos tragaba cada mañana y volvía a escupirnos por la tarde. Pero yo en ese momento de mi vida tenía que ir a pie. Era algo más de un kilómetro y medio, una distancia que parecía extenderse hasta el infinito ante mí en esas mañanas de Utah amargamente frías en las que el viento atravesaba directamente mi abrigo. Caminaba a paso enérgico, y a veces hasta echaba a correr con la mochila rebotando contra mi espalda.

Sin embargo, los cumpleaños eran especiales; esos eran los días en los que Ruby nos recogía en el colegio para llevarnos a casa en coche. La emoción de ver su vehículo en la cola de recogida, sabiendo que no iba a tener que hacer esa larga caminata hasta casa, era mejor que cualquier regalo envuelto. Era un atisbo de la madre que anhelaba todos los días: atenta, interesada, presente.

Rara vez iban amigos nuestros a casa. No se trataba de que se nos hubiera prohibido de forma explícita invitar a amigos, sino más bien que la casa en sí parecía repeler las reuniones sociales por su propia naturaleza. Los espacios abarrotados, la constante presencia de los hermanos y el perpetuo estado de estrés de Ruby creaban una atmósfera que parecía desalentar naturalmente a los visitantes.

La mayoría de mis hermanos encontraron un punto medio: hicieron amigos entre los niños del vecindario para jugar fuera. De alguna manera, aquella socialización exterior parecía más segura, menos intrusiva que traer gente ajena a la compleja dinámica de nuestra casa. Para mí, la propia idea de invitar a amigos a casa me resultaba extraña e incómoda. No era exactamente que no tuviera amigos, sino más bien que la posibilidad de mezclar la vida que tenía en el colegio con mi vida en casa me producía una sensación de pavor que no era capaz de expresar del todo.

Después de clase, las cenas familiares eran importantes para nosotros, aunque se volvieron más complicadas de coordinar según íbamos creciendo. Por lo general, solíamos hacer los deberes en la mesa de la cocina de nuestra antigua casa, ya que nuestras habitaciones eran demasiado pequeñas para que tuviéramos escritorios.

No había mucho tiempo para ver la televisión; además, había mucho contenido que mis padres no consideraban apropiado para nosotros. Hasta este día, a menudo me siento desconectada de ciertas referencias de la cultura pop. Pero sí que me permitían ver *Bob Esponja* y *Los Simpson*, que me encantaban. Y también nos encantaba ver películas juntos, en familia. Ese se convirtió en el modo por defecto de nuestra familia para lidiar con la tensión o buscar consuelo. Nos reuníamos todos en la sala de estar, con la luz parpadeante de la televisión proyectando un suave resplandor sobre nuestras caras, y, durante un par de horas, nos sentíamos en paz.

Frozen y las películas de Harry Potter eran nuestras favoritas. A mí me encantaba *Harry Potter y la Orden del Fénix*, la quinta entrega de la saga. Había algo exótico en los rincones ocultos de Londres, en la naturaleza reservada del cuartel general de la Orden. Pero, por alguna razón, lo que más me gustaba era la historia de la profesora Dolores Umbridge; esa sádica tirana, sedienta de poder y condescendiente que se cree moralmente superior y acaba recibiendo su merecido.

Ruby también tenía su momento favorito de Harry Potter, aunque el suyo se encontraba en *Harry Potter y el misterio del príncipe.* Se trataba de una escena en la que Dumbledore es cuestionado por hacer un tipo de magia que está restringida en Hogwarts, y él se limita a responder: «Ser yo tiene sus ventajas». Mi madre solía citar esa frase a menudo, con un brillo en los ojos. Estaba claro que la idea de estar por encima de las normas le resultaba muy atractiva.

Fue durante esta etapa incómoda de la adolescencia cuando desarrollé un nuevo hábito: pellizcarme los labios hasta que sangraban. Este tic nervioso, que parecía haber salido de la nada, se convirtió con rapidez en una constante de mi vida cotidiana. Cuando me miraba en el espejo, veía las pequeñas costras en mis labios y trataba de ocultarlas porque sabía que la furia de Ruby se desencadenaría si las veía.

—¡Mírate la cara, Shari! —me reprendía—. Tienes que parar. ¡Ningún hombre va a querer casarse contigo jamás con los labios llenos de cicatrices horribles!

Por la noche, rezaba para tener una piel impecable, una cara bonita y todas las cosas que necesitaba para mi futuro marido. Aun así, ya fuera por las hormonas o por la tensión acumulada que me provocaba vivir con Ruby, mi ansiedad parecía estar descontrolándose como nunca antes. Necesitaba una válvula de escape, alguna forma de expresar mis sentimientos. Entonces fue cuando comencé a dedicarme de verdad a mi práctica de escribir en un diario todas las noches.

Registrar nuestra vida es algo que está profundamente arraigado en la fe de la Iglesia de Jesucristo de los Santos de los Últimos Días; es un deber sagrado, una forma de dar testimonio de la mano de Dios en nuestras vidas cotidianas. Se nos enseña que nuestras historias personales servirán como testamentos para las futuras generaciones, unos mapas de ruta espirituales que guiarán a nuestros descendientes a lo largo de sus propios viajes mortales.

Cada noche, sin falta, Ruby hacía su ronda con un recordatorio:

—¿Habéis escrito sobre lo que hemos hecho hoy? ¡No os olvidéis de mencionar eso tan gracioso que ha dicho vuestro hermano!

Todos respondíamos a ese ritual de todas las noches con distintos niveles de entusiasmo. Desde luego, de entre mis hermanos, yo era la que escribía de una forma más consistente.

En esos momentos de tranquilidad antes de dormir, encorvada sobre mi diario bajo la tenue luz de una lámpara de lectura, podía ser yo misma. Podía expresar en las páginas mis ansiedades y mis frustraciones con mis padres, reflexionar sobre las presiones de ser una preadolescente y preguntarme por todos esos nuevos sentimientos que estaba teniendo en relación con los chicos.

DIARIO

Mamá y papá me han llevado a su habitación esta noche. Me han dicho que todos mis problemas con amigos en el colegio son culpa mía. Dicen que no soy una persona divertida y que nadie me entiende. Puede que sea cierto. También me han dicho que parece que trato de fastidiar a mi familia a propósito. Pero la verdad es que a mí no me gusta estar con ellos. Ruby y Kevin son los que me fastidian a mí.

Por fin me han invitado a una fiesta de los populares. Es superdifícil que te inviten, así que estaba muy emocionada y pensaba que mamá y papá se pondrían contentos, porque siempre están diciendo que no tengo suficientes amigos. Pero, en vez de eso, me han dicho que no puedo ir a la fiesta si va a haber chicos, lo que significa que voy a tener que quedarme en casa. ¡Estoy muy enfadada! ¿No se dan cuenta de que me estoy haciendo mayor? ¡Ya no soy una niña pequeña! ¡Puedo cuidarme yo sola!

A veces me enfado mucho con mamá. Cada vez que me ayuda a ensayar con el piano, me promete que no me va a gritar, pero al final siempre acaba gritándome a todo pulmón. Siempre está muy nerviosa y estresada; es tan estricta que es imposible pasártelo bien con ella o relajarte si está cerca. Papá es tranquilo y menos estricto, y maneja el estrés muy bien. Una cosa está clara: soy una niña de papá.

Mamá se ha obsesionado con un lugar que se llama Academia Militar de West Point, lo que significa que ahora nos castiga obligándonos a entrenar, como si fuéramos soldados. Por ejemplo, antes se enfadó con Chad y conmigo por no guardar la ropa, así que nos mandó dar cinco vueltas corriendo a la manzana como castigo. Después, a la hora de la cena, él se escondió y no quería ayudarme a recoger la mesa, así que Ruby nos obligó a hacer flexiones a los dos; a Chad por escaquearse de sus responsabilidades y a mí por no ser una líder lo bastante buena.

Anhelaba la orientación de mi madre, su apoyo y su amistad durante esa etapa insegura de la pubertad. Pero Ruby mantenía una estricta distancia emocional, como si su afecto pudiera poner en peligro su autoridad de algún modo.

—Recuerda: yo no soy tu amiga; soy tu madre —decía cada vez que le preguntaba por qué no podíamos hacer cosas como salir a comer juntas, pues era algo que veía que mis amigas hacían con sus madres—. Mi trabajo es entrenarte para que estés preparada para el mundo. Cuando seas adulta, podremos ser amigas.

Con el tiempo, me di por vencida y dejé de intentar estrechar lazos con Ruby, limitándome a guardar mis sentimientos para mi diario.

En ese desierto emocional, encontré un consuelo adicional en los mundos de la literatura y la historia: Charles Dickens, Jane Austen y Fiódor Dostoievski. Los escritores se convirtieron en compañeros que me ofrecían unas perspectivas sobre la vida, la familia y el amor que sabía que no iba a poder obtener de mi madre. Mientras que la ficción me proporcionaba una vía de escape, una oportunidad de vivir un millar de vidas entre las páginas de un libro, las obras de no ficción eran lo que realmente atrapaba mi corazón y mi mente. La historia se convirtió en mi obsesión, en particular la Segunda Guerra Mundial. (En secundaria, leí más de un centenar de libros sobre la Segunda Guerra Mundial, y mi profesor acabó pidiéndome a mí que enseñara esa parte de la historia porque, dijo, yo sabía más que él).

Al sumergirme en historias de valor y resiliencia durante las horas más oscuras de la humanidad —como *El diario de Ana Frank*—, comencé a ver mis propias batallas desde otra perspectiva. Las penurias a las que se enfrentaban aquellas personas que habían vivido durante la guerra —el miedo, la pérdida, las decisiones inimaginables— hacían que mis propios desafíos me parecieran más manejables, e incluso insignificantes. Y, en cierto sentido, eso me resultaba reconfortante.

Un día, entré en mi clase de Historia aferrando mi último hallazgo de la biblioteca, un volumen grueso y ajado sobre el auge y la caída del Tercer Reich. Mientras ocupaba mi asiento, una amiga contempló el libro con una mezcla de curiosidad e incredulidad. Arrugó la nariz.

—¿Ese tema no es un poco denso, Shari?

—Sí, es denso —admití, pasando la mano por el gastado lomo del ejemplar—. Pero es muy importante que estudiemos el ascenso de los nazis en Europa. ¿No quieres saber el sufrimiento y la crueldad que supuso el Holocausto? ¿Los millones de vidas que quedaron extinguidas en nombre de la supremacía aria?

Cuando las palabras abandonaron mi boca, me di cuenta de lo intensa que debía de haber sonado. La expresión de mi amiga se suavizó, pero pude ver un rastro de incomodidad en sus ojos.

—Pues claro, pero no quiero estar pensando en ello a todas horas, Shari. Es triste.

—Ya sé que es triste —dije—. Pero también es inspirador. Hubo gente que sobrevivió. Que resistió. Se aferraron a la esperanza en la época más oscura. Creo que eso es algo de lo que todos podemos aprender.

SEGUNDA PARTE

La nave de los locos

CAPÍTULO 8

Ha nacido una estrella

La vida de Ruby estaba a punto de cambiar. Se había dedicado a la maternidad con la intensidad de una atleta olímpica que se entrena para conseguir una medalla de oro; había concentrado por completo su identidad en la procreación durante más de una década. Pero ahora, con treinta años de edad y su sexto y último bebé destetado, la familia Franke estaba completa por fin, lo que la dejó con una extraña mezcla de realización e intranquilidad al no saber cuál debía ser su siguiente meta. Necesitaba un objetivo nuevo en el que enfocar toda su energía y su ambición.

Sus hermanas, Ellie y Bonnie, ya estaban triunfando en YouTube como creadoras de contenido. El canal de la primera, *Ellie and Jared*, lanzado en 2011, estaba prosperando especialmente. El vlog —la abreviatura de videoblog— de Ellie que documentaba sus penurias con la infertilidad había logrado un gran número de seguidoras que veían su propio anhelo reflejado en el viaje de mi tía y llenaban la sección de comentarios con mensajes de apoyo y solidaridad, conteniendo el aliento de forma colectiva con cada nuevo ciclo de tratamientos.

Cuando Ellie se quedó embarazada por fin después de tres años intentándolo —y subiendo vídeos sobre ello tres veces por semana—, su canal llegó a los mil suscriptores. En el mundo de los vlogs, aquel era un hito significativo. Significaba que YouTube comenzaba a tomársela en serio, lo que le abrió las puertas para la monetización a través de los anuncios, los patrocinios y las ventas de productos. Desde entonces, la base de suscriptores de Ellie creció de forma exponencial y, con ello, también sus ingresos.

Bonnie, la más dicharachera de las hermanas, había comenzado su propio canal en 2013. Se había casado con su novio del instituto y siguió los pasos digitales de Ellie creando contenido sobre los temas universales del embarazo y la crianza de los hijos. Su canal, *Bonnie Hoellein*, no tardó en ganar impulso, pues en aquel momento, entre 2012 y 2015, los vlogs familiares invadían YouTube con gran éxito.

Esta era supuso un cambio sísmico en el contenido de las redes sociales. Personas corrientes de diversos orígenes comenzaron a mostrar sin filtros sus vidas: desde las rutinas matutinas mundanas hasta los momentos que suponían algún hito. En particular, los vlogs familiares calaron hondo, transformando las mesas de la cocina y las salas de estar en escenarios para una nueva clase de programa de telerrealidad.

Los más adeptos de estos narradores de historias digitales se encontraron al timón de una nueva industria peculiar. Consiguieron que contar un cuento por las noches y los primeros pasos de un hijo se convirtieran en ingresos por publicidad y acuerdos de patrocinio, con lo que las líneas entre los momentos familiares íntimos y el contenido comercializable quedaron cada vez más difuminadas. Era un mundo nuevo y feliz en el que una sonrisa lista para la cámara y tener talento para la narrativa reconfortante podían transformar la vida doméstica en una empresa lucrativa.

Mientras Ruby veía los vídeos de sus hermanas, una chispa de inspiración se encendió en ella. Ellie y Bonnie se estaban convirtiendo en la vanguardia de la revolución de los vlogs familiares. Pero ¿acaso no era ella la que tenía la prole más grande de las tres?

Ella tenía seis hijos, y cada uno de ellos era un personaje por derecho propio; de hecho, contaba con un elenco ya preparado para aquella nueva clase de programa de telerrealidad. El potencial estaba ahí, esperando a que lo aprovechara. Si Ellie y Bonnie podían transformar lo mundano en oro, seguro que Ruby podía crear un imperio y demostrarle al mundo —y, tal vez, a sí misma— que ella, Ruby Franke, no era solo una madre, sino una matriarca digna de una admiración generalizada y de ser emulada.

En un momento de claridad, el nombre perfecto para su canal de YouTube cristalizó en la mente de Ruby: *8 Passengers* (8 pasajeros). Era elegante en su simplicidad, pero estaba lleno de significado, pues encapsulaba el viaje de nuestra familia. Ruby y Kevin estaban al timón, y sus seis hijos eran su preciado cargamento.

En enero de 2015, la visión de Ruby se materializó con el lanzamiento oficial de *8 Passengers* en YouTube. El canal se convertiría en el escenario de nuestros dramas familiares, una ventana cuidadosamente preparada a la casa de los Franke y a nuestra vida cotidiana. Kevin, que siempre la apoyaba, tuvo el honor de ser el primer suscriptor. Ruby fue la segunda. Y yo, que estaba a punto de cumplir los doce años y me dejé llevar por la emoción de aquella nueva aventura familiar, me quedé entusiasmada con el tercer puesto. Para mí, todo parecía muy inocente; tan solo un nuevo proyecto divertido, una forma de compartir nuestra vida con el mundo.

Pero, mientras Ruby ensayaba sus frases iniciales frente a un público imaginario, me preguntaba si tal vez sentía un revoloteo familiar en el estómago, la misma energía nerviosa que la había acompañado en cada uno de sus embarazos. Después de todo, en cierto sentido estaba volviendo a dar a luz. En esta ocasión, se trataba de una nueva versión de sí misma y de un nuevo capítulo de nuestra historia familiar.

En muchos sentidos, los vlogs familiares son una actividad muy en línea con la Iglesia de Jesucristo de los Santos de los Últimos Días, una extensión natural de nuestras prácticas tradicionales. Hacer estos vídeos supone una forma moderna de dar testimonio y hacer registros personales y familiares, además de participar simultáneamente en el trabajo misionero pasivo. Hacer vlogs significa que los miembros de la Iglesia pueden compartir su fe, sus valores y su vida cotidiana con un público global, lo que tiene el potencial de atraer el interés en la Iglesia de Jesucristo de los Santos de los Últimos Días y sus enseñanzas. En cierto sentido, la sinergia entre YouTube y las familias de nuestra fe parecían estar casi predestinadas, y eso encajaba a la perfección con el deseo de nuestra Iglesia de «estar en el mundo sin ser del mundo», lo que permitía a sus miembros relacionarse con la cultura moderna manteniendo al mismo tiempo nuestros valores y creencias distintivos.

Tal vez esa es la razón por la que Utah y el resto de la comunidad de nuestra Iglesia se han convertido en unas fuerzas motrices tan importantes en el mundo de los vlogs familiares y la creación de contenido sobre un estilo de vida tradicional. Algunos de los primeros y más exitosos canales de vlogs familiares han salido de nuestras comunidades, documentando cómo es la vida cuando tienes múltiples hijos y mostrando el atractivo de la vida familiar a un público corriente, al mismo tiempo que demuestran cómo los medios modernos se pueden utilizar para compartir testimonios y valores de una forma accesible y atractiva.

¿Quién se iba a imaginar que, en la era de los escándalos virales y la cultura de la cancelación, sería el contenido reconfortante y centrado en la familia de los vlogs creados por miembros de la Iglesia de Jesucristo de los Santos de los Últimos Días lo que atraería la atención del mundo? ¿Y quién podría haber pronosticado que mi propia familia acabaría representando ambas cosas —el ideal reconfortante y el escándalo— y convirtiéndose en un relato de advertencia sobre lo que ocurre cuando la línea entre la autenticidad y la actuación se emborrona hasta volverse irreconocible?

CAPÍTULO 9

Un bebé sale de la cuna

Realmente no recuerdo el momento exacto en el que las cámaras comenzaron a grabar por primera vez. Lo único que sé es que un día no éramos más que una familia corriente, haciendo nuestras vidas, y que, al siguiente, había una cámara cutre apuntando constantemente en nuestra dirección, documentando todos nuestros movimientos para el consumo de personas desconocidas en internet.

Ruby subió su primer vídeo el 8 de enero de 2015, con mi hermana más pequeña en el papel protagonista. Comenzaba con las imágenes de su fiesta de revelación de género en 2013. En nuestra cocina, Kevin nos estaba grabando a los cinco hermanos y a Ruby mientras nos congregábamos alrededor de una tarta en la encimera de la cocina; la tripa de embarazada de mi madre resultaba claramente visible. Mi padre nos hace una pregunta desde detrás de la cámara:

—Bien, ¿qué es lo que vamos a hacer hoy?

—¡Cortar una tarta! ¡Dentro está el color del bebé! —exclama Chad, emocionado. Su decepción es palpable cuando Ruby corta la tarta y revela un esponjoso interior rosa.

La escena cambia para dar paso al hospital, donde mi madre acuna a nuestra hermana recién nacida, su sexta hija y la más pequeña, con un diminuto lazo rosa sobre su cabeza casi calva. Los niños estamos muy emocionados con nuestra nueva hermana, con las caras llenas de asombro. Mi hermano más pequeño aparece acunando a la diminuta bebé entre sus brazos.

—Dale un beso —lo persuade Ruby con amabilidad. Él se inclina hacia ella y le da un delicado beso en la frente—. Dile que la quieres —lo anima nuestra madre.

—Te quiero —susurra él.

Entonces el vídeo da paso a una imagen de mi hermana más pequeña, ahora en edad de empezar a caminar, despatarrada sobre la mesa de la cocina y observándonos a mi plátano y a mí con un claro interés. Cuando le ofrezco la fruta, ella se pone en pie, con pasos tambaleantes pero decididos, y le da un buen bocado. Las escasas habilidades de edición de Ruby resultan evidentes en la siguiente toma, que muestra a nuestra querida labrador amarilla, Nolly; un metraje encantador, salvo por el hecho de que está del revés.

Y eso era todo. La entrada de mi madre en el mundo de los vlogs familiares. Nada digno de un Oscar, ni por asomo.

Dos semanas más tarde, Ruby subió su segundo vídeo: «¡Probando el sushi por primera vez!». Imaginad esto: había salido con Kevin y sus colegas de la universidad y se estaba enfrentando con valentía a su primer plato de sushi. *Spoiler:* no le gusta nada el sushi. Fin.

Unos cuantos días más tarde, publicó el tercer vídeo: «Conociendo a los 8 pasajeros: ¡Chad!». En él presentaba al bromista de mi hermano de diez años, rubio y de ojos azules. Era adorable, y a la gente le gustó. Y luego fuimos apareciendo sucesivamente todos los demás.

Mi madre continuó haciendo vídeos, con nosotros como protagonistas, y subiéndolos a *8 Passengers*. No teníamos ni idea de que aquel extraño ritual acabaría dominando nuestras vidas durante los siguientes siete años y medio.

Nosotros nunca escogimos ser celebridades en internet. Pero eso no importaba; pronto, nuestra vida comenzó a girar permanentemente en torno a la creación de contenido, y daba igual que nos gustara o no. Los cumpleaños, las barbacoas y hasta las tardes de domingo perezosas; ningún momento era demasiado mundano como para escapar de la documentación. Ruby, sus hermanas y su hermano Beau —que también se había subido a bordo del tren de los vlogs— ahora estaban grabándonos constantemente para sus respectivos vlogs. No se podía ni estornudar sin que quedara inmortalizado desde múltiples ángulos.

Mi madre y sus hermanas parecían funcionar con una sincronización biológica tácita, y tenían la asombrosa tendencia a quedarse embarazadas más o menos a la vez, como si sus cuerpos estuvieran sincronizados con alguna especie de ritmo familiar compartido. A excepción de Chad y de mí, que no teníamos ningún primo de nuestra edad, los primos por el lado de mi madre se agrupaban ordenadamente en franjas de edad, lo que creaba cohortes en miniatura que se reflejaban entre sí en cuanto a edad y desarrollo, creciendo en tándem, y eso era perfecto para que las tías compartieran sus hitos y sus experiencias en YouTube. Era el sueño de cualquier creadora de contenido.

Pero, para mí, una chica de doce años, aquella vigilancia constante era insoportable. Lo único que quería era crecer en paz, lidiar con los cambios de mi cuerpo y esos molestos granitos nuevos sin que nada de ello quedara grabado. Pero mi madre era omnipresente, su móvil parecía una extensión de su brazo y nos dirigía como una productora de Hollywood: «Haz esto, haz lo otro, Shari… ¡Estamos grabando!», «¡Sonríe, Shari! ¡Da los buenos días!». Estaba comenzando a sentirme como un monstruo de circo: «¡Acercaos y contemplad a Shari, la Increíble Adolescente Torpe, en toda su penosa gloria!».

Lo peor es que internet se lo tragó todo. Parecía que a todo el mundo le encantaba lo que estaba subiendo Ruby. Y, por supuesto, eso la animaba a subir más. Abordaba YouTube con la dedicación de la directora de una empresa emergente, dedicándole largas horas día tras día. Había hecho los deberes y sabía que, en el salvaje Oeste de las redes sociales, la consistencia es la clave: tienes que subir cosas con regularidad, y eso significaba que cada pequeño momento se destripaba en busca de contenido. Los primeros pasos, los dientes caídos, las rabietas épicas, cualquier cosa; Ruby lo grababa todo, centrada por completo en construir su base de suscriptores, consciente de que los vlogs eran un juego de números. Y a ella siempre se le habían dado muy bien los números.

Sabía que la principal forma que tenían los vlogueros de ganar dinero era mediante el programa de anuncios AdSense de YouTube, pero primero había que cumplir los requisitos de alcanzar el hito de los mil suscriptores y acumular cuatro mil horas de visualizaciones durante el año anterior. Solo entonces comienzas a ganar dinero cada vez que alguien ve o hace clic en un anuncio de tus vídeos. Ruby se concentró al máximo en obtener esos primeros mil suscriptores; era su billete dorado para entrar en las grandes ligas.

—Interrumpo nuestra programación habitual para hacer un anuncio —dijo Ruby el 9 de julio de 2015, grabando un vídeo especial—. ¡Ya hemos superado los mil suscriptores! Estoy muy emocionada, sobre todo teniendo en cuenta que el mes pasado solo teníamos ciento cuarenta y dos.

Había tardado unos seis meses en alcanzar ese número mágico.

No mucho después comprendí al fin la gravedad de cuánto iba a volver nuestra vida del revés todo aquel asunto de YouTube. Estaba sentada a la mesa de la cocina, dándole puré de manzana a mi hermana más pequeña, cuando Ruby irrumpió en la cocina, con la cara sonrojada por la emoción.

—Shari, ¡no te lo vas a creer! —anunció—. ¡Nuestra pequeña señorita es una auténtica sensación en internet!

Cogió a mi hermana de dos años de la trona y la hizo girar por la estancia.

—¿De qué estás hablando, mamá?

—A ver, ¿recuerdas ese vídeo de ella saliendo de la cuna? ¡Se ha vuelto viral! ¡Cincuenta mil visualizaciones, y subiendo!

—Hala, eso es… un montón de gente.

No lo pillaba. Mi hermana, en su habitación de bebé, había salido de la cuna sola por primera vez. ¿Qué tenía eso de interesante?

Ruby se rio y plantó un beso en la mejilla regordeta de mi hermana.

—¿No es increíble? Nuestra pequeña familia está tocando muchísimas vidas.

Mientras la observaba salir prácticamente bailando de la cocina, noté una sensación de inquietud en la tripa. Nuestra vida ya estaba comenzando a parecer un programa de telerrealidad. ¿Volvernos virales significaba que estábamos a punto de entrar en el *prime time*?

Conforme las semanas se convertían en meses, ese vídeo de la cuna continuó con su impresionante ascenso y comenzó a obtener visualizaciones que se contaban por millones. Diez millones. Veinte millones. Para cuando terminó el año, unos inconmensurables cincuenta millones de desconocidos habían echado un vistazo a nuestra vida.

Mientras tanto, nuestro número de suscriptores estaba creciendo de forma exponencial. En septiembre, habíamos llegado a los cinco mil suscriptores. Después, cien mil en abril, y cuatrocientos mil en agosto. Se trataba de un alcance incomprensible, desde Luisiana hasta Laos, desde Kentucky hasta Kenia. Era surrealista.

Mientras veía cómo aumentaba el número de suscriptores, yo apenas podía creer que cada uno de ellos representaba a una persona real en el mundo que había escogido ver vídeos como «Arañas, babosas y caracoles, ¡MADRE MÍA!», o «Hazte una TRENZA FRANCESA tú sola», por no mencionar la película de terror que era «El recital de piano de Shari». Esa fue la primera vez —pero no la última— que Ruby decidió convertir uno de mis momentos más incómodos en la historia de la semana.

Conforme iba creciendo el número de suscriptores, un pensamiento molesto no dejaba de aparecer en mi mente: «Seguro que, en algún momento, la gente se aburre de esto, ¿verdad? Seguro que, algún día, todo esto terminará y nuestra vida podrá volver a la normalidad, ¿verdad?». Entonces no tenía ni idea de que la «normalidad» era un lujo que ya habíamos dejado muy atrás.

CAPÍTULO 10

Remodelando la realidad

Conforme nuestro canal de YouTube evolucionaba, nuestra casa también lo hacía. Ruby invirtió muchísimo en remodelarla; cada cambio estaba diseñado para complacer a la cámara. Adiós a las feas paredes amarillas. Hola a los paneles de madera de un blanco puro. Neutro, pero muy fotogénico. Ruby modificó el porche meticulosamente, añadiendo estilosos muebles de exterior, cojines mullidos y lámparas para crear una atmósfera agradable. Hasta quitamos los números de la casa para evitar el engorro de tener que difuminarlos en los vídeos. El resultado era una fachada pintoresca, perfecta para la cámara, pero tal vez demasiado perfecta para la vida real; un símbolo visible de nuestra transición de una familia corriente a estrellas de YouTube.

Para mí, cada grabación de vídeos seguía siendo una clase de tortura especial. Jamás conseguí acostumbrarme a ello, ni a relajarme. Era como una de esas pesadillas recurrentes en las que de pronto estás desnuda en un escenario, con un mar de ojos mirándote fijamente, burlándose. O sea, la pubertad ya es brutal de por sí, pero lo es mucho más si tienes un público.

Por suerte, encontré un lado positivo en aquella situación nueva y atroz: la influencia. Me di cuenta de que, si quería algo de Ruby —irme más tarde a la cama, ropa nueva o permiso para quedar con mis amigas—, mi mejor opción era pedírselo mientras la cámara estaba grabando. Era una especie de acuerdo de «hoy por ti, mañana por mí». ¿Ruby quería que yo fuera su coprotagonista feliz y sonriente? Pues iba a tener un precio. Un viaje al centro comercial, permiso para librarme de las tareas domésticas, un aparato tecnológico nuevo y reluciente... Cualquier cosa que necesitara en ese momento.

Ella trató de hacer que toda aquella iniciativa surrealista pareciera divertida, e incluso beneficiosa para nosotros.

—Si te grabas cuando vas a tomar un helado, puedes pagarlo con la tarjeta de crédito de *8 Passengers* —me decía—. Tú piénsalo, ¡comida gratis y una deducción fiscal!

¿Qué adolescente no querría presumir de una tarjeta de crédito para sentirse adulta e importante?

Comencé a hablar con fluidez el idioma de las lagunas fiscales antes de aprender a conducir. Compras de ropa, viajes al centro comercial... Descubrí que todo aquello se podía deducir como gastos del negocio. Si yo grababa en el coche durante nuestro viaje hasta el parque de atracciones, hasta la gasolina se podía deducir como gasto del negocio. Lo cierto es que empecé a sentirme como si hubiéramos hackeado el sistema. ¿Por qué no iba a querer todo el mundo ganarse la vida convirtiendo a sus hijos en contenido, monetizando cada momento de su vida, desde la cuna hasta la universidad?

Nuestra primera colaboración con una marca fue con una empresa de ollas de cocción lenta. Nos enviaron una de sus ollas de lujo y un montón de comida para que la preparáramos con ella. Después de eso, las esclusas se abrieron de par en par. Nuestra casa se convirtió en una puerta giratoria de acuerdos con marcas y regalos. Ropa, tecnología, aperitivos; cualquier cosa, nosotros hacíamos *reviews* de todo.

En ocasiones, había tantos regalos que no podíamos abrirlos todos. Las cajas se quedaban sin abrir en el pasillo durante días.

Íbamos a un montón de sitios de vacaciones con todos los gastos pagados, siempre con la cámara omnipresente. Uno de los primeros lugares al que fuimos fue Seattle, por un acuerdo de marca con una empresa de juegos. Nos quedamos en un Airbnb en el estrecho de Puget, lo cual era particularmente especial porque allí era donde Kevin había hecho su máster, y fuimos la familia al completo, incluidos los padres de Ruby.

Era demencial lo diferente que se había vuelto nuestra vida. Antes preparábamos nuestra propia granola, nos pasábamos horas haciendo conservas de frutas y recortando cupones, y lo comprábamos todo en grandes cantidades para ahorrar dinero. Ahora teníamos tantas cosas que ni siquiera sabíamos qué hacer con ellas. Habíamos pasado de ser una familia que se enorgullecía de apañárselas con poco a ser una que tenía demasiado, y que sabía que había otras muchas más cosas en camino.

Yo pensaba en mi padre, que siempre había sido la fuerza motriz intelectual de la familia y dedicaba su mente brillante a comprender los terremotos para convertir el mundo en un lugar mejor. Sin embargo, era la reciente obsesión por internet de mi madre lo que había mejorado mucho nuestra situación financiera. Solo tenía que apuntar, grabar y subir para ganar dinero.

El 15 de octubre de 2015, el Día del Recuerdo de la Pérdida del Embarazo y del Lactante, Ruby se sentó a solas en su cama, mirando a la cámara, a punto de grabar un vídeo que era un poco diferente a los que había hecho antes. Una historia de la que llevaba años sin hablar: el aborto que había sufrido en 2009.

La voz se le rompió mientras describía la aséptica consulta del médico, el gel frío sobre su estómago y luego… el silencio ensordecedor, en lugar de los rítmicos latidos del corazón de su pequeño. El dolor de Ruby era palpable mientras contaba los detalles del momento en el que se dio cuenta de que su bebé había muerto y de que iban a tener que sacar el cuerpecito de su interior. La confusión que sintió al despertar en el coche de Kevin, sintiéndose completamente vacía, tanto física como emocionalmente, sin haber podido ver siquiera el cuerpo de su bebé antes de que se deshicieran de él. No tenía nada que pudiera llevarse a casa, ni siquiera cenizas; nada a lo que pudiera aferrarse.

La furia que sintió por no haber podido tener ningún tipo de control sobre cómo habían ocurrido las cosas todavía seguía hirviendo a fuego lento dentro de ella. Cuando terminó el vídeo, estaba llorando por todos los años de frustración enterrada.

—En fin, no sé si este vídeo os va a ser de ayuda a alguna de vosotras —dijo secándose las lágrimas—. Madre mía, a mí sí que me ha ayudado mucho.

El vídeo no se volvió viral, pero era potente, y todavía tengo sentimientos encontrados al respecto. Me alegra que Ruby se sintiera capaz de compartir su historia de una forma tan cruda y vulnerable. En el mundo de los vlogs familiares, suele ocurrir que la crudeza y la vulnerabilidad son la fuerza vital que hace que los suscriptores sigan enganchados y los canales prosperen. Pero la línea entre la autenticidad y la explotación se vuelve peligrosamente difusa cuando hay niños involucrados. Mi hermano pequeño nonato en el cielo no sufriría ningún efecto negativo porque Ruby compartiera su historia. Pero ¿qué pasaba con el resto de nosotros? Nuestras historias estaban siendo compartidas a diario.

¿Cuáles son las repercusiones de crecer frente a la cámara, sin tener ni voz ni voto al respecto? ¿Cómo transforma esa exposición constante el sentimiento de identidad de un niño, sus futuras relaciones y su propia comprensión de la privacidad? ¿Y qué es realmente el consentimiento cuando eres un niño con demasiado miedo para decir que no? Personalmente, lamento esos preciados años formativos que pasé al servicio de la visión de otra persona. Puede que Ruby diga que sus hijos siempre estuvieron de acuerdo, pero la verdad es que nunca fue una decisión que estuviera en nuestras manos.

¿Y qué pasa con Ruby? ¿Cuáles podrían ser las repercusiones emocionales de ese éxito en internet que crecía de forma exponencial? Sí, su intención siempre había sido conseguir dinero para su familia y validación para su ego. Pero ninguna de esas recompensas superficiales podía arreglar lo que estaba roto dentro de ella. En vez de eso, parecían alimentar la existencia de un círculo vicioso, empujándola a buscar más validación, más visualizaciones, más contenido, y a menudo a costa de su familia.

El elemento más problemático de nuestra dinámica familiar —la ambición implacable de Ruby, alimentada por una potente mezcla de dolor sin resolver y narcisismo— se había convertido en la fuerza motriz de nuestra existencia. Era como si hubiéramos cogido la planta más venenosa de nuestro jardín y, en lugar de arrancarla de raíz, la hubiéramos convertido en el centro de mesa de nuestra vida.

CAPÍTULO 11

Influencer adolescente

Hacia el final de mi octavo curso, cuando tenía catorce años, comencé mi propio canal de YouTube por una sola razón: dinero. Había visto lo que YouTube había significado para Ruby. Si con eso podía pagarme la universidad y librarme de trabajar en el supermercado después de clase, estaba más que dispuesta a hacerlo. Aunque, por supuesto, primero iba a tener que conseguir el permiso de Ruby.

Ella arqueó una ceja.

—¿Tu propio canal? Más te vale que te lo tomes en serio.

—¡Te prometo que lo haré!

—No eres lo bastante mayor para tener una cuenta de AdSense, así que yo tendré que gestionar tus ganancias.

—Ah, vale… —dije decepcionada. Había olvidado que legalmente no iba a poder tener mi propia cuenta de AdSense hasta que cumpliera los dieciocho años.

—No te preocupes; si tu canal tiene éxito, el dinero que ganes lo guardaremos —continuó—. Así tendrás unos pequeños ahorros para el futuro.

—Lo único que tienes que hacer es anunciar mi canal en *8 Passengers* para ayudarme a empezar, y así conseguiré un montón de suscriptores —dije emocionada.

Ruby se rio.

—Ni hablar, Shari. Nada de atajos y nada de anuncios. Tienes que llegar a los cien mil suscriptores por tu cuenta, al igual que lo hice yo. Cuando lo consigas, anunciaré tu canal en *8 Passengers*.

—¿En serio? ¿Tengo que ganarme un anuncio de mi propia madre?

—Shari, yo no promociono a nadie con menos de cien mil suscriptores, ya lo sabes. Considéralo un incentivo para que te plantees lo de tu canal como un negocio de verdad. Te anunciaré cuando tengas un canal que valga la pena promocionar.

Desafío aceptado, mamá. Pero que nadie se confunda: odié cada segundo que tenía que grabar.

—¡Se acabó! —gritaba con alivio después de cada vídeo, con la cámara apagada al fin. Era una tortura, pero era un trabajo. Después venía la edición, escribir los textos, decidir cuándo publicarlo y subirlo. Cualquiera que diga que subir cosas en internet no es un trabajo de verdad claramente no lo ha hecho nunca.

Subía vídeos dos veces a la semana. Y, al igual que mi madre, explotaba a mis propios hermanos, haciendo vídeos de depilación con mis hermanas y hablando sobre la regla, porque sabía que eso obtendría visitas. Hoy en día me carcome la culpa por ello, pero en esa época tan solo estaba siguiendo el plan de acción que había creado Ruby: esto es lo que le gusta a la gente; esto es lo que genera ingresos. Las cosas personales.

Un día, Ruby llevó su portátil a mi habitación para enseñarme algo.

—Mira esto —dijo con emoción—. Por si alguna vez te has preguntado por qué YouTube es lo más importante que le ha ocurrido jamás a esta familia.

En la pantalla había un mensaje directo de una suscriptora de *8 Passengers*. Una mujer que decía que había crecido en un hogar problemático. Sus padres discutían constantemente, y a menudo se sentía perdida y sola, hasta que se encontró con nuestro canal.

—«Viendo a vuestra familia es como si al fin hubiera encontrado un lugar donde puedo encajar» —leyó Ruby en voz alta—. «Veros tan felices y cariñosos y, sobre todo, tan SINCEROS hace que tenga esperanzas de que algún día yo también pueda tener lo mismo. Hasta he empezado a ir a la iglesia gracias a vosotros, y estoy pensando en bautizarme en la Iglesia de Jesucristo de los Santos de los Últimos Días. Gracias por enseñarme la luz». —A Ruby le resplandecía el rostro mientras cerraba el portátil—. ¿No es impresionante, Shari? Dios nos ha dado esta plataforma. ¡Mira cómo estamos marcando la diferencia en las vidas de la gente! ¡Les estamos mostrando el camino!

Cuando los espectadores la felicitaban por su «sinceridad», por mostrar la verdad sin adornos de la vida familiar, yo veía el orgullo en sus ojos. Aquello hacía que Ruby se sintiera todavía más segura de que estaba haciendo algo noble, algo significativo. Pero yo no pensaba lo mismo, sobre todo cuando leía los comentarios.

> «Mis padres están divorciados y discuten mucho. Cuando veo vuestros vídeos, me siento como si fuera parte de vuestra familia».
> «Me siento como si hubiera crecido con vosotros. Sois como mis hermanos. Lo sé todo sobre vosotros».

Esos comentarios siempre me dejaban con una sensación de intranquilidad. Para mí, era como tener una rémora extraña, gente que se pegaba a familias que no eran las suyas, al mismo tiempo que inflaban el ego de Ruby hasta proporciones épicas.

> «Uf, ¡gracias por mostrar la parte complicada de ser madre!».
> «Ojalá mis padres hubieran sido como tú, Ruby. Tal vez así no me habría metido en tantos líos siendo adolescente».

Nuestros fans no tenían ni idea de lo que estaban haciendo al hacer ese tipo de comentarios sobre la vida familiar ideal que Ruby les estaba vendiendo. Lo único que conseguían era darle alas. Alimentar su sensación de mujer virtuosa y poderosa, de ser una madre que no podía hacer nada mal, lo que hacía que fuera alejándose cada vez más de la realidad.

Un día, cuando yo tenía trece años, entré en la cafetería de mi instituto aferrando mi bandeja del almuerzo mientras navegaba por el mar de grupitos y círculos sociales. Me dirigí hacia la mesa del rincón donde normalmente me apiñaba con los demás ratones de biblioteca. Pero, antes de que pudiera llegar allí, una voz aguda atravesó el estruendo.

—Eh, Shari, ¡ven aquí!

Me di la vuelta, sobresaltada, y me encontré con que una de las animadoras me estaba saludando con la mano desde la codiciada mesa de los populares. Estaba sentada y rodeada de su pandilla, un mar de melenas perfectas y marcas de diseño. Nunca antes había hablado conmigo, ni mucho menos me había arrancado de las profundidades del País de los Empollones para invitarme a que me sentara con ella. Pero las cosas habían cambiado. Ahora que era famosa en internet, me había vuelto muuuy interesante a sus ojos.

Sabía que su repentino interés era tan falso como sus perfiles en las redes sociales meticulosamente diseñados. Ni ella ni sus amigas estaban interesadas en mí, Shari la persona, sino en Shari la celebridad en internet, un posible empujón para su propia presencia en redes. Aun así, me resultaba agradable que se fijaran en mí y me incluyeran por una vez en su grupo, incluso aunque solo fuera por razones superficiales. De modo que me senté con las chicas populares, sonreí para los inevitables selfis, me reí con sus bromas, que no comprendía del todo, y fingí que todo aquello era perfectamente normal.

De pronto, Jake, un chico del que había estado pillada en secreto durante meses, se acercó a nuestra mesa. El corazón se me detuvo un momento cuando me mostró su sonrisa característica.

—¿Cómo va todo, influencer? —dijo. En sus ojos relucía su interés por mí.

—Eh..., ¡genial! —logré contestar. Mi sonrisa era una mezcla de emoción auténtica y desenvoltura ensayada.

—Guay. Oye, ¿estás en Snapchat?

—Qué va.

Me encogí de hombros, tratando de sonar indiferente.

Jake levantó las cejas, sorprendido.

—¿Eres superfamosa en YouTube, pero no tienes Snapchat?

—Sí, ya sé que es raro —dije, avergonzada—. Mi madre no me deja.

—Vaya mierda. Mi madre también tiene lo suyo. Oye, a lo mejor deberíamos quedar y hablar sobre nuestras madres.

—Uf, no, gracias —repliqué, antes de darme cuenta de lo que estaba diciendo y corregirme con rapidez—. O sea, sí, ¡claro que deberíamos quedar para eso!

Él me dirigió otra sonrisa antes de alejarse.

Lo observé mientras se marchaba, paralizada por una mezcla de euforia e incredulidad. Las otras chicas de la mesa estaban igualmente aturdidas. Si el interés de Jake se debía a mi fama en YouTube era irrelevante en ese momento; lo único en lo que podía pensar era en sus ojos, en cómo me habían mirado con calidez y curiosidad genuinas. Era el primer chico que me había dedicado jamás algo de atención.

Por supuesto, había un problemilla, un pequeño obstáculo en mis grandes planes románticos: no me permitían quedar con chicos hasta que cumpliera los dieciséis años. Aparte de eso, Jake no estaba muy activo en la Iglesia de Jesucristo de los Santos de los Últimos Días, lo que sabía que iba a ser un problema por lo que respectaba a mis padres. Además, los suyos estaban divorciados, y su padre tenía tatuajes. Más puntos en contra.

Pero, con la sonrisa de Jake todavía grabada en mi cabeza, nada de eso me importaba. Por primera vez en mi vida iba a rebelarme.

Después de clase, con el corazón latiendo con fuerza, le di mi número a Jake. Se lo tecleé en su móvil con manos algo temblorosas. Aquello me resultaba peligroso y emocionante al mismo tiempo. Desde ese momento, comenzamos a escribirnos constantemente. Siempre estaba comprobando mi móvil cuando nadie miraba; cada mensaje producía en mí un entusiasmo que jamás había sentido antes.

Me descargué Snapchat en secreto, a pesar de que mi madre se habría vuelto loca si lo hubiera descubierto. Con cada Snap divertido de Jake, cada cara graciosa y cada meme estúpido, me sentía como si estuviera echándole un vistazo a un mundo que siempre había estado justo fuera de mi alcance. Un mundo en el que era libre para ser una adolescente corriente, sin preocuparme por los cambios de humor de Ruby ni por el negocio del vlog familiar.

Se entendía que, hasta que cumpliera los dieciocho años, iba a tener que obtener la aprobación de mi madre para cualquier cosa que subiera a las redes sociales. Esto incluía Instagram y, durante un tiempo, YouTube (Snapchat siempre estuvo expresamente prohibido). El proceso de aprobación era bastante riguroso. Yo le enviaba las imágenes junto con los pies de foto propuestos, preguntándole si le parecía bien que subiera ese material. Las historias de Instagram eran la excepción; normalmente me permitía que las subiera sin supervisión. Conforme fui haciéndome mayor, desarrollé un mayor conocimiento de lo que Ruby podía considerar aceptable, pero su aprobación definitiva seguía siendo obligatoria.

Cuando vetaba una publicación, normalmente eran selfis que otras personas podrían haber sexualizado en exceso. Al mirar atrás, lo comprendo. Creo que cualquier buena madre habría tomado decisiones similares. No era que quisiera subir nada que fuera verdaderamente inapropiado; por ejemplo, jamás me habría planteado subir fotos en ropa interior. Pero recuerdo que una vez quise subir una foto en la que salía yo tratando de hacer un *spagat* en el aire, con un pie de foto bromeando sobre mi falta de flexibilidad. Ruby me dijo que no. No estoy segura de si lo hizo para protegerme a mí o para preservar su imagen de pureza en internet. Probablemente fuera un poco de ambas cosas. La línea entre la preocupación maternal genuina y la gestión de la marca solía ser bastante difusa en nuestra casa.

Los pasillos de nuestro instituto pronto se convirtieron en un hervidero de cotilleos, todos ellos centrados en el interés de Jake por mí. Como consecuencia, las mismas chicas populares que me habían acogido con entusiasmo en su mesa de la cafetería me dieron la espalda con impactante rapidez. En un momento yo era su billete hacia la fama en las redes sociales y al siguiente me había convertido en una amenaza para su jerarquía tan cuidadosamente construida. Sus comentarios susurrados resonaban por los pasillos: «¿Cómo es posible que Jake esté con ella?». Me resultó gracioso comprobar lo deprisa que se desmoronó su falsa amistad y pasé de ser un recurso a convertirme en competencia.

La cosa fue a más cuando una de las chicas más crueles me envió una foto vieja de Jake besando a otra chica, como si aquel fragmento de historia antigua fuera a destrozar mi mundo de alguna manera. No pude evitar reírme ante aquel acto desesperado. ¿De verdad pensaban que me iba a importar una vieja foto?

Aquellas chicas, que me habían parecido tan intimidantes y poderosas tan solo una semana antes, ahora me parecían pequeñas e inmaduras.

Una tarde soleada, estaba sentada debajo de un roble enorme con Jake. La hierba me hacía cosquillas en las piernas desnudas y nuestras rodillas casi se tocaban mientras hablábamos y reíamos.

—No me lo puedo creer… Por fin estamos quedando —dijo Jake, y los ojos se le arrugaron en las comisuras mientras sonreía.

Un rubor cálido se extendió por mis mejillas. Mientras charlábamos, me maravillé por lo fácil que me resultaba. A diferencia de las conversaciones forzadas y superficiales que yo mantenía siempre con los demás, con Jake todo fluía de forma natural. Como si nos conociéramos desde hacía años.

De pronto, el ambiente cambió entre nosotros. Jake se inclinó hacia mí y bajó la mirada hasta mis labios.

—¿Puedo besarte, Shari? —me preguntó. Su voz era poco más que un susurro. El corazón me atronaba dentro del pecho. «Esto está pasando de verdad». Asentí con la cabeza, con los ojos como platos, y levanté la cara hacia la suya—. Puedes cerrar los ojos —añadió él con suavidad.

—Va-vale —tartamudeé, sintiendo que las mejillas me ardían todavía más.

Nuestros labios se encontraron, nuestras narices chocaron ligeramente y una descarga eléctrica me atravesó. Era como un millar de diminutos fuegos artificiales explotando bajo mi piel, desde mis labios y bajando hasta llegar a los dedos de mis pies. En ese momento, el mundo se desvaneció a mi alrededor. Ya no existía ningún canal de YouTube, ni Ruby, ningún drama en el instituto; tan solo estábamos Jake y yo, compartiendo nuestro primer beso debajo de un viejo roble.

Mientras volvía caminando a casa más tarde, no era capaz de borrarme la sonrisa de la cara. Quería grabar cada detalle de aquel momento en mi memoria para siempre. Jamás me había sentido tan feliz en la vida, pero ese sentimiento se evaporó en el momento en que crucé nuestra puerta de entrada.

Ruby y Kevin estaban sentados en el sofá de la sala de estar, con la cara llena de líneas rígidas y clavándome los ojos como si fueran rayos láser.

—Tu madre y yo tenemos que hablar contigo —dijo él con tono grave.

El pánico me invadió por completo. «¡Deben de saber lo de Jake!», pensé.

Mi mente iba a toda máquina, tratando de buscar una explicación, una excusa, cualquier cosa…

—¡¿Cómo te atreves a descargar Snapchat sin decírnoslo?! —siseó ella.

«¿Snapchat? ¿Es eso por lo que están tan enfadados? Menos mal…».

—Ah, lo siento, mamá —murmuré—. Es que… en el instituto lo tiene todo el mundo.

Vi un brillo de furia en los ojos de Ruby.

—¡Te dije que nada de redes sociales a menos que yo lo aprobara!

Bajé la cabeza, con la culpa retorciéndome el estómago.

—Yo no pretendía…

—¿No pretendías qué? ¿Poner en peligro todo aquello por lo que hemos trabajado? ¿Arriesgar todo nuestro sustento?

Sus palabras eran bruscas, cortantes.

—No, claro que no. Yo solo…, yo solo quería sentirme como una chica normal.

Ruby soltó una risa severa y carente de humor.

—Shari, nosotros no somos normales. Somos personajes públicos. Cada movimiento que hacemos y cada palabra que decimos afecta directamente a nuestros ingresos. ¿Puedes tratar de comprender eso?

Mientras continuaba con su diatriba sobre la marca y el canal «que nos da de comer», me di cuenta de que no dijo ni una sola vez que estuviera preocupada por mi seguridad. Todo era una cuestión de control. De mantener una imagen perfecta para su preciado público.

—Dame tu móvil —me exigió con frialdad—. Está claro que no eres lo bastante madura para enfrentarte a la responsabilidad de tener un teléfono inteligente.

Nunca antes había sentido una gratitud tan profunda por los mensajes que se desvanecían de Snapchat, y por haber purgado de una forma tan meticulosa todos los mensajes de texto que había intercambiado con Jake, lo que no dejaba ninguna huella digital que Ruby pudiera seguir.

Sustituyó mi iPhone por un anticuado teléfono con tapa, por si acaso necesitaba hacer llamadas. Bien podría haberme enviado al instituto en un carro tirado por un caballo. Prácticamente podía oír ya las risitas de mis compañeros de clase. De modo que, una tarde, cuando mis padres estaban fuera, me colé en su habitación con un objetivo claro: el iPhone, guardado dentro del armario de Ruby. Lo mantenía cerrado con llave, pero ya hacía mucho tiempo que había descubierto el escondite de esa llave.

Esa noche, entre las sombras de mi habitación, volví a revisar las historias de Snapchat de Jake, sofocando risitas ante sus selfis estúpidos. Cada vez que deslizaba el dedo por la pantalla era un acto de desafío, un momento robado de normalidad en mi mundo cada vez más controlado.

¿El riesgo? Incalculable. Si Ruby me pillaba, iba a desatar toda su furia. Pero el emocionante cóctel de autonomía y conexión con el chico que me gustaba era demasiado potente y no podía resistirme. Y es que, en esos momentos, por fin podía saborear la libertad. Así que, aunque mi madre se enterara y me despellejara viva metafóricamente, seguía pensando que valía la pena correr el riesgo.

CAPÍTULO 12

Creo que mi madre no me quiere

Estaba sentada frente a mi escritorio, con el diario abierto ante mí y el bolígrafo preparado sobre una página en blanco. La casa se encontraba en silencio, las cámaras estaban apagadas y, por una vez, tenía un momento que era para mí de verdad. Mientras miraba fijamente la hoja vacía, una oleada de claridad me invadió y trajo con ella una comprensión que había estado acechando justo por debajo de la superficie de mis pensamientos desde hacía años. Las palabras parecieron escribirse solas, escuetas e innegables sobre el papel:

«Creo que mi madre no me quiere».

Una lágrima se me escapó y cayó sobre la página con un suave sonido de salpicadura, emborronando las palabras. Pero la verdad de aquella declaración seguía estando ahí. Sabía que esas palabras no se debían solo a mi angustia adolescente. Aquel sentimiento me resultaba muy real y, de algún modo, infranqueable.

«¿Por qué mi madre no me quiere?», esa era la pregunta. «¿Es que he hecho algo para alejarla de mí, para que le produzca repulsión? ¿Es que no sonrío lo suficiente? ¿Es que soy demasiado sarcástica, demasiado espabilada, demasiado ensimismada? ¿Es que he puesto los ojos en blanco sin querer cuando ha hecho alguna de sus bromas?». Diseccioné toda una vida de interacciones con Ruby, buscando pistas, alguna explicación lógica que me dijera por qué me sentía tan rechazada por la mujer que me había dado a luz.

Mi mente deambuló hasta los comentarios que había leído en internet sobre mí, palabras de unos desconocidos en YouTube que creían que me conocían basándose en fragmentos de mi vida cuidadosamente editados.

> «Uf, Shari es una lameculos enorme. Siempre está chivándose de sus hermanos y tratando de ser la favorita de Ruby. Qué engreída».

¿Esa era la razón por la que mi madre no me quería? ¿Porque daba la impresión de ser una pelota y una mosquita muerta? Pero, aunque fuera así, deseé que aquellos desconocidos, que solo veían lo que Ruby quería que vieran, fueran capaces de comprender que mi obediencia no nacía de la adoración, sino del miedo. «Ojalá conocieran a mi verdadero yo», pensé. A la Shari que soñaba con una vida muy lejos de ese circo. Pero no, lo único que veían era a la obediente marioneta de Ruby, bailando al compás de su música.

Recordé todas las veces que había sonreído y asentido con la cabeza ante las exigencias de mi madre, incluso cuando cada fibra de mi ser quería decir que no. Los incontables momentos en los que me había mordido la lengua, tragándome mis auténticos sentimientos y mis opiniones solo por mantener la paz y asegurarme de que el dinero siguiera entrando. Nuestros suscriptores no comprendían lo que era vivir bajo el puño de hierro de Ruby, no conocían las consecuencias de pasarte de la raya.

«No soy una pelota. Soy una superviviente —pensé—. Hay una diferencia».

Pero ¿esa era la razón por la que Ruby no me quería?

Alterné entre tratar de comprender la frialdad de mi madre hacia mí y los comentarios de la gente que me destrozaban. El resultado fue un sentimiento nuevo. Una especie de vacío que nunca antes había experimentado. No comprendía lo que era, hasta que un día, cuando estaba en octavo curso, nos hablaron sobre la salud mental en el instituto y aprendí cuáles eran los síntomas de la depresión. Pude reconocerme a mí misma en ellos. Desesperanza. Desprecio hacia mí misma. Y, a veces, un deseo de… acabar con todo. Nunca antes le había dicho nada a nadie sobre esos sentimientos. Pero, ahora que sabía que tenían un nombre, me sentía obligada a decirlo en voz alta.

Inmediatamente después de esa clase, le mandé un mensaje a Kevin: «Papá, estoy deprimida. No sé si quiero seguir viviendo».

«Gracias por contármelo —respondió él de inmediato—. Vamos a superar esto juntos».

Hasta me compartió el enlace de una charla inspiradora que creyó que podría ayudarme.

La rápida respuesta de mi padre hizo que me invadiera una oleada de alivio. Por primera vez en lo que parecía una eternidad, ya no me sentía tan sola. No, una charla inspiradora no iba a arreglarlo todo, pero saber que él estaba ahí, preparado para escucharme y apoyarme… En ese momento, eso lo era todo para mí.

Pero, mientras volvía a casa desde el instituto, mi alivio se agrió hasta convertirse en temor. Papá se lo iba a contar a Ruby. Por supuesto que lo haría; siempre lo compartían todo, unidos en su frente parental. La idea de enfrentarme a ella, de tener que desnudar mi depresión bajo su mirada inquisitiva, hacía que se me revolviera el estómago. No estaba preparada para esa conversación. ¿Cómo iba a estarlo cuando, en el fondo, sabía que una fuente significativa de mi tristeza era ella?

Cuando llegué a casa, en lugar de entrar, me quedé sentada en un murito que había en un lateral. Estuve allí durante tres largas horas, con mi mente convertida en un mar de pensamientos, esperando a que Kevin volviera del trabajo.

Me vio en cuanto su coche apareció por el camino de entrada. Vi la sorpresa en su rostro mientras se acercaba.

—¿Shari? ¿Por qué estás aquí sentada?

Negué con la cabeza, con las palabras atascadas en la garganta y mis sentimientos demasiado enmarañados como para poder expresarlos.

La preocupación hizo que las líneas de su cara se volvieran más profundas.

—¿Cómo te sientes, cariño?

—Estoy... bien —mentí, obligándome a sonreír débilmente.

Kevin me examinó durante un momento; era evidente que no estaba convencido.

—Shari, ¿te gustaría hablar con alguien? ¿Tal vez... probar a ir a terapia?

El corazón me dio un vuelco ante la sugerencia, una cuerda salvavidas.

—Sí —susurré, y asentí enfáticamente con la cabeza.

Con una mano amable sobre mi hombro, Kevin me guio hasta el interior.

La conversación que prosiguió fue exactamente como me la había temido: Ruby me escuchó, pero sin comprender nada de verdad, mirándome con los ojos vidriosos y llenos de indiferencia.

—¿Terapia? —resopló, agitando una mano—. No seas ridícula. Tan solo necesitas dormir mejor, hacer más ejercicio y comer bien.

Pero Kevin me sorprendió.

—No —dijo con firmeza—. Deberíamos dejar que vaya a terapia. Esto es importante, Ruby.

Vi un destello de aturdimiento en el rostro de mi madre, pero entonces se endureció en una tozuda resistencia. Sin embargo, Kevin se mantuvo firme, con una tranquila determinación en los ojos que rara vez le había visto antes.

Me retiré a mi habitación y me aovillé en la cama, escuchando a mis padres discutiendo sobre mi salud mental. Mi dolor era real, eso lo sabía. Y, por una vez, parecía que al menos Kevin me estaba viendo, viéndome de verdad. De algún modo, esa pequeña comprensión me hacía sentir algo parecido a la esperanza.

DIARIO

Hoy es domingo, y mamá ha estado tratándome como el culo todo el día. Me grita porque a veces, de repente, me desconecto y me alejo de todo el mundo. «¡Yo no soy la que causa tu depresión y tu ansiedad!», chilla. Bueno, pues odio tener que decírtelo, mamá, pero sí que eres tú. Tú eres la culpable de todo lo que me pasa. Pero soy yo la que tengo que lidiar con ello. Y mi forma de hacerlo es ignorarte. Así es más fácil. Sin ataques de ansiedad. Sin alterarme ni enfadarme. Lo mejor es… desconectar. Me siento más en paz cuando te bloqueo mentalmente, cuando me retiro dentro de mi propio mundo. No es perfecto, pero al menos está lejos de ti.

Después de abrirme con Kevin, también comencé a confiar en mi obispo. No le hablaba específicamente de Ruby —eso me parecía demasiado personal—, sino de otras cosas. Analizaba ante él los mismos detalles una y otra vez, un disco rayado de culpa y vergüenza constantes. Era como arrancarte una costra, sin dejar nunca que sanara, buscando la absolución a la vez que me castigaba a mí misma.

—Obispo, siento seguir molestándole con esto —comencé; mi voz era poco más que un susurro—. Pero no puedo dejar de pensar en cuando besé a Jake. Me siento fatal. ¿Fue demasiado apasionado? No dejo de repetir ese momento una y otra vez dentro de mi cabeza. ¿He roto todas mis promesas hacia Dios? ¿Significa eso que soy una mala persona?

Enterré la cara entre las manos, porque unas oleadas de vergüenza y remordimientos me invadían por completo.

—Shari, ya hemos hablado sobre Jake, ¿recuerdas? Unas cuantas veces. Y te diré lo que ya te he dicho en otras ocasiones: Dios conoce tu corazón. No debes ser tan dura contigo misma.

—Pero pensaba que una buena persona examina sus pensamientos y sus acciones todos los días para arrancar de raíz cualquier pecado o impureza —contesté, y mi voz ahora fue ganando fuerza a medida que hablaba—. ¿Nuestro deber no es estar siempre vigilantes y no permitirnos jamás ser autocomplacientes? ¡El momento en que lo hacemos es el momento en que abrimos la puerta para que Satanás nos aleje del camino!

Él soltó un suspiro y se quitó las gafas para frotarse el puente de la nariz. Reconocía ese gesto; era el mismo que hacía cada vez que yo acudía a él obsesionándome por los mismos crímenes que creía haber cometido, sin darme por satisfecha jamás con su absolución.

—Shari —dijo con amabilidad—, creo que podría resultarte útil ir a terapia para hablar de esto.

—Mi madre no me deja ir.

—Mmm… No es malo cuidar de tu salud mental. Es evidente que tu escrupulosidad te está provocando mucha angustia.

—Mi madre dice que todos los problemas se pueden resolver con oración, dieta y ejercicio.

—Por favor, pídeselo, Shari. Recuerda que buscar ayuda profesional no es nada de lo que tengas que avergonzarte. No tienes que pasar por esto sola.

Volví caminando a casa, segura de que Ruby me iba a decir que no. ¿Y qué era eso que había dicho el obispo? ¿«Escrupulosidad»? Ni siquiera sabía lo que significaba esa palabra; la palabra me resultaba extraña en mi lengua.

En cuanto llegué a casa, encendí el ordenador y escribí «escrupulosidad» en la barra de búsqueda. Ahí estaba, en negro sobre blanco: el ciclo implacable de culpa y autoflagelación que se había convertido en mi compañero constante. El bucle infinito de preocupación por cada tropiezo moral, sin importar lo pequeño que fuera. La hipervigilancia que convertía cada pensamiento en un pecado en potencia, la agotadora gimnasia mental de tratar de ser perfecta, el peso aplastante de la culpa que parecía seguirme a todas partes.

«Genial —pensé—. No solo estoy deprimida, sino que también sufro un trastorno obsesivo-compulsivo religioso… ¿Por qué estoy tan rota?».

Las páginas web en las que me adentré dibujaban la imagen de una recuperación bastante complicada. Advertían de que no era tarea fácil librarse de las cadenas de la escrupulosidad. Desaprender los patrones de la vigilancia y la autocrítica, profundamente grabados en tus vías nerviosas, es un proceso muy complicado. Es como tratar de reconfigurar los circuitos de tu cerebro, modificar esas frágiles conexiones una por una. Iba a tener que convertirme en una guardiana muy atenta de mi propia mente. Aprender a atrapar los pensamientos tóxicos antes de que echaran raíces y se extendieran como malas hierbas invasivas.

Kevin y mi obispo tenían razón: no podía hacer todo eso yo sola. Tenía que ir a terapia y, seguramente, con mucha frecuencia. Tan solo deseaba que Ruby estuviera de acuerdo.

CAPÍTULO 13

Pillada

—Shari, deja que te arregle las cejas —me dijo Ruby con voz cantarina un día, blandiendo unas tiras de cera. Había aprendido algunos trucos de cosmética gracias a sus hermanas a lo largo de los años, y siempre estaba deseosa de poner a prueba sus habilidades conmigo y con mis hermanas. Pero aquello no era solo una cuestión de belleza: era contenido, y el contenido era nuestra moneda corriente.

A esas alturas, *8 Passengers* tenía casi un millón de seguidores. Ese número no era solo una estadística; era una fuerza que moldeaba toda nuestra existencia. Cada seguidor representaba una fracción de céntimo en ingresos por publicidad, un cliente potencial para el contenido patrocinado, una pequeña pieza del puzle que había transformado nuestra dinámica familiar en un lucrativo modelo de negocio.

Las implicaciones financieras eran imposibles de ignorar. Ruby y Kevin habían cambiado nuestra vieja furgoneta por un reluciente Chevy gigantesco, que tenía una matrícula personalizada: «8PSNGRS», y una pegatina de *8 Passengers* en la parte de atrás; una valla publicitaria rodante para nuestra vida familiar monetizada. A veces, cuando íbamos por la autovía, veíamos a otros conductores saludándonos con la mano y sus caras se iluminaban al reconocernos. Ahora éramos influencers famosos, y nuestras vidas cotidianas eran la fuente de entretenimiento de millones de personas.

Observé las tiras de cera con suspicacia. No podía evitar preguntarme algo: ¿aquello era un momento de posible unión entre madre e hija o tan solo una escena más de nuestra *sitcom* familiar interminable? La línea entre la interacción genuina y la actuación se había difuminado tan completamente que a veces creía que ninguno de nosotros era capaz de distinguir entre una y otra.

—Venga ya, Shari, va a ser un vídeo genial para el canal. Te daré cien dólares…

—Vale, puedes arreglarme las cejas —dije, y me senté en la silla que había preparado bajo el brillante resplandor del aro de luces.

Ruby tenía el don de una vendedora para hacer que todo pareciera una aventura. Y, a mí, la idea de recibir cien dólares en nombre de la belleza me sonaba genial.

El dolor no fue nada en comparación con el espectáculo de terror que vi en el espejo después. Ruby me había arrancado con la cera la mitad de la ceja izquierda, y me había dejado un brusco ángulo de noventa grados que me hacía parecer perpetuamente sorprendida por mi propio reflejo. ¿Quién necesita simetría cuando puedes parecer una mezcla entre Spock y una ardilla sorprendida?

Me quedé horrorizada, pero, por supuesto, Ruby no apagó la cámara, sino que hizo zum en mi cara como si estuviera documentando una especie muy poco común de adolescente uniceja en su hábitat habitual. Una toma millonaria, sin duda.

—Shari, ¡lo siento mucho! —exclamó con la voz temblorosa, por lo que estoy segura de que era remordimiento y no una alegría apenas disimulada al encontrar oro en forma de contenido.

Por supuesto, el vídeo titulado «¡¡¡SHARI, LO SIENTO MUCHO!!!» con una miniatura en la que aparecía yo llorando obtuvo cientos de miles de visualizaciones.

«Maravilloso —pensé—. Siempre he querido ser famosa por tener unas cejas horribles».

Tuve que llevar unas gafas de sol enormes durante unas cuantas semanas para ocultar lo que me había hecho mi madre. Y, a pesar de todo, no recuerdo haber visto jamás esos cien dólares.

Jake y yo apenas nos cruzamos durante esa semana. Si se dio cuenta de que me faltaba la mitad de la ceja, fue lo bastante considerado como para no decir nada. Cada momento con él parecía robado, preciado y ligeramente disparejo. Ruby jamás lo permitiría; los dos lo sabíamos. Aun así, saboreaba mi tiempo con él. Mi primer romance, ahora con un cincuenta por ciento menos de cejas.

Unas cuantas semanas más tarde, llegué a casa después del instituto y me encontré con mis padres esperándome, con pinta de ser una pareja de estatuas decepcionadas.

—Shari, tenemos que hablar —comenzó Ruby, con la voz fría como el hielo.

Me quedé paralizada en el umbral de la puerta, con la mochila como un peso muerto sobre los hombros.

—Te vamos a sacar del instituto —anunció, soltando la bomba—. Cuando acabe el semestre, empezarás a estudiar en el de Chad.

—¿Qué? —susurré. Notaba el aturdimiento corriendo por mis venas—. Pero… ¿por qué?

—Es lo mejor, Shari —continuó ella con la mirada decidida—. Tenemos que esforzarnos más en protegerte.

—¿Protegerme de qué?

—La madre de Jake me llamó ayer. —El estómago me dio un vuelco—. Me dijo que has estado escondiendo un portátil y comunicándote con él —prosiguió Ruby, y su voz se volvió afilada como una cuchilla—. Y que habéis estado… pasando tiempo juntos. ¿Cuánto tiempo llevas ocultando esto, Shari?

—Mamá —protesté débilmente, sintiendo el calor que se extendía por mis mejillas—, tan solo somos amigos. Casi ni hemos…

—Está claro —me interrumpió ella, con unas palabras tan afiladas como para hacerme sangrar— que los estudiantes de tu instituto son una mala influencia para ti. No hay nada que discutir sobre este traslado, Shari.

Miré fijamente la alfombra, tratando de contener las lágrimas y la sensación de que estaba a punto de desmayarme de forma dramática, como una dama victoriana.

—Pero a mí me gusta mi instituto —susurré, odiando lo pequeña y patética que sonaba mi voz.

—Tu nuevo instituto te gustará más —declaró ella—. Las clases son mucho más pequeñas, los profesores son excelentes y allí todo el mundo será de nuestra fe.

Kevin intervino en ese momento, recordando al fin que él también formaba parte de aquel equipo parental.

—Será un entorno mucho más seguro para ti, Shari —dijo con voz calmada.

Una familiar sensación de impotencia me invadió. Una vez más, mi vida se estaba transformando sin mi consentimiento, me estaban arrebatando mis decisiones, esta vez en nombre de la «seguridad».

Pregunté si podía marcharme y hui a refugiarme al cuarto de baño, donde cerré la puerta con manos temblorosas. Se me constriñó el pecho; cada respiración era un forcejeo trabajoso contra un peso invisible. La aplastante sensación era terrorífica; como estar ahogándome en tierra firme. Conocía a aquel visitante indeseado: un ataque de pánico. Ya los había tenido antes, pero nunca tan graves como aquel.

Sin saber muy bien qué hacer, me quité la ropa y abrí el grifo de la bañera. Luego me metí dentro y me senté con las rodillas contra el pecho y los brazos rodeando mi cuerpo con fuerza, como si pudiera mantener juntos físicamente los fragmentos de mí misma. El agua caía sobre mi cara y mi cuerpo; estaba respirando de forma entrecortada mientras luchaba contra la tarea repentinamente compleja de inhalar y exhalar.

En ese momento, con el agua tamborileando contra la porcelana, llegó aquel pensamiento escalofriante: «Quiero morirme».

La idea de no existir me producía una perversa sensación de alivio, incluso mientras la parte racional de mi cerebro luchaba contra ella y me decía: «No, Dios quiere que estés viva, Shari. Esto debe de ser parte de Su plan».

Vale, pero entonces… Tenía que haber algo profunda y fundamentalmente mal dentro de mí para que el plan de Dios me doliera tanto.

«¡Inútil! —siseó otra voz dentro de mi cabeza, el susurro de una chica cruel en un pasillo del instituto—. ¡Eres una hija desagradecida y una mala persona! Te mereces todo esto. Por eso te están ocurriendo estas cosas. ¡Esa es la razón por la que Dios te está haciendo sufrir!».

Me tapé las orejas con las manos, tratando de bloquear los dardos venenosos de mis propios pensamientos.

Cuando el agua se volvió fría y mis dientes comenzaron a castañetear, me estiré con lentitud en la bañera. Me sentía vacía, como si hubiera logrado desprenderme de todo; pero el dolor sordo y palpitante seguía ahí. Al ponerme de pie, con las piernas tan temblorosas como las patas de una jirafa recién nacida, capté mi imagen en el espejo; pálida, triste y agotada.

Mientras me envolvía con la toalla, una parte pequeña y desafiante de mí susurró: «Dios te ama, Shari».

Era un susurro débil, apenas audible. Pero estaba ahí.

CAPÍTULO 14

La reina del drama de mamá

Después del ataque de pánico en la ducha, Kevin consiguió por fin convencer a Ruby de que necesitaba ir a terapia. Comencé a asistir una vez a la semana y, aunque me caía bien mi terapeuta, la doctora Winters, siempre estaba dando vueltas de puntillas alrededor de la verdad, aterrorizada de que pudiera escapárseme el nombre de mi madre. ¿Qué pasaría si acababa enterándose de alguna manera?

—¿Cómo te sientes hoy, Shari? —me preguntó mientras yo me hundía en el enorme sillón y comenzaba a trazar con los dedos patrones invisibles sobre el reposabrazos.

—Estoy… bien, supongo.

La doctora Winters se inclinó ligeramente hacia delante.

—¿Solo bien?

La cara de Ruby apareció en mi mente. Tragué saliva con fuerza.

—He estado teniendo problemas para dormir —admití. Era un comienzo seguro.

—¿Puedes contarme algo más sobre ello?

Me miré fijamente las manos.

—Es como… si hubiera un peso. Sobre mi pecho. A todas horas.

—¿Y cuándo fue la primera vez que te diste cuenta de este peso?

—No lo sé. Hace un tiempo, supongo.

La doctora Winters asintió con la cabeza y anotó algo.

—Shari, ¿recuerdas lo que hemos hablado? Esto es un espacio seguro.

—Sí, claro.

Sin embargo, lo que hacía era tantear alrededor de los límites de mi dolor, sin llegar a tocar del todo su núcleo. Le hablaba de la ansiedad, de las noches sin dormir, de que me sentía perdida. Pero jamás de Ruby. Jamás de las cámaras. Jamás de la olla a presión que era nuestra casa. La consulta de la doctora Winters, con sus tranquilizadores tonos tierra y su luz suave, debería haber sido un refugio seguro. Sin embargo, me di cuenta de que, durante mucho tiempo, cada vez que estaba allí construía de forma instintiva unos muros a mi alrededor.

Pero, poco a poco, comencé a abrirme. Unas palabras que jamás me había atrevido a pronunciar en voz alta empezaron a salir burbujeando.

—A veces veo coches pasando por la calle y pienso en lo que pasaría si me pusiera frente a alguno de ellos… —confesé.

—¿Crees que puedes hablar con tu familia sobre estos sentimientos? —me preguntó con voz tranquila.

Me reí con un sonido amargo que me sorprendió incluso a mí.

—No. La verdad es que no.

—¿Y eso por qué?

Me quedé paralizada. Volvía a ver la cara de Ruby otra vez, acechando en mi mente. Negué con la cabeza.

—Simplemente… no puedo.

Una sesión destaca con claridad en mi memoria. Por fin había reunido el valor para contarle a la doctora Winters algo que había estado pesando sobre mí desde hacía años.

—Realmente no me gusta el piano —admití, y mi voz era poco más que un susurro—. Mi madre ha estado obligándome a tocar el piano desde que tenía cinco años, y la verdad es que ensayar con ella es una enorme fuente de estrés para mí.

Con mi consentimiento, la terapeuta invitó a nuestra sesión a Ruby, que había estado esperando fuera.

—Shari, ¿puedes contarle a tu madre lo que me acabas de decir? —me animó amablemente.

Respiré hondo, evitando la mirada de Ruby.

—No quiero seguir dando clases de piano —dije, y me preparé para su reacción violenta.

En lugar de eso, ella se limitó a decir:

—Vale, Shari. No tienes que seguir tocando el piano. Y no hace falta que volvamos a hablar de ello nunca más.

Una extraña mezcla de alivio e intranquilidad me invadió. Había logrado una victoria muy importante, pero que Ruby hubiera accedido tan fácilmente a mi petición me parecía muy extraño.

Volvimos en coche a casa sin decir palabra y me fui directamente a mi habitación, que compartía con mi hermana más pequeña. Había comenzado a venir a mi cuarto porque decía que quería dormir conmigo, cosa que a mí me pareció una monada, y ahora se había convertido en un hábito, y a mí no me importaba. Aunque eso significaba que tenía que ser muy silenciosa cuando me iba a la cama, porque nos acostábamos a horas diferentes.

Compartíamos mi gigantesca cama de tamaño extragrande, yo en un lado y ella en el otro, y a menudo le leía por la noche para ayudarla a quedarse dormida. Pero, sinceramente, es posible que yo la necesitara a ella más de lo que ella me necesitaba a mí. Era mi pastilla para dormir, el querubín que me cantaba una nana. Con ella a mi lado, de alguna manera siempre me sentía más segura por la noche. Como si hubiera algo en ella que pudiera mantener a los demonios a raya.

Por lo general, mi hermana se iba a la cama mucho antes que yo, pero esa noche fue ella quien me arropó cuando me metí bajo las sábanas. Me sentía agradecida por su presencia. Era mi pequeño ángel de la guarda; podía hacer que hasta las noches más oscuras parecieran un poco menos solitarias.

DIARIO

Estoy desconectando cada vez con más frecuencia. No puedo evitarlo, a pesar de que mi silencio altera de verdad a mamá. Parece pensar que si estoy callada es porque tengo una mala actitud. La verdad es que estoy callada porque me odio irrevocable e innegablemente, y llevo haciéndolo desde hace mucho tiempo. Ella no sabe que hoy me he pasado una hora llorando en la cama. Que me siento totalmente asqueada cuando me miro al espejo. Que estoy esforzándome mucho por aguantar. Tan solo tengo que recordarme que mi último día no va a ser el peor.

Me obligué a mostrar una sonrisa feliz para la cámara mientras Ruby anunciaba mi traslado a un centro nuevo a sus espectadores de *8 Passengers*. Chad, que se encontraba junto a mí, estaba visiblemente poco emocionado por el hecho de que su hermana mayor fuera a ir a su mismo instituto. Prácticamente podía sentir las oleadas de resentimiento que irradiaban de él ante la perspectiva de que yo invadiera su territorio. Para entonces, él ya había perfeccionado el arte de poner los ojos en blanco de forma pasivo-agresiva, y ahora lo empleaba con experta precisión.

Decidida a aprovechar al máximo aquel nuevo comienzo, a pesar de que me dolía el corazón por tener que perder la familiar comodidad de mi antiguo instituto, decidí crear una estrategia para sobrellevarlo. Iba a centrarme por completo en mis estudios, iba a perderme entre las páginas de grandes libros y a encontrar consuelo en el reino de las ideas. Era un mecanismo de defensa: construiría muros alrededor de mi corazón con conocimiento y logros académicos.

—¿Qué clase tienes primero? —me preguntó Chad, que ya tenía doce años, mientras recorríamos los pasillos abarrotados hasta nuestras clases.

—Inglés —respondí—. Hoy vamos a empezar a leer *El señor de los anillos.*

Una chispa de interés se encendió en sus ojos antes de que la apagara rápidamente con una sonrisita burlona.

—Empollona —resopló, aunque no había malicia en su voz.

Éramos muy diferentes: mientras que yo estaba completamente centrada en mis estudios, Chad, el atleta en ciernes, se estaba haciendo un nombre en el campo de fútbol y había superado numerosos récords en las carreras de cien metros lisos. Las posibilidades de que consiguiera becas deportivas en el futuro eran muy grandes. Prácticamente todo lo contrario a su hermana mayor, amante de los libros e introspectiva, que luchaba contra la depresión. Aun así, siempre había vibrado una conexión entre nosotros, una comprensión compartida sobre nuestras absurdas circunstancias que iba más allá de las palabras.

La mirada de Chad se detuvo en un grupo de atletas que estaban montando jaleo junto a la fuente de agua; sus risas estridentes resonaban entre las paredes de bloques de hormigón. Mi hermano y sus amigos eran los payasos de la clase, los típicos chavales que iban por los pasillos corriendo como Naruto de forma exagerada, con los brazos estirados hacia atrás, como si estuvieran siendo perseguidos por los fantasmas de sus notas medias. Yo siempre me sentía dividida entre la vergüenza y una admiración reticente por la habilidad de Chad de ser tan despreocupado.

—Nos vemos luego, hermanita —me dijo, y saludó despreocupadamente a sus amigos con la mano antes de desvanecerse entre la marea de cuerpos.

Lo observé marcharse, con una media sonrisa tirando de mis labios. «Nos vemos al otro lado, Chad. No te choques con los suspensorios por el camino de vuelta».

Me abrí paso a empujones hacia el aula de Inglés y me desplomé en mi asiento justo cuando sonaba el timbre. Mientras nuestro profesor repartía unos machacados ejemplares de *La comunidad del anillo*, sentí un estremecimiento de expectación que bajaba por mi espalda. Había visto las películas, pero jamás había leído los libros, y había algo en el mundo de Tolkien que me atraía desde que era pequeña.

Mientras leía las páginas con atención en el aula, sentí una chispa de emoción por primera vez en una eternidad. El mundo que había creado Tolkien, con su intrincada interacción entre el bien y el mal, parecía hablarme de una forma profunda. Pero, sobre todo, había algo extrañamente tranquilizador en el hecho de poder escapar a un mundo donde hasta las criaturas más pequeñas y humildes podían cambiar el rumbo de la historia.

Durante la clase, debatimos sobre qué personajes se podían interpretar como figuras de Cristo; sobre cómo los *hobbits* representaban la pureza de la infancia y encarnaban un amor por los placeres sencillos de la naturaleza, el juego, la comida y la compañía, y sobre cómo era su bondad inherente lo que les permitía cargar con el anillo sin quedar corrompidos de inmediato. Me gustaba especialmente Sam, ese dulce cachito de pan en forma de *hobbit*, esa patata pequeña pero leal, demasiado bueno y demasiado puro para ese mundo. Deseé poder tener un amigo como él.

—Y bueno, Shari —dijo el profesor, dirigiendo su mirada entusiasta hacia mí—. ¿Tú qué crees que simboliza el anillo en su esencia?

—Creo... —comencé con la voz temblorosa antes de que encontrara su fuerza—. Creo que simboliza la dualidad que existe dentro de todos nosotros. Nuestra capacidad para hacer un gran bien y un gran mal.

—Muy bien, Shari. ¿Podrías desarrollarlo más?

El aula se quedó en silencio, con todos los ojos clavados en mí, la chica nueva. Las palabras salieron de mí como un torrente.

—Es como... que el anillo es inherentemente neutral, ¿no es así? Lo que importa es lo que decidimos hacer con él. —Hice una pausa; el corazón me palpitaba con fuerza contra las costillas—. Solo hay que ver cómo el anillo corrompe a Gollum... Yo creo que es una advertencia. Tolkien nos está recordando que nunca debemos dejar que nuestro egoísmo nos consuma hasta que perdamos de vista lo que realmente importa.

Mientras hablaba, una imagen de Ruby apareció en mi mente. La forma en que las redes sociales se habían apoderado de ella. La lente de la cámara de su iPhone viéndolo todo, al igual que Sauron, el gigantesco ojo en llamas de la muerte.

Mi profesor asintió con la cabeza, frunciendo el ceño, pensativo.

—Entonces, Shari, si el anillo representa nuestra capacidad para hacer el mal, para la destrucción de uno mismo y los demás, ¿qué es lo contrario?

—El amor —dije, y pronuncié esa palabra con más peso del que pretendía—. La amabilidad. La clase de vínculo que comparten Sam y Frodo, que perdura a pesar de todas sus penurias.

La clase de amor que yo anhelaba, pero que rara vez sentía en casa.

Clavé la mirada en mi libro, con las mejillas ruborizadas. Me sentía expuesta, como si hubiera revelado demasiado. Pero, cuando levanté la vista, el profesor estaba sonriendo.

—Sí, Shari, creo que el propio Tolkien apreciaría esa interpretación —dijo.

En cuanto terminaron las clases ese día, volví corriendo a casa: mi sesión de terapia semanal con la doctora Winters era esa tarde, y necesitaba desesperadamente comer un poco primero: siempre me resultaba difícil desnudar mi alma si tenía el estómago vacío.

Me había comido ya la mitad de un cuenco de pasta preparada a toda prisa en la cocina cuando Ruby apareció, con sus pisadas sonando suavemente sobre el linóleo. Se sentó junto a mí, con una extraña sonrisa en las comisuras de la boca.

—¿Qué pasa, mamá? —le pregunté. Me había quedado con el tenedor inmóvil en el aire.

—Tengo una noticia estupenda, cariño —gorjeó ella con una voz dulce como la miel—. Hoy he tenido una charla con la doctora Winters y piensa que estás bastante bien. No quiere que desperdiciemos el dinero en sesiones innecesarias. Así que no hace falta que comas tan rápido; hoy no hay terapia.

Tragué con fuerza, tratando de procesar sus palabras.

—Mamá —acerté a decir; mi voz era poco más que un susurro—, ¿de verdad piensa que estoy bien?

No había pasado tanto tiempo desde que había compartido mis pensamientos sobre el suicidio con ella.

—Sí —respondió Ruby, y sus ojos brillaban con una emoción que no era capaz de interpretar del todo—. ¡Estás bien! Ya no estás cerca de Jake, ya no tienes un teléfono inteligente; todo va bien.

—¿Esto es porque he dejado el piano, mamá? ¿Estás enfadada por eso? ¿Es por eso por lo que ya no puedo ir a terapia?

—No, para nada. Se acabó la terapia, son órdenes de la doctora.

Para mí no tenía ningún sentido. Necesitaba más tiempo. Estaba haciendo progresos, acercándome centímetro a centímetro a algo que se parecía a la sanación.

—Mamá, a mí me gustaría continuar, si puedo —dije, apartando mi cuenco a un lado.

La sonrisa de Ruby flaqueó por un momento.

—Escúchame, Shari. La doctora piensa que eres una chica muy equilibrada que tiene..., cómo decirlo..., ¿una imaginación muy activa?

—Espera, ¿piensa que me estoy inventando todo esto?

—La pequeña reina del drama de mamá está buscando atención —dijo ella, y extendió el brazo para revolverme el pelo. Me encogí, pero no pareció darse cuenta.

No la creía. Era imposible que mi terapeuta —la única persona en la que pensaba que podía confiar— pudiera haberle dicho a mi madre que me estaba inventando mis problemas. Pero no importaba que Ruby estuviera mintiendo o que mi terapeuta me hubiera traicionado, porque el resultado era el mismo. Mi pequeño experimento con la terapia había terminado. En aquella familia, la única emoción segura era no tener ninguna emoción en absoluto.

CAPÍTULO 15

Un millón de seguidores

El mismo mes que comencé en mi nuevo instituto, septiembre de 2017, Ruby alcanzó un hito muy importante: su base de suscriptores había llegado al millón, dos años y medio después de crear su canal. Recuerdo bien el día porque yo estaba enferma en la cama, luchando contra lo que parecía una mononucleosis o una amigdalitis, cuando la familiar «voz de los vlogs» de Ruby llegó flotando a través de mi puerta cerrada.

—¿Shari, cariño? —me llamó con un tono dulce como la sacarina—. ¿Estás vomitando? ¿Te duele la tripa como si tuvieras náuseas?

—Sí —gruñí. Tenía la garganta como si me hubiera tragado cristales rotos.

Sabía que estaba grabando aquello; era evidente por su tono de voz. «Olvídate de la sopa de pollo y un paño frío, mamá —pensé—. Lo que realmente necesito es una cámara grabándome mientras vomito las tripas en un cubo».

Oí que Ruby continuaba dirigiéndose alegremente a sus espectadores, con la voz llena de emoción.

—¡Buenos días, *passengers*! Hoy es un día muy emocionante. Un día de locos. En primer lugar, estamos a punto de llegar al millón de suscriptores. Y, en segundo lugar, Shari no se encuentra bien. Voy a llevarla el médico para ver si tiene amigdalitis.

Ese mismo día, un poco más tarde, se grabó a sí misma mientras hacía recados, alternando la mirada entre la carretera y su teléfono mientras nuestro número de suscriptores subía de forma constante hacia la gran cifra: 998.000…, 999.000. Cuando la cifra llegó al millón, mi madre detuvo el coche a un lado, llena de emoción, y se dirigió con aire triunfal a sus espectadores.

—¡Es perfecto! Hemos alcanzado este hito mientras me encargaba de las pequeñas tareas cotidianas. Eso es lo que hace poderosas a las madres.

En su mente, comprar el queso de Chad, enviar mi paquete por correo y llevarme al médico eran sus superpoderes. Los actos cotidianos que habían construido su imperio. Un millón de suscriptores, conseguidos mientras hacía recados.

En el siguiente corte del vídeo aparecía yo en urgencias. Estaba visiblemente débil y agotada, pero traté de sonreír para la cámara. Los años de condicionamiento me habían enseñado a ser siempre agradable, a ser siempre amigable con Ruby, aunque me sintiera como una mierda. En ese momento, creo que tenía casi treinta y nueve grados de fiebre. Pero, por una vez, lo que ella quería no eran sonrisas.

—¡No puedes sonreír cuando estás en urgencias, Shari! —me reprendió con un tono entre juguetón y exigente—. Se supone que ha de parecer como si estuvieras en tu lecho de muerte.

La obedecí al instante, fingiendo que me acercaba a la muerte con un toque de teatralidad que sabía que le complacería. Cualquier cosa que quisiera.

Ah, y no tenía amigdalitis, sino mononucleosis, la enfermedad del beso. Aunque tampoco es que hubiera dado muchos besos, para ser sincera. Ni uno en absoluto, de hecho, a pesar de que estaba metida en una especie de romance con un chico llamado Mark, al que había conocido justo antes de cambiar de instituto. Nuestra «relación», si es que se la podía llamar así, era una mezcla de torpeza adolescente y complejidades asociadas a crecer bajo el ojo público.

Mark y yo habíamos comenzado a gustarnos en octavo, justo después de que las cosas con Jake se desinflaran. Había algo en haber besado a Jake…, era como si se hubiera encendido un interruptor. Había pasado de no haberme liado jamás con nadie a pensar de repente: «Madre mía, ¡esto es muy divertido!».

Este periodo quedó marcado por lo que yo llamaría «momentos de líos sin compromiso». No tenía intención de buscar profundas conexiones emocionales ni de comenzar relaciones nuevas. Era una época de exploración y descubrimiento, tanto de mí misma como de aquel nuevo mundo de los besos que anteriormente había estado vedado para mí. Era divertido descubrir que, después de todo, los chicos no sabían a rana.

Durante esa etapa acabé besando a unos cuatro o cinco chicos. Era una especie de «maratón de besos» que, para alguien que había crecido en un entorno tan restrictivo, parecía algo revelador, un pequeño acto de rebelión contra las rígidas normas que habían gobernado mi vida durante tanto tiempo.

La Iglesia de Jesucristo de los Santos de los Últimos Días nos enseña que nuestros cuerpos son regalos de Dios que hay que tratar con respeto y gratitud, y durante mucho tiempo ha sostenido que la castidad es un dogma básico de la fe, con el principio dominante de que las relaciones sexuales tan solo deberían ocurrir entre un hombre y una mujer casados. Se suponía que ni siquiera podíamos tumbarnos encima de alguien que no fuera nuestro cónyuge, y se nos insistía para que evitáramos los «besos apasionados» antes del matrimonio.

Ups.

Sin embargo, después de un tiempo, me percaté de la desconexión entre la intimidad física y la intimidad emocional. Aquellos encuentros eran divertidos y emocionantes, pero carecían de la conexión emocional más profunda que había experimentado con Jake. Y eso era lo que realmente anhelaba. Quería a alguien que me gustara de verdad, de una forma más profunda. Alguien que no estuviera solo interesado en besarme. Ya sabéis, una conexión real, como cuando los dos vais a coger el último trozo de pizza al mismo tiempo.

Entonces fue cuando Mark entró en escena. A mí me gustaba mucho. Y él no tenía el más mínimo interés por besarme, lo que me ayudó a mitigar mi culpa relacionada con mi pequeña maratón de besos.

Mark y yo quedábamos muy a menudo, a pesar de que nunca fuimos tan lejos como para decir que estábamos «saliendo». Y decir que era mi novio sería exagerar las cosas. Jamás me cogía de la mano y se sentía bastante incómodo con los abrazos, por no mencionar los besos. Era más una «amistad extraña» que un romance, y nosotros éramos como dos pingüinos torpes, tambaleándonos el uno al lado del otro, chocándonos de vez en cuando, pero sin que jamás llegáramos a averiguar del todo cómo apiñarnos en busca de calidez. Por supuesto, eso no impidió que Ruby monetizara la situación en busca de visualizaciones.

«El enamoramiento de Shari» o «El novio de Shari» eran buenos títulos para enganchar a la gente, incluso aunque eso no encajara con la realidad ni con la regla de nuestra familia sobre no tener novios hasta cumplir al menos los dieciséis años.

En cualquier caso, al mirar atrás, nuestro romance adolescente platónico era bastante mono. Como una gran preparación destinada a no llegar a ninguna parte. Una comedia romántica que se había olvidado de la parte romántica y había duplicado la comedia.

En nuestra familia, esquiar siempre era nuestro deporte invernal favorito. Chad iba a las pistas con bastante frecuencia durante los meses de invierno, y atravesaba la nieve recién caída con la facilidad de alguien nacido con esquís en los pies. Kevin, que había crecido practicando ese deporte, se sentía igual de cómodo en las laderas de las montañas. Pero ¿yo? Yo quería ser diferente. Elegí el *snowboard.*

Nuestro lugar habitual era Snowbasin, mi estación favorita entre la impresionante selección de estaciones de esquí de Utah. Estaba a más o menos una hora en coche desde nuestra casa, lo bastante cerca como para ir y volver en el mismo día, pero lo bastante lejos como para que pareciera una escapada. Nos metíamos todos en el coche por la mañana temprano, con la emoción creciente mientras subíamos serpenteando por las carreteras de la montaña.

Aquellas no eran unas vacaciones de invierno corrientes, con chalets acogedores y chimeneas crepitantes. Nuestros viajes eran más del estilo de «levantarse temprano, ir a las pistas y volver a casa para cenar». Pero había algo especial en esos viajes de un día, una sensación de aventura y libertad de la que a menudo carecíamos en nuestra vida tremendamente estructurada.

Recuerdo la primera vez que me puse sobre una tabla de *snowboard* en la cima de una pista de verdad. El mundo parecía diferente desde allí arriba: enorme, blanco y lleno de posibilidades. Mientras descendía tambaleándome por la ladera, cayéndome más veces de las que me gustaría admitir, sentí una oleada de independencia. Sí, estaba más tiempo en posición horizontal que en vertical. Chad y Kevin pasaban como rayos junto a mí, bañándome de nieve y consejos inútiles como «¡Levántate y ya está!», como si yo hubiera elegido ser una tortuga panza arriba. Pero no me importaba; aquello era algo que había escogido para mí, diferente a lo que el resto de mi familia estaba haciendo.

Decidí que quería hacer un vídeo para mi canal inspirado en esa sensación. Se llamaba «Shari compite en las Olimpiadas», un corto humorístico sobre estar en las Olimpiadas y hacer *snowboard* grabado en el jardín de atrás.

Me lo pasé muy bien haciéndolo. Había un poco de nieve en el suelo, pero todavía se podía ver el césped; no era tanto una «maravilla invernal» como un «último refugio de un muñeco de nieve derritiéndose». Kevin me ayudó a hacerlo, y el vídeo empezaba conmigo preguntándole:

—Oye, ¿podemos ir a hacer *snowboard* hoy?

—Ah, me parece que no —respondía él.

Entonces yo le decía:

—Vale, pues tengo una idea.

El vídeo me mostraba a mí poniéndome todo el equipamiento para hacer *snowboard* y saliendo al exterior, donde se veía mi recreación construida a mano por mí de una pista de obstáculos de las Olimpiadas, con un medio tubo hecho con unas cañerías de drenaje que había encontrado.

Yo saltaba sobre él con mi tabla de *snowboard*, lo que hacía que todo quedara reducido a pedazos. ¡Menuda integridad estructural! También saltaba sobre la cama elástica con la tabla, con desternillantes resultados. Imaginaos a un gato sobre un pogo saltarín saltando como un loco. Para cuando terminé, tenía más moratones que una bolsa de ciruelas que se hubiera caído al suelo, pero, oye, así es el mundo del espectáculo.

Me lo pasé genial editando el vídeo, y añadí un cartel falso en la parte de abajo que rezaba: «Shari Franke, de Utah. Jamás ha competido antes». Justo al final, añadí con Photoshop una medalla de oro sobre mi pecho. Daba un poco de vergüenza ajena y estaba mal grabado; era de la clase de vídeos que hacen que los profesores de la escuela de cine se despierten con sudores fríos, y tampoco funcionó demasiado bien en cuanto a visualizaciones, pero a mí me daba igual. Me encantaba hacer el tonto, ser yo misma. Aquel vídeo era mi obra maestra, mi *Ciudadano Kane.*

A esas alturas, ya se me daban bastante bien los vlogs. Había visto un montón de tutoriales de YouTube y me había transformado a mí misma en una Spielberg corriente de la jungla suburbana. ¿Mi arma predilecta? Una cámara Canon G7 X, el santo grial entre los vlogueros de la época. Cuando grababa, o bien la colocaba sobre un trípode, o la sujetaba yo misma, dependiendo de si quería que el vídeo pareciera profesional o como si se hubiera grabado durante un terremoto.

Para vídeos de preguntas y respuestas más formales en los que me sentaba en un sofá, tenía un anillo de luces, pero realmente no sabía cómo utilizarlo. Las cuestiones se centraban en temas como las rutinas en el instituto y preguntas más arbitrarias acerca de mi vida. En términos generales, mi canal era bastante reconfortante. Como una serie de Disney Channel, pero con peor iluminación y pausas más incómodas. Y mi número de suscriptores estaba subiendo poco a poco, así que suponía que a la gente le estaban gustando los vídeos. Hasta los que eran ridículos.

En la mañana de mi decimoquinto cumpleaños, Ruby me regaló un trípode nuevo, el regalo perfecto para una creadora de contenido. Por supuesto, grabó toda la sesión de apertura de regalos. Ahora que *8 Passengers* se estaba acercando a los dos millones de suscriptores, no había ningún hito ni ningún momento privado que no se explotara en busca de contenido.

—Hala, mamá, menuda pasada —dije, con una gratitud genuina mezclada con la familiar sensación de la actuación—. Muchísimas gracias.

—De nada. —Ruby sonrió ampliamente antes de girarse para dirigirse a la cámara—. Y, vamos a ver, ¿por qué necesita Shari un trípode nuevo?

—¡Porque tengo un canal! —dije de golpe. Las palabras salieron de mi boca a toda prisa—. Empecé uno hace un tiempo y quería que creciera de forma orgánica, así que decidimos no hablar sobre él.

La sonrisa de Ruby permaneció fija.

—Sí, y ya casi ha alcanzado los cien mil suscriptores, ¡así que dadle un poco de amor! Lo ha conseguido todo ella sola. Yo no he promocionado su canal ni una sola vez, ni en el mío ni en Instagram.

—¿Esto significa que puedo poner un enlace a *8 Passengers* en mi descripción? —pregunté, sintiéndome como Oliver Twist pidiendo más papilla.

—¡Sí! —exclamó Ruby—. Feliz cumpleaños, Shari.

Y así, como si nada, mi deseo se hizo realidad.

Sabía que el anuncio en su canal me traería una oleada de nuevos suscriptores, y poner mi enlace en *8 Passengers* sin duda atraería un montón de tráfico a mi canal. Me sentía como si fuera mi propio hito al haber conseguido esa validación por parte de mi madre, a pesar de que eso consolidaba mi imagen pública como una especie de «mini-Ruby» en vez de ser una persona independiente.

Cuando se publicó el vídeo, mis números pegaron el subidón esperado, lo que se tradujo en unos cuantos miles de dólares al mes. En moneda adolescente, eso es como... ¡un millón de *frappuccinos*! Pero, por desgracia, todavía no podía tocar nada de aquello: mi madre había puesto la cuenta a su nombre, dado que yo todavía era menor.

—Por cierto —dijo un día como si tal cosa, meses después de que empezara a ganar dinero—. Me voy a quedar con el diez por ciento de lo que ganes en concepto de gastos de gestión.

Asentí con la cabeza, sin comprender del todo el concepto del «impuesto materno».

—¿A qué te refieres?

—¿De verdad piensas que habrías empezado alguna vez un canal de YouTube, y mucho menos uno de éxito, si no hubieras tenido mi ayuda? ¡Me lo debes, Shari! Los negocios son los negocios.

Sentí que se formaba un nudo en mi estómago. Por un lado, mi madre tenía algo de razón; era innegable que su influencia había impulsado mi canal. Y, por otro lado, me sentía como si estuviera haciendo caja a costa de mi duro trabajo. Pero, como siempre, ¿qué podía hacer yo al respecto? Nada.

DIARIO

Hoy he hablado con mi profesor, el señor Haymond. Le he preguntado cómo podía mejorar mi relación con mis padres. Él sabe que no puedo mantener conversaciones profundas con ellos. Me ha dicho que en algún momento voy a tener que decirle a mi madre que quiero tener una relación mejor. Ha sido amable y comprensivo, y ha escuchado de verdad lo que quería decirle. Ahora me dan envidia los hijos del señor Haymond, porque me encantaría tener unos padres como él.

Un día, después de clase, me entretuve un poco más de la cuenta en el aula del señor Haymond. Había algo en su comportamiento paciente que me hacía sentir a salvo. Antes de que pudiera darme cuenta, las palabras se estaban derramando desde mis labios, un torrente de dolor acumulado y frustración sobre mi vida con Ruby, sobre lo fría y cruel que podía ser, sobre cómo la realidad era tan diferente a lo que el mundo podía ver. Nunca había sido tan honesta con nadie sobre mis sentimientos en relación con mi madre, ni siquiera con mi antigua terapeuta.

Mientras hablaba, vi que la expresión del señor Haymond cambiaba de un interés educado a la sorpresa, y después a una profunda preocupación.

—Shari —dijo en voz baja cuando me detuve para tomar aliento—, no tenía ni idea. Esto tiene que haber sido increíblemente difícil para ti.

Esas simples palabras, ese reconocimiento, me hizo sentir como si una llave estuviera abriendo algo dentro de mí. El señor Haymond me escuchó con paciencia mientras yo le abría mi corazón, asintiendo con la cabeza para darme ánimos y frunciendo el ceño con empatía. No trató de ofrecerme soluciones rápidas ni de quitar importancia a mis sentimientos. Simplemente... me escuchó.

Nunca me había sentido tan liviana como cuando me marché de su aula aquel día. El mundo no había cambiado; todavía tenía que volver a casa y enfrentarme a los mismos desafíos, a la misma vida familiar cuidadosamente coreografiada. Pero algo había cambiado dentro de mí. Ahora tenía un aliado, un adulto de confianza que sabía la verdad sobre Ruby y que me veía a mí, la auténtica Shari, no la versión que era demasiado cerrada como para compartir sus sentimientos.

Chad, por su parte, se estaba aislando más que nunca, y su comportamiento de payaso y su actitud desafiante estaban recibiendo una respuesta dura en el instituto. Las reglas eran bastante estrictas y le costaba no salirse de los límites establecidos. Era interesante ver las diferencias entre nosotros: mientras que yo tendía a tenerlo todo bien embotellado en mi interior, mi hermano era como una botella agitada de Mentos y Coca-Cola, incapaz de contenerse. Era como una fuerza de la naturaleza que siempre estaba desafiando los límites y poniéndolos a prueba.

Un día, en clase, probablemente muerto de aburrimiento, Chad decidió que sería divertidísimo lanzarle un caramelo de maíz a uno de sus colegas, que estaba al otro lado del aula. Algo muy típico de él. Sin embargo, su puntería era casi tan buena como su juicio. Lanzó el caramelo con tal efecto que, en vez de caer sobre su amigo, golpeó al profesor. Bum. Primera infracción. Después de tres infracciones, un estudiante se enfrentaba a la expulsión temporal y, después, a la expulsión definitiva. En aquel campo de minas de tolerancia cero, mi hermano estaba jugando a la rayuela con minas terrestres.

Tan solo hicieron falta unos cuantos traspiés más —cada uno de ellos tan ridículo como el anterior— para que Chad se encontrara al lado contrario de las puertas del colegio, con los papeles de la expulsión en la mano. Jamás olvidaré las caras que pusieron mis padres cuando recibieron la noticia… La mezcla de furia, decepción y agotamiento insoportable que sintieron hizo que pareciera que hubieran envejecido una década de la noche a la mañana.

Pero los problemas no habían terminado. En agosto de 2018 Chad casi se cargó nuestras mejores vacaciones en familia patrocinadas por una marca: un viaje por carretera meticulosamente planificado al parque de atracciones de Universal Studios Hollywood. Era nuestra colaboración más importante con una marca hasta la fecha.

Nuestro itinerario estaba planificado con precisión milimétrica; cada momento digno de la cámara estaba programado al milisegundo.

Recuerdo vívidamente que estábamos en nuestro monovolumen cuando Ruby dijo que tenía un plan:

—Vamos a dejarlo todo hecho un asco para que podamos enseñar lo bien que funcionan las toallitas Wet Ones.

Lo dejamos todo asqueroso: ositos de gominola espachurrados en las ventanas, porquería por todas partes, chocolate en las caras de todo el mundo. Y todo para demostrar la efectividad de las Wet Ones.

Todo estaba yendo muy bien, hasta que Chad sembró el caos.

Habían abierto el parque temprano solo para nosotros, lo cual era algo bastante gordo, para que pudiéramos grabar imágenes caminando por el parque vacío. Pero, mientras Ruby estaba grabando los puntos de los que tenía que hablar según su acuerdo con la marca delante del icónico globo, Chad se estaba comportando, según las palabras de mi madre, «como un auténtico gamberro», poniendo caras de gárgola estreñida y apareciendo para fastidiar en el plano de su contenido patrocinado cuidadosamente orquestado. El sueño de Ruby de un contenido familiar perfecto estaba convirtiéndose con rapidez en un vídeo de tomas falsas, de modo que lo obligó a marcharse a la habitación del hotel mientras todos los demás disfrutábamos del parque temático.

Pero Chad, siempre rebelde, no estaba dispuesto a permitir que el decreto maternal de Ruby lo retuviera. Se escapó de la habitación del hotel, se subió a un taxi y, utilizando su encanto, consiguió volver de alguna manera a Universal Studios, donde se lo estuvo pasando en grande él solo.

Cuando regresamos al hotel, Chad no estaba. Durante un tiempo, no tuvimos ni idea de dónde se había metido. Y eso, por lo que a mis padres respectaba, era la gota que colmaba el vaso. A ojos de Ruby y Kevin, mi hermano se estaba convirtiendo en alguna clase de delincuente juvenil, un robot defectuoso, y simplemente necesitaban encontrar alguna forma de reprogramarlo.

Ya se habían planteado enviarlo a la Academia Militar de West Point, y lo habían llevado a varios terapeutas, desesperados por obtener un diagnóstico, alguna etiqueta que sonara oficial con la que pudieran justificar sus fechorías. Para su gran decepción, la mayoría de aquellos profesionales decían que, como Chad tenía catorce años, era demasiado joven para poder patologizar su comportamiento de forma concluyente. Por no mencionar que, por lo general, él solía ir muy por delante de esos pobres terapeutas.

A menudo, mi hermano era la persona más manipuladora de la habitación; resulta que crecer frente a la cámara es un entrenamiento excelente para aprender a engañar a la gente.

Al mirar atrás, creo que mis padres probablemente tendrían que haberle dejado el espacio y el tiempo que necesitaba para crecer. Los adolescentes se portan mal; es algo intrínseco de la edad. Pero no, Ruby y Kevin no eran capaces de comprender una solución tan sencilla. En vez de eso, redoblaron sus esfuerzos, más decididos que nunca a encontrar a alguien que pudiera dominar a mi hermano, alguien lo bastante agresivo como para romper sus defensas. Se embarcaron en una misión para encontrar a la persona perfecta para descifrar su código y reconfigurarlo a su gusto, y así fue como el monstruo entró en nuestras vidas.

Un monstruo que se hacía pasar por una profesional de la salud mental, armada con una sonrisa de labios apretados y una mente llena de tácticas de guerra psicológica.

Un monstruo que vería la oscuridad interior de mi madre y se dedicaría a cultivarla y alimentarla hasta que eclipsara toda la luz.

Un monstruo llamado Jodi Hildebrandt.

TERCERA PARTE

◇◇◇◇◇◇◇◇◇◇◇◇◇◇◇◇◇◇◇◇◇◇◇◇◇◇

La hechicera

CAPÍTULO 16

La serpiente en el jardín

Fue durante ese viaje a Orlando cuando Ruby, totalmente desesperada, recurrió a una amiga de la familia para pedirle consejo sobre lo que debería hacer. La amiga se animó.

—¡Oh, conozco a la persona perfecta! —gorjeó, y le explicó que había estado asistiendo a talleres del programa de *coaching* para la vida de Jodi Hildebrandt, ConneXions—. Jodi inspira muchísimo respeto —añadió la amiga—. A lo mejor sería una buena terapeuta para Chad, teniendo en cuenta su naturaleza impetuosa.

—Jodi Hildebrandt —repitió Ruby, saboreando el nombre en la lengua. Sonaba oficial, importante. Como alguien que fuera capaz de controlar a una horda de adolescentes salvajes con solo una mirada severa.

Jodi era una terapeuta clínica de salud mental con licencia profesional que se había labrado una reputación en la comunidad de la Iglesia de Jesucristo de los Santos de los Últimos Días como una especie de obradora de milagros. Su programa ConneXions prometía ayudar a la gente a superar cualquier cosa, desde la adicción al porno hasta el «pensamiento distorsionado», y predicaba una filosofía basada en tres principios básicos: honestidad impecable, responsabilidad personal rigurosa y humildad vulnerable.

Intrigada por la idea de que Chad dejara de ser Daniel el Travieso y se convirtiera en un chico modelo de nuestra Iglesia, Ruby organizó de inmediato una llamada por Zoom para Chad y Jodi. Aquella videoconferencia de alto riesgo tuvo lugar en nuestra habitación de hotel en Orlando, donde mi hermano había estado castigado durante el resto del viaje.

Después de la llamada inicial, Jodi informó a Ruby y expresó confianza en su capacidad de hacer progresos con Chad si mis padres se comprometían a hacer llamadas personales semanales entre los dos. Ah, y también tenía algunas otras ideas para su rehabilitación inmediata, entre las que se encontraban enviarlo a Anasazi, un programa de terapia en la naturaleza en Arizona para adolescentes «problemáticos».

Jodi describió Anasazi como una experiencia transformadora, un lugar en el que Chad podía despojarse de sus comportamientos rebeldes y emerger como el hijo obediente y espiritualmente equilibrado que mis padres anhelaban. Sonaba como una cura milagrosa para todo que prometía arreglar cualquier problema adolescente concebible con un poco de aire fresco y habilidades de supervivencia en la naturaleza.

Luego estaba el desorbitado precio de 13.945 dólares por solo cuarenta y nueve días de tratamiento. Pero mis padres, forrados de dinero gracias a YouTube y cegados por la desesperación, no se inmutaron al escuchar la cifra. Estaban demasiado fascinados por las promesas de Jodi, y demasiado deseosos de obtener una solución rápida como para preguntarse si de verdad aquello era lo mejor para Chad.

—Lo que tú digas —dijo Ruby, desesperada por conseguir una solución y emocionada por estar colaborando en el Proyecto Chad con esa supuesta gurú de la autoayuda.

Busqué a Jodi en internet, y había algo en su retórica que me hacía sentir incómoda. Hasta su foto me resultaba desagradable. Su mirada, aguda y eficiente. Su sonrisa parecía severa, inflexible.

Sin embargo, en retrospectiva, no era solo su aspecto físico lo que me inquietaba. Era la completa ausencia de cualquier clase de energía tranquilizadora, el aura cálida y reconfortante que una podría esperar normalmente de alguien que supuestamente ha dedicado su vida a ayudar a sanar a los demás. En lugar de eso, en sus mensajes y en su apariencia, parecía extrañamente... engreída.

Posteriormente, me dedicaría a indagar más en la historia de Jodi, gran parte de la cual había compartido ella misma abiertamente en diversos medios, aunque es difícil creer cualquier cosa que diga. Asegura que fue la sexta de siete hermanos, hijos de un piloto de combate y de una ama de casa. El lema familiar era «Eres un Hildebrandt. Esfuérzate al máximo o no te molestes». Según Jodi, su madre perdió un hijo cuando era bebé, de modo que era emocionalmente distante y no pasaba demasiado tiempo con ella. Decía que su padre, aunque también estaba cerrado emocionalmente, le enseñó a trabajar duro y a no confiar en la gente.

Como había crecido en el desierto, Jodi decía que se dio cuenta de que se sentía más cómoda con los animales que con los seres humanos, y se dedicaba a ordeñar a las cabras de la familia y disfrutaba de su tiempo a solas. Al haber crecido con tan poco afecto, admitía que le resultaba perturbador ser testigo de la ternura entre padres e hijos. También había compartido públicamente historias de que había sufrido abusos sexuales por parte de un vecino de quince años cuando ella tenía entre dos y cinco, y después por parte de un chico de dieciséis años que vivió con su familia cuando ella tenía entre siete y nueve. Decía que, a la edad de veintiún años, habló por fin con un terapeuta sobre los abusos.

En 1999, cuando Jodi tenía veintiséis años, su ahora exmarido le pidió el divorcio. Ella se quedó con la custodia completa de sus hijos, que en esa época tenían nueve y siete años, y en sus libros admitía que le resultaba difícil controlar a esos niños tan energicos. Comenzó su viaje como sanadora en 2003, y obtuvo su licencia como terapeuta clínica de salud mental en la División de Licencias Profesionales de Utah en julio de 2005. Guiada por la «instrucción celestial» y unas «invitaciones inspiradas», diseñó sus programas de *coaching* especializados, creados para promover aquello que ella nunca había tenido mientras crecía: la conexión. Y de ahí surgió ConneXions.

Lo que más me perturbaba a mí era lo rápido que mi madre parecía estar dispuesta a confiar el destino de Chad a aquella completa desconocida, que estuviera preparada para enviarlo a un campamento en la naturaleza basándose solo en los consejos de Jodi. Tenía la sensación de que podríamos estar cambiando unos problemas por otros.

El día que mi hermano se marchó para iniciar su participación en el programa Anasazi era lluvioso. El cielo parecía una pesada manta gris y estaba muy acorde con el peso que sentía yo en el pecho. Observé a mi hermano mientras, con los hombros caídos, llenaba de ropa una bolsa de basura. Captó mi mirada y, durante un segundo, tuve una breve imagen del antiguo Chad: esa chispa traviesa, esa enorme sonrisa. Tras un rato se marchó, fue tragado por aquella mañana plomiza.

Fieles a sus costumbres, Ruby y Kevin no pudieron resistirse a grabar un vídeo para explicar su decisión. Retrataron a mi hermano como una especie de delincuente juvenil que necesitaba desesperadamente un cambio radical de actitud. Mi padre, de forma muy poco propia de él, tomó la iniciativa y explicó la situación con voz seria. Casi podía ver los hilos con los que mi madre controlaba sus palabras, como si fuera una marioneta.

A continuación fue Ruby quien tomó las riendas.

—Chad necesita madurar y desarrollar algunas habilidades muy básicas —declaró—. Esto es una oportunidad para hacer un reinicio, un nuevo comienzo. La idea de la terapia en la naturaleza es que, si puedes sobrevivir con tus compañeros en un entorno salvaje sin nada más que la ropa que puedas llevar en una mochila y algunas provisiones, entonces no hay nada en este mundo a lo que no puedas enfrentarte. —La emoción de Ruby rozaba la locura—. Chad se enfrentará a la naturaleza salvaje de verdad —dijo entusiasmada y con los ojos relucientes—. Donde hay serpientes, osos, coyotes, pumas... de verdad. Queremos que nuestro hijo tenga ese tipo de experiencias. Creo que será algo bueno para él. Porque esa clase de experiencias pueden enseñarte lo que de verdad importa. Y entonces volverá a casa y dirá: «Tío, he sobrevivido y allí había osos. Puedo hacer cualquier cosa».

Debajo de esa ligereza forzada, el mensaje subyacente estaba claro: aquello era otro castigo, una forma de desmontar a mi hermano y reconstruirlo para que encajara con la idea que ellos tenían de un hijo perfecto y obediente.

—Nadie puede arreglar a nadie —continuó Ruby, sin darse cuenta de la ironía de sus palabras—. Una persona tiene que decidir si va a hacer cambios en su vida. Así que pienso que esta experiencia será muy reveladora para Chad y para todos los demás que estén ahí fuera solos. Podrán aprender a mejorar por sí mismos... o, si no, simplemente se hundirán en el barro.

Mientras ella soltaba todas esas chorradas, yo observaba a Kevin, que asentía con la cabeza en todos los momentos apropiados. Sin embargo, había algo en sus ojos; ¿un destello de duda, tal vez? Más tarde aseguraría que al principio él no había estado de acuerdo con ese plan para Chad, pero que acabó accediendo. No obstante, en ese momento, ante la cámara, representó el papel de marido perfecto y comprensivo que apoyaba los delirios de su mujer.

Esos días después de que mi hermano se marchara se convirtieron en un borrón de confusión y frustración. Ruby, con su infinita sabiduría, decidió que todos necesitábamos desafíos diarios para mantenernos conectados mientras Chad estaba lejos, jugando a los boy scouts extremos. Recuerdo que ponía los ojos en blanco cada vez que nos proponía uno de esos desafíos, pero uno en particular destaca entre mis recuerdos. Se suponía que teníamos que mirar nuestros propios ojos y escribir sobre nuestra «luz» —significara lo que significara eso— y cómo podíamos hacerla crecer. Yo le seguí la corriente, aunque solo fuera para evitar una discusión. Después de todo, lo más probable era que discutir hubiera provocado que me enviaran a mí también al desierto, y me quemo muy fácilmente con el sol.

Recuerdo estar plantada frente al espejo del cuarto de baño, tratando de hacer ese ejercicio ridículo. Sin embargo, en lugar de ver alguna luz interior o lo que fuera, lo único en lo que podía concentrarme era en mis imperfecciones. Era como si la pesadilla de un dermatólogo hubiera cobrado vida. Tenía la piel seca y escamosa, como si fuera alguna clase de cruasán humano; había un grano testarudo en mi barbilla que estaba tratando de formar su propia nación soberana, y ese pelo grueso y solitario junto a mi lunar que parecía volver a crecer de la noche a la mañana sin importar cuántas veces me lo arrancara.

Echaba mucho de menos a mi hermano, y no tenía ni idea de cómo se suponía que esos estúpidos ejercicios diarios iban a compensar su ausencia de algún modo. Todo parecía desequilibrado, como si fuéramos un coche de payasos en un circo con un payaso menos. Y mirar en el espejo esa zona aceitosa en forma de T de mi cara difícilmente hacía que me sintiera mejor.

Cuando Chad regresó de Anasazi tres meses más tarde, hablaba del tiempo que había pasado en la naturaleza como si no fuera para tanto, como si tan solo hubiera salido para dar un paseo rápido por el campo en lugar de estar exiliado en el desierto durante un cuarto de año. Dijo que, al final, había sido divertido estar en la naturaleza con un puñado de chavales. Que había más libertad de la que tenía en casa. Ninguna responsabilidad relacionada con los vlogs. Hacían hogueras, veían serpientes y dormían bajo las estrellas.

Pero mis padres todavía no habían terminado con él, ni por asomo. Habían decidido contratar a Jodi, por un precio elevado, para que se embarcara con Chad en una serie de sesiones de terapia individuales. A mí eso me preocupaba, tal vez todavía más que el campamento, sobre todo porque, cuanta más información buscaba acerca de Jodi Hildebrandt, más me escamaba todo. Era como caer en una madriguera de conejos cubierta de banderas rojas.

Por ejemplo, en 2012, un hombre joven se mudó a Utah con su nueva esposa y un bebé para asistir a la Universidad Brigham Young. Su obispo le recomendó que fuera a ver a Jodi para hacer terapia, y eso resultó ser un error terrible. Sin tener ninguna prueba, ella acusó a su cliente de ser un abusador y violó la confidencialidad del paciente al denunciarlo como depredador sexual a la oficina del Código de Honor de la universidad. También lo denunció a la Iglesia. Las consecuencias fueron brutales. El hombre fue expulsado de la universidad y de la Iglesia, y su matrimonio se desmoronó; precisamente aquello por lo que había acudido a Jodi para pedirle ayuda.

Como resultado, en 2012 suspendieron la licencia de terapeuta de Jodi. Sin embargo, para su cliente, el daño ya estaba hecho. Y ahí seguía ella, todavía ejerciendo, todavía manejando influencias. Era como si viera su suspensión como un periodo sabático, y lo utilizó para redoblar sus cuestionables métodos.

Sintiéndome como si estuviéramos subiendo a un tren que se dirigía directamente al país de los chiflados, me llevé a Chad aparte para tener una charla entre hermana y hermano. Nos sentamos juntos en el sótano y me permití soltarlo todo.

—Jodi no mola —le dije sin rodeos—. En plan, que está loquísima. Tendrías que ver las cosas que hay sobre ella en internet. Es una estafadora profesional.

Él se encogió de hombros, molestamente impasible, como si acabara de decirle que nos habíamos quedado sin leche.

—Tranqui, Shari. Puedo manejarla. Ella es igual que todos los demás. Lo único que tienes que hacer es decir que estás de acuerdo con todo lo que dice.

—No, yo creo que esto es un gran error.

Chad levantó una ceja.

—Shari, no es más que una señora de mediana edad. Si no hago terapia con ella, mamá me va a fastidiar la vida todavía más que ahora.

—Tan solo… ten cuidado, ¿vale? Dicen que destroza las familias. No dejes que te manipule.

—No lo haré. Escucha, he sobrevivido en el desierto, así que puedo sobrevivir a Jodi Hildebrandt.

Chad me dio las gracias por el aviso y, después, se fue derechito a Ruby y le contó lo que yo le había dicho, algo muy típico de los hermanos pequeños.

Unos cuantos días más tarde, ella me llevó a un rincón y me dijo, echando chispas por los ojos:

—¡¿Cómo te atreves a sabotear el progreso de tu hermano?! Va a recibir ayuda. Y, sinceramente, Shari, creo que a ti también te vendría bien.

La miré fijamente, negando con la cabeza.

—Yo no necesito ayuda de Jodi.

—Sí, la necesitas. No te gusta Jodi, y cualquier persona a la que no le guste Jodi es porque está ocultando algo. Significa que te sientes amenazada por la verdad que ella proclama.

Asintió solemnemente con la cabeza, como si acabara de impartir una sabiduría ancestral.

Yo no me podía creer lo que estaba oyendo.

—Pero, mamá, si le suspendieron la licencia. ¡Si sus propios hijos no le hablan!

—Sus hijos no fueron capaces de aceptar la verdad. Dios la ha llamado para ayudar a la gente.

Los ojos de Ruby relucían con el fervor de una auténtica creyente.

Había caído por completo en las redes de Jodi.

CAPÍTULO 17

La secta de ConneXions

Mi primer coche fue uno que había pertenecido a Kevin, un Ford Focus de 2016 de un blanco puro. Cada mañana, mientras me sentaba en el asiento del conductor para ir al instituto, sentía una pequeña oleada de libertad. Con la radio sonando a volumen bajo y el mundo pasando a toda velocidad al otro lado de las ventanillas, podía respirar, pensar y ser yo misma sin que hubiera ojos fisgones ni expectativas. Era la primera vez que saboreaba de verdad la adultez, la posibilidad de tomar mis propias decisiones y trazar mi propio camino. Sí, ese camino iba principalmente de casa al instituto, con algún desvío ocasional al autoservicio, pero aun así... ¡era libertad!

Como muchos aspectos de mi vida, aquella libertad recién encontrada tenía una limitación. Los papeles del coche seguían estando a nombre de Kevin, un detalle que no dejaba de molestarme. En esos momentos de tranquilidad detrás del volante, no podía evitar preguntarme: «¿Puede venir Ruby algún día y arrebatarme esta pequeña fracción de independencia?». La carencia de pruebas legales de que el coche era mío de verdad siempre suponía una fuente de ansiedad, un recordatorio de que mi autonomía seguía siendo muy limitada y dependía de los cambios de humor impredecibles de Ruby; era tan inestable como una torre de piezas de Jenga en un terremoto. Desde luego, había habido unos cuantos cambios extraños en su comportamiento ahora que estaba taaan obsesionada con ConneXions.

Un día, mis padres se fueron a una conferencia de ConneXions y, cuando Kevin regresó, parecía estresado. No estaba seguro de que le gustara esa comunidad, y más tarde diría que se sentía como si estuviera rodeado de un montón de «mujeres que odiaban a los hombres». Aun así, mucha gente a la que él respetaba formaba parte de ConneXions a esas alturas, de modo que ignoró sus dudas. Además, Ruby parecía tan cautivada por Jodi y su filosofía que no se atrevía a pincharle la burbuja. Era más fácil seguirle la corriente que arriesgarse a convertirse en uno de los objetivos de los misiles «buscadores de la Verdad» de Jodi.

Pero ese fue el principio del fin para ellos. Ruby se involucró cada vez más con ConneXions, zambulléndose en los conceptos de Jodi de la Verdad y la Distorsión; dos palabras que sonaban inocuas, pero que pronto se convertirían en la cruz de mi existencia. El programa era tan caro como exhaustivo. El curso de formación en liderazgo de equipos, que incluía seis sesiones de noventa minutos con una «preparadora certificada de ConneXions» y acceso a la biblioteca en constante crecimiento de más de cien programas de pódcast de Jodi, tenía un precio considerable de 4.995 dólares por persona.

Para aquellos que estaban comprometidos de verdad con su filosofía —o, tal vez, aquellos que Jodi consideraba que necesitaban una «ayuda» más intensiva—, había una formación de liderazgo para empresas de dieciocho semanas que costaba 14.985 dólares. Sin duda, Jodi creía fervientemente en que, cuando te dispones a desplumar a alguien, has de aprovechar para arrancarle todas las plumas.

Los frutos de su trabajo eran evidentes en su casa de lujo de cinco millones de dólares en Ivins, un pueblo pintoresco que se encontraba a cuatro horas al sur. Contaba con una piscina y una habitación segura, y se alzaba como una reluciente prueba de lo lucrativo que podía ser el negocio de «arreglar» a la gente y de lo persuasiva que era Jodi a la hora de atraer discípulos y adoctrinarlos.

El manual de estrategia de esa mujer se centraba en el aislamiento y el control. Para que pudieran abrazar por completo sus enseñanzas, se instaba a los estudiantes de ConneXions a que se distanciaran de cualquier persona que no viviera según la verdad de Jodi. Ver cómo la cordura de mis padres se iba yendo por el desagüe conforme se iban transformando en los devotos discípulos de Jodi era como visionar una versión en la vida real de *La invasión de los ultracuerpos*.

Al principio, no me atrevía a utilizar la palabra «secta». Parecía extrema. Pero, conforme me iba sumergiendo más en la investigación por internet —no hay nada más propio de un «adolescente normal» que buscar en Google «¿Mi familia es una secta?»—, me di cuenta de que ConneXions cumplía con todos los requisitos. Vale, no nos estaban reubicando físicamente en un lugar remoto, al estilo Jonestown, pero no hacía falta que lo hicieran. Nuestro privilegiado enclave en Utah era el entorno perfecto para alguien como Jodi; una comunidad ya preparada, aislada y lista para ser manipulada.

Sus seguidores estaban obligados a confesar sus «distorsiones» en sesiones de grupo y a través de constantes llamadas telefónicas los unos con los otros. Era como su pequeño ejército, todo el mundo informaba sobre todo el mundo y se reclutaba a cualquiera que quisiera escuchar la Verdad de Jodi. Paradójicamente, la clave de la conexión era la desconexión: aislarte de cualquier persona que no hablara el idioma de Jodi, volverte completamente dependiente de tu nueva «familia de ConneXions», que controlaba cada uno de tus pensamientos, hasta que existías en una mente colmena de pensamiento común.

En el corazón de todo aquello se encontraba Jodi, que dirigía el cotarro con puño de hierro. Para las personas que se encontraban fuera de su círculo interno, ella era un pilar respetado de la comunidad, un faro de esperanza para aquellos que buscaban sanación. Mediante la pura fuerza de su personalidad, se había posicionado a sí misma como la mejor «*coach* de vida», y parecía marcar como presas a las personas de la Iglesia de Jesucristo de los Santos de los Últimos Días que en un principio habían contactado con ella buscando alguna manera de lidiar con las cosas de la vida o nuevas formas de sanar y de mirar el mundo. En lugar de eso, acababan atrapados en un guion rígido y en un sistema tiránico diseñado para despojarlos de su autonomía mientras Jodi monetizaba lo que ella llamaba «sanación».

El descenso de Ruby al mundo de Jodi alcanzó la velocidad de la luz cuando hizo el curso de seis semanas de preparación para ser *coach* de vida. De pronto, ya no solo se estaba tragando el cuento, sino que ella misma lo contaba. Los sábados, la veía pendiente de todas y cada una de las palabras que pronunciaba esa mujer a través de Zoom como si fuera el segundo advenimiento. Las estrellas en los ojos de mi madre eran cegadoras.

Muy pronto, se convirtió en una *coach* de vida certificada por ConneXions que lideraba llamadas de apoyo y grupos de mujeres. La confidencialidad con los clientes se convirtió en un chiste, dado que informaba semanalmente a Jodi. La Gran Hermana había llegado.

Una noche, durante la cena, mi madre mencionó como si tal cosa que una mujer de su grupo de apoyo había estado «engañando» a su marido. ¿El delito? Fijarse en que el cartero era atractivo. En la realidad distorsionada de ConneXions, aquello suponía una infidelidad. Las enseñanzas de Jodi eran extremas: un hombre casado que hablaba con una compañera de trabajo mujer podía ser infiel, y ver a gente atractiva en internet podía clasificarse como adicción al porno. Lo único aceptable era la pureza absoluta de pensamiento.

En el mundo rígido de Jodi, la inocencia era muy poco frecuente. A aquellos que se consideraban «distorsionados» —normalmente, los maridos— se les pedía que abandonaran a sus familias para trabajar en sí mismos. Solos. Jodi parecía especializarse en guiar a las esposas para que se distanciaran de sus maridos. O para que los expulsaran por completo de sus vidas. El lenguaje de ConneXions lo expresaba como «invitarlos a marcharse», lo que en realidad significaba «voy a hacer que te aísles de todas las personas que conoces, a excepción de Jodi». Lo sorprendente es que, a menudo, los maridos les seguían el juego, completamente convencidos de que aquello era lo mejor para sus familias. Era como ver leminos saltando uno tras otro de un acantilado.

Este aislamiento autoimpuesto era parte del retorcido concepto de los «anillos de responsabilidad» de Jodi. Si estabas distorsionado, te verías despojado de todas tus responsabilidades, a excepción de la de mejorarte a ti mismo. Nada de trabajo, nada de comunidad, nada de familia. Tan solo tú y las enseñanzas de Jodi en un vacío, un confinamiento solitario, pero tienes que pagar por el privilegio, todo ello en nombre de la «sanación».

Estas separaciones normalmente duraban por lo menos seis meses; el tiempo mínimo que Jodi consideraba necesario para demostrar un cambio genuino. Su lógica era que cualquier persona podía fingir remordimientos o hacer ajustes a corto plazo, pero mantener los cambios durante medio año demostraba una transformación sincera. Esencialmente, se ponía a prueba a los adultos en sus relaciones y se esperaba que le demostraran su valía a Jodi para volver a ganarse el privilegio de poder estar cerca de su familia. Esa regla de seis meses también se aplicaba a los hijos, y cualquier transgresión significativa podía resultar en una sentencia de medio año de privilegios restringidos, escrutinio incrementado y una presión constante para demostrar los «cambios».

Es interesante comparar el enfoque glacial que Ruby aplicaba a la crianza de los hijos con la rígida filosofía de Jodi. Las dos no solo eran similares, sino que estaban en simbiosis. La doctrina de ConneXions no era tanto una revelación para mi madre como un espejo que reflejaba y magnificaba la rigurosa visión del mundo que siempre había tenido.

Después de todo, Ruby siempre había repartido su amor como un tacaño las monedas, haciendo que su afecto estuviera supeditado a una demostración prolongada de «buen» comportamiento. En su mundo, el amor no era algo que se diera por hecho; era un premio que había que ganarse mediante una conducta perfecta, una zanahoria que colgaba justo fuera de nuestro alcance para obligarnos constantemente a esforzarnos, para que demostráramos constantemente que éramos dignos.

ConneXions no estaba acercando a mi madre a una nueva forma de pensar; le estaba proporcionando el vocabulario y el respaldo pseudocientífico que justificaba lo que había estado haciendo desde el principio. El sistema de Jodi le había puesto una etiqueta glamurosa a aquella dieta de inanición emocional y la había llamado «terapia». Al final, ConneXions no cambió las tácticas de Ruby; tan solo le dio un manual para refinarlas.

Mi madre no anunció a bombo y platillo en *8 Passengers* la llegada de Jodi ni su interés recién descubierto por ConneXions. En vez de eso, el cambio fue sutil, una lenta integración de nuevas ideas y terminología en su contenido existente. Era como si estuviera tanteando el terreno, calculando la reacción de su público a aquella nueva filosofía.

Recuerdo que de lo primero de lo que me percaté fue del cambio en su forma de hablar. De pronto, «Verdad» se convirtió en la palabra de moda en sus vídeos y en las publicaciones en su blog. Mencionaba como si tal cosa que había «encontrado un programa de autoayuda» que estaba revolucionando su acercamiento a la crianza de los hijos y la vida en general. Lo presentaba como si fuera una herramienta más en su arsenal de la buena madre, otro consejo que estuviera compartiendo con sus seguidores.

Ruby comenzó a promocionar los eventos de ConneXions con su público, aunque no reveló de inmediato hasta dónde llegaba realmente su implicación. Mencionaba futuras conferencias o animaba a sus seguidores a que se apuntaran a las clases gratuitas de los sábados. Lo presentaba como una oportunidad emocionante de mejorarse a uno mismo, una ocasión para que su público accediera a la misma sabiduría que supuestamente estaba transformando nuestra vida familiar. Lo consideraba una evolución, un siguiente paso natural en su viaje como madre e influencer. Sus seguidores, que ya estaban predispuestos a confiar en su consejo, comenzaron a mostrar interés en esas nuevas ideas, dado que no podían ver cómo ConneXions ya estaba empezando a destruir nuestra familia.

Por ejemplo, cuando Jodi decidió que Chad no estaba «mejorando» lo bastante rápido, aconsejó a mis padres que lo sacaran de inmediato de atletismo y fútbol, aplastando así todos sus sueños adolescentes. Para mi hermano, el atletismo y el fútbol eran su cuerda salvavidas, su billete hacia un futuro más brillante. Había quedado en primer lugar en la carrera de cien metros lisos del distrito, y también en la de doscientos. Los entrenadores susurraban sobre su potencial, y el sueño de una beca de fútbol o atletismo parecía estar a su alcance. Era algo más que una forma de pagar la universidad; era la oportunidad de Chad para demostrar su valía, para labrarse una identidad más allá de las restricciones de nuestra familia disfuncional.

Pero, con un asentimiento de cabeza de Ruby y Kevin, la interferencia de Jodi destrozó todos esos sueños. ¿Cómo podía Chad dedicarse al atletismo y al fútbol cuando no podía ser «completamente responsable» de sí mismo? No, a partir de ese momento, tenía los deportes prohibidos hasta que estuviera «arreglado». Y eso significaba arrebatarle la única cosa que le daba felicidad y un propósito.

Me encontraba en la puerta de la habitación de mi hermano, observándolo guardar de forma metódica su equipamiento de fútbol.

—Chad —dije en voz baja—, ¿de verdad tienes que hacer esto?

Él levantó la mirada hacia mí, con los ojos vacíos.

—Ya sabes que sí, Shari. Mamá y papá lo han dejado claro. Jodi dice que…

—¡¿A quién le importa lo que diga Jodi?! —solté de sopetón.

Sus labios se curvaron en una sonrisa triste.

—Sí, bueno, tú prueba a decirles eso a mamá y papá.

Como si estuviera esperando el momento justo, la voz de Ruby llegó flotando desde la planta baja.

—¡Chad! Jodi está al teléfono. ¡Quiere hablar contigo!

Vi que los hombros de mi hermano se desplomaban todavía más. Se puso de pie y lanzó una última mirada de anhelo a su equipamiento antes de bajar las escaleras, como un hombre condenado caminando hacia el patíbulo.

«Esto no está bien», pensé con el corazón dolorido. En el mundo de los deportes competitivos, sobre todo a nivel de instituto, el tiempo es esencial. No puedes poner en pausa tu carrera atlética y esperar retomarla de nuevo años después sin que haya consecuencias. Habían destrozado completamente sus posibilidades de obtener las becas por las que tanto se había esforzado, y todo en nombre de… ¿qué? Todavía me cuesta comprender su razonamiento.

Seguí a Chad hasta la planta baja y me quedé en el borde de la sala de estar mientras él tomaba el teléfono que le tendía Ruby. Ella tenía una enorme sonrisa en la cara, como si le estuviera entregando un regalo en lugar de la sentencia de muerte para sus sueños.

—Hola, Jodi —dijo Chad con la voz apagada.

No podía oír las palabras de Jodi, pero sí que podía ver el efecto que producían en mi hermano. Con cada momento que pasaba, la luz de sus ojos se apagaba un poco más.

—Sí, lo entiendo —masculló—. Necesito concentrarme en ser responsable de mí mismo antes de poder formar parte de un equipo.

Me entraban ganas de gritar. «¿Es que no veis lo que le estáis haciendo? ¿Es que no entendéis lo que le estáis arrebatando?».

En ese momento, vi los destellos de un futuro desmoronándose: Chad marcando el gol vencedor, los cazatalentos gritando para ofrecerle becas, un camino para salir de esta casa y alejarse de toda la locura que vivíamos…; todo aquello había desaparecido.

Mientras mi hermano le devolvía el teléfono a Ruby, Kevin le dio unas palmadas en el hombro.

—Esto es lo mejor para ti, hijo. Jodi sabe de lo que habla.

CAPÍTULO 18

Tácticas de aislamiento

Mientras observaba a mi familia y a muchos otros sucumbir ante el retorcido dogma de Jodi, no podía evitar preguntarme algo: ¿cuál demonios era la fuente de su poder? ¿Por qué esa mujer con sus horribles pantalones de color caqui y sus camisas de manga larga ejercía un control así sobre la gente? ¿Era por la promesa de la verdad absoluta? ¿Es que la enorme seguridad que tenía en sí misma ofrecía alguna ilusión de certeza en un mundo que parecía estar deshaciéndose por las costuras? ¿O era por la forma en que permitía que la gente diera rienda suelta a su odio hacia los demás y hacia sí mismos?

Me di cuenta de que Ruby estaba comenzando a ponerse en contra de sus padres y sus hermanos, enfrentándose a recuerdos difíciles de su pasado de formas en las que jamás se había atrevido antes. Siempre había sido el más vivo ejemplo de «seguir adelante», y se había pasado la vida enluciendo las heridas de su infancia con un revestimiento de perfección y llamadas telefónicas diarias a su madre. La relación que mantenía con ella rozaba la codependencia; un hecho que a mí siempre me había resultado inquietante, teniendo en cuenta mi propia distancia emocional con respecto a Ruby.

Pero el énfasis de Jodi en «hacer inventario y un trabajo interno incesantes» agrietó esa fachada cuidadosamente construida.

De pronto, la niña interior herida de Ruby emergió, dolorida y furiosa, recordando incidentes que había enterrado hacía mucho tiempo, lo que provocó unas ondas sísmicas que se extendieron por todo el clan de la familia Griffiths. Ninguno de ellos había mostrado interés por unirse a ConneXions, a pesar de los entusiastas comentarios de mi madre. Pero ella creía, y cada vez lo hacía de forma más firme, que jamás sería posible sanar a menos que ellos abrazaran ConneXions.

Esta separación no se manifestó de la noche a la mañana. Pasaron alrededor de dos o tres años hasta que Ruby cortó los lazos por completo con su familia. Y, mientras la observaba borrando un contacto tras otro de su teléfono móvil, no podía evitar preguntarme algo: ¿aquello era la sanación?

Era como si Jodi hubiera pulsado un interruptor en el cerebro de mi madre, convirtiendo el amor familiar en desprecio de la noche a la mañana. En el fondo de mi mente, un pensamiento terrorífico echó raíces: si Ruby podía cortar la relación con toda la familia Griffiths con tanta facilidad, ¿qué iba a impedirle hacer lo mismo con nosotros? ¿Iba a despertarme algún día y encontrarme borrada del grupo familiar en iMessage?

Quería apoyar a mi madre, a pesar de las emociones complejas que albergaba hacia ella. Tal vez se debía a que podía empatizar con la experiencia de tener resentimientos hacia los propios padres y luchar contra unos traumas de la infancia sin resolver. De forma instintiva, comprendía que el dolor sin resolver suele perpetuar los ciclos de sufrimiento, que pasan de una generación a la siguiente.

Nunca antes había pensado en que hasta aquellas personas que presentan al mundo una fachada impecable, como mi madre, pueden estar luchando contra unos problemas muy arraigados que permanecen ocultos a la vista. Que su exterior pulido puede funcionar como una máscara, escondiendo los conflictos internos y las heridas sin sanar que continúan supurando bajo la superficie.

Al darme cuenta de esto, sentí por primera vez compasión

hacia mi madre, incluso cierta afinidad; su impecable comportamiento de puertas afuera y la oscuridad que había tras él podían tener mucho que ver con su propio pasado sin resolver.

Una noche, Ruby me apartó a un lado después de cenar para mantener una pequeña charla.

—Shari —me dijo—, te vamos a sacar de atletismo para que puedas centrarte en lo que realmente importa…, tu desarrollo personal.

Me quedé impactada. ¿Iban a sacarme de atletismo, el único deporte que realmente me gustaba? ¿Qué iba a ser lo siguiente? ¿Prohibirme respirar?

—Pero ¿por qué? —pregunté, deseando con desesperación que aquello no fuera más que una broma muy mala.

—No eres vulnerable emocionalmente conmigo —respondió Ruby—. Hay un muro entre nosotras. Imagina cómo puede afectar algo así a tu relación con tu futuro marido. ¿Tú crees que algún hombre querría aguantar a una esposa fría y cerrada?

—¡No lo entiendo!

—Shari, tú no tienes empatía. No eres compasiva. Y, como madre, mi trabajo es ayudarte a arreglar tus defectos antes de que sea demasiado tarde. Esa es la razón por la que tu padre y yo hemos decidido hacerte el regalo de tener sesiones individuales con Jodi.

El estómago me dio un vuelco. No iba a permitir que esa mujer se acercara lo más mínimo a mi cerebro, ¡por encima de mi cadáver! ¡Antes prefería hacerme una lobotomía a mí misma con una cuchara!

—Chad está progresando muchísimo con ella —continuó Ruby—. Y ahora te toca a ti.

Me clavé las uñas en las palmas de las manos, tratando de contener la necesidad de gritar. En vez de eso, me limité a quedarme en silencio, convertida en piedra. A lo mejor, si no me movía, pensarían que era una estatua y me dejarían en paz.

Vi un destello en los ojos de Ruby cuando notó mi furia.

—La decisión es tuya, Shari. O haces las sesiones de terapia individuales con Jodi, o te quitamos el coche, el móvil y te sacamos del instituto. Tú decides.

Me quedé boquiabierta. No podía ir en serio. Pero me bastó una mirada a la cara de mi madre para saber que lo estaba diciendo completamente de verdad. Estaba dispuesta a descarrilar alegremente mi vida entera en mi último año de instituto para obligarme a hacer terapia con una *coach* que era de lo más sospechosa.

¿Quiénes eran esos seres alienígenas que se estaban haciendo pasar por mis padres?

Me fui corriendo a mi habitación, con la furia hirviendo bajo mi piel. Abrí el portátil y escribí «¿Cómo emanciparte de tus padres?» en el cuadro de búsqueda, con los dedos temblorosos. Pero, mientras los resultados se cargaban, la realidad me aplastó por completo.

¿Adónde iba a ir?

¿Qué podía hacer?

¿Quién iba a ser?

Las preguntas resonaban dentro de mi mente, y cada una de ellas era un doloroso recordatorio de mi estatus de marioneta. A los diecisiete años, era una prisionera de las circunstancias: no tenía ningún amigo fuera de nuestra comunidad, ningún sistema de apoyo, ninguna ruta de escape.

Deseaba poder salir por esa puerta y no regresar jamás.

Pero la fría verdad era que no tenía ningún lugar al que ir.

CAPÍTULO 19

Ganando las olimpiadas del odio a mí misma

A la semana siguiente, tuve mi primera sesión individual con Jodi Hildebrandt por teléfono. Respondí la llamada mientras estaba sentada en un rincón de mi armario; quería asegurarme de que nadie pudiera oír lo que decíamos.

—Bueno, Shari —comenzó Jodi con un tono seguro y tranquilo—. Vamos a ir directamente al grano. Nuestro objetivo con estas llamadas es que podamos aislar y más adelante abordar los pensamientos distorsionados que provocan que te comportes de esa forma fría y arrogante que está causando problemas en tu familia. ¿Puedes contarme algo más acerca de eso, según tu perspectiva?

—No lo sé —dije, ya irritada—. Realmente trato de ser una buena persona.

—Pero ¿eres una buena persona?

—Sí, yo creo que sí. ¿Cómo podemos saberlo siquiera con seguridad?

Jodi dejó que la pregunta flotara en el aire durante un momento.

—Todo el mundo tiene áreas en las que puede crecer —respondió al fin—. Cuestionarte a ti misma de forma rigurosa es un comienzo saludable. Demuestra que eres consciente de ti misma.

—Estoy de acuerdo con eso —dije con sinceridad—. De hecho, me cuestiono a mí misma a todas horas. Ese es un poco el problema.

—Pero ¿te estás haciendo las preguntas apropiadas, Shari? Yo creo que no, porque, de lo contrario, ¿por qué íbamos a estar aquí?

La escuché mientras me explicaba cómo la gente caía en lo que ella llamaba «falacias lógicas», es decir, las mentiras que nos contamos a nosotros mismos. Me dijo que tal vez yo estaba mintiéndome a mí misma diciendo que era buena persona, por ejemplo, porque eso encajaba con mi narrativa distorsionada. Después me explicó que, para que pudiéramos acercarnos más a la verdad sobre nosotros mismos, era crucial que identificáramos todas y cada una de las formas en las que estábamos distorsionados. Y, para poder hacer eso, íbamos a embarcarnos en una nueva forma de pensar. Una que implicaba una honestidad radical conmigo misma para hacer un riguroso inventario personal.

—Vale —dije—. Estoy abierta a hacer inventario. Creo que ya se nos ha acabado el tiempo, ¿no es así?

—Sí. Pero, antes de que colguemos, me gustaría comentar algo contigo, Shari. Me he enterado de que has dicho unas cuantas cosas muy desdeñosas sobre mí.

«Ay, mierda», pensé. La sangre se me acumuló en las mejillas.

—Ah. Lo siento…

—No lo sientas, sé sincera.

—Vale, pues sí. Estaba preocupada…

—Te he dicho que seas sincera, Shari. Has estado difundiendo cotilleos, mentiras y rumores. ¿Crees que esa es una forma de comportarse compasiva? ¿Te parece bien creer ciegamente cualquier cosa que ves en internet?

—O sea, si es la verdad… —comencé, sintiéndome como si estuviera entrando en un campo de minas verbal.

—Ah, vas a aprender muchas cosas sobre la Verdad, Shari. Te va a encantar. A Chad le encanta, y ahora está mucho mejor, ¿no es así? —dijo alegremente, cambiando el enfoque.

—Ahora parece más respetuoso —dije en voz baja.

—Y tu madre ya no grita tanto como antes, ¿a que no? —Era cierto. Desde que Ruby estaba en ConneXions, ya no alzaba la voz tanto como antes—. La pregunta es esta: ¿estás dispuesta a hacer el mismo trabajo, a ser una persona más feliz y más realizada para tu familia y, algún día, para tu esposo?

—Claro que sí —respondí, sintiéndome como si acabara de firmar un pacto con el diablo. O, al menos, con el *coach* de vida del diablo.

CAPÍTULO 20

Trapos sucios

Las llamadas semanales con Jodi se convirtieron en parte de mi rutina. Cada sesión duraba alrededor de cincuenta minutos, una hora de terapia estándar, por la que cobraba 175 dólares a mis padres. Por lo general, nuestras sesiones eran conversaciones espontáneas que se centraban en analizar mis pensamientos y experiencias de la semana anterior.

Ella nunca hablaba de sí misma, jamás. A pesar de que había sido muy abierta sobre su historia en sus libros, siempre era muy precavida en sus interacciones personales conmigo, y no dejaba entrever jamás ningún trauma de su pasado. No me daba pie a que le hiciera preguntas sobre su vida personal y yo nunca me sentí cómoda preguntándole sobre ella misma directamente. La relación que estaba cultivando conmigo no dejaba espacio a esa clase de detalles personales; todo consistía en aseverar su dominio silenciosamente al mismo tiempo que me animaba a abrirme sobre mis defectos y mi odio hacia mí misma, cosa que yo estaba encantada de hacer.

En nuestra segunda llamada, Jodi me escuchó con atención mientras yo leía mi lista de episodios de pensamiento distorsionado de aquella semana. Me sentía bastante orgullosa de mí misma, la verdad. Había sido muy concienzuda.

LUNES

- *He llegado a conclusiones precipitadas; tres veces hoy.*
- *He estado pensando de forma extremista con respecto a ese examen difícil siete veces.*
- *He competido con Sara y he dado por hecho que yo era mejor en Mates que ella.*

MARTES

- *He sido catastrófica con una próxima presentación; cuatro veces.*
- *He generalizado demasiado sobre mis habilidades basándome en una mala nota; dos veces.*
- *Me he tomado de forma personal las críticas generales de un profesor sobre el rendimiento de la clase; tres veces.*

MIÉRCOLES

- *Me he enredado pensando en lo que «debería» hacer con respecto a mis hábitos de estudio; cinco veces.*
- *He magnificado la importancia de un pequeño paso en falso social a la hora de la comida; dos veces.*
- *He desestimado los comentarios positivos sobre mi borrador de redacción; tres veces.*

Y así sucesivamente.

Jodi soltó un suspiro cuando terminé.

—Está claro que tienes graves problemas con la soberbia —dijo, y parecía decepcionada.

—No te entiendo —susurré, frustrada.

—La soberbia es cuando piensas que eres mejor que los demás —me explicó—. Lo contrario es el menosprecio. La mayoría de la gente se inclina hacia una cosa o la otra. Para mí, está claro que te inclinas con creces hacia la soberbia.

—Pero yo pensaba que, en todo caso…, ¿tiendo a menospreciarme?

—Pero, en lo más hondo de ti, es justo lo contrario, Shari.

Jodi me informó de que, para los deberes de la semana que viene, iba a tener que apuntar todos los casos de soberbia en los que incurriera, además de todos mis otros pensamientos distorsionados. Para mi horror, había bastantes.

Sí, la lista número dos era de lo más completa, con un punto tras otro de pruebas condenatorias de que era, tal como Jodi sospechaba, una listilla insufrible. La alumna mimada de los profesores. Una esnob de la gramática.

LUNES

- *Me he sentido engreída cuando he respondido una pregunta en clase que nadie más sabía responder.*
- *Me he felicitado en silencio a mí misma por utilizar una palabra complicada correctamente en una frase.*
- *He pensado que era mejor que los demás por leer un libro que estaba «por encima del nivel de mi curso».*

MARTES

- *Me he sentido superior por ser la primera en terminar el examen de Matemáticas.*
- *He juzgado en secreto a mis compañeros de clase por sus gustos musicales.*
- *He pensado que soy más madura que los demás alumnos porque me gustan los documentales.*

MIÉRCOLES

- *Me he sentido orgullosa de mi extenso vocabulario durante una presentación.*

- *He pensado que soy especial por comprender enseguida un concepto científico complicado.*
- *He criticado en silencio los errores gramaticales de los demás en un grupo de chat.*

Y así sucesivamente.

Siempre había estado obsesionada con microanalizarme a mí misma, de modo que, de una forma retorcida, verme obligada a fijarme en todavía más razones por las que era una persona horrible era algo que se me daba de maravilla. Muy pronto, comencé a documentar y sobreanalizar todas y cada una de las palabras que salían de mi boca.

Trabajar con Jodi era como un sueño hecho realidad para la chica cruel que habitaba en mi interior. Llevábamos un tiempo entrenando para las olimpiadas del odio a mí misma, pero ahora había llegado al fin la hora del espectáculo. Y lo mejor era que todo estaba presentado como una forma saludable de construir mi autopercepción. Una noble búsqueda de crecimiento personal e iluminación. De ese modo, cada semana continuaba escribiendo, documentando cada defecto, cada fracaso, cada momento de posible arrogancia, con mi bolígrafo convertido en un arma dirigida hacia mi interior.

—Vale, esto está mucho mejor, Shari —dijo Jodi después de cinco semanas, examinando con la mirada las páginas de mis equivocaciones meticulosamente documentadas—. Ahora voy a enseñarte una técnica muy importante. Una forma de transformar la arrogancia en algo útil.

—Vale —respondí, llena de un entusiasmo que resultaba sorprendente hasta para mis propios oídos.

—La próxima vez que identifiques algo de soberbia en ti, Shari, te invito a que explores lo contrario a esa soberbia —continuó Jodi—. Piensa en ello como un ejercicio de equilibrio.

—¿Quieres decir que he de menospreciarme?

—Eso es, Shari. Digamos, por ejemplo, que das por hecho que vas a clavar un examen porque, por supuesto, piensas que eres muy pero que muy inteligente. Cambia tu monólogo interior. Dale la vuelta. Piensa: «Madre mía, voy a suspender este examen porque soy una niñata muy estúpida».

—¿Perdona?

—Sí, quiero que te imagines cómo te sentirías al suspender ese examen. Que vivas de verdad esa sensación.

—Eh...

Titubeé, sintiendo un malestar en el estómago. ¿Suspender un examen? ¿Estaba de broma? Yo no había suspendido un examen en mi vida. Era algo que no estaba en mis planes.

—Shari, sé humilde. Tú eres muchísimo menos lista de lo que piensas. Y ahora dime cómo te hace sentir eso. Sé sincera.

Tomé aliento de forma temblorosa y traté de imaginarme cómo me sentiría si no comprendiera mis libros favoritos. La confusión y la frustración me invadieron por completo.

—Uf, esto es un asco —susurré.

—Bien. ¿Qué más? ¿Cómo te sientes?

Pensé en tratar de manejarme por el mundo y de aguantar los cambios de humor de Ruby sin tener el ancla de mi mente y mi imaginación. Mi habilidad para compartimentar y fingir inteligentemente que todo iba bien me había librado de tener problemas en muchísimas ocasiones. Si no tuviera esa astucia, esa comprensión taimada, sería como Chad y estaría enfrentándome a castigos y reprimendas cada cinco minutos.

—Tengo miedo —dije. Me ardían las mejillas—. Me siento expuesta.

—¡Eso es! —exclamó Jodi—. Te sientes vulnerable. La vulnerabilidad es lo que experimenta Shari Franke cuando se da cuenta de que no tiene la razón en todo. Y eso, querida mía, es lo que llamamos «vivir en la Verdad».

Por mucho que mis instintos trataban de rebelarse contra sus métodos, mi mente no podía refutar su lógica. Al decirme a mí misma que era menos de lo que creía ser, me encontraba ahogándome profundamente en vulnerabilidad emocional. ¿Y acaso no era ese el propósito de todo aquel circo de la terapia desde el principio? ¿Desnudarme hasta lo más puro y vulnerable de mi ser para que mi madre pudiera darme su aprobación al fin?

Las enrevesadas cuentas de Jodi parecían encajar: autodesprecio más vulnerabilidad igual a «Verdad». ¿Y quién era yo para cuestionar sus cálculos infalibles?

—Voy a contarle a Ruby que hemos dado un gran paso hoy —me dijo Jodi después—. Estoy muy orgullosa de ti, Shari.

—Gracias —respondí—. Y siento mucho las cosas que dije sobre ti, Jodi. Supongo que no deberíamos creer todo lo que vemos en internet.

Ella se rio entre dientes.

—No, no deberíamos —dijo con la satisfacción de un depredador que sabe que por fin ha atrapado a su presa.

CAPÍTULO 21

Jodi dice

Al igual que Ruby, Kevin y Chad, me tragué el cuento de ConneXions. Me lo tragué entero, portada y contraportada incluidas.

Unos pocos meses después de comenzar mis sesiones de terapia individuales con Jodi, ya me había convertido en una insufrible conversa declarada de ConneXions, obsesionada con analizar cada pensamiento que pasaba por mi propia mente, además de todos los pensamientos que pasaban por la mente de los demás. Como os podéis imaginar, tenía que ser un auténtico placer tenerme cerca, y cada interacción se convertía en una oportunidad para que pudiera mostrar la «iluminación» que acababa de descubrir.

«Ah, ¿piensas que te ha ido muy bien en ese examen? Eso no es más que tu soberbia hablando. Vamos a explorar lo contrario, ¿te parece? ¿Cómo te sentirías imaginando que suspendes miserablemente?».

Casi podía oír cómo mis amigos ponían los ojos en blanco mientras comenzaba con una perorata más sobre los peligros del pensamiento distorsionado. Pero no podía evitarlo, no podía resistir la necesidad de «corregir» sus percepciones fallidas, de demostrarles los errores que cometían. No ahora que comprendía la Verdad.

Conseguí alejar de mí a la mayoría de mis amigos del instituto. Sorpresa, sorpresa: nadie quería estar cerca de una sermoneadora de diecisiete años, una Jodi en miniatura obsesionada con señalar todas y cada una de sus distorsiones cognitivas. Pero, oye, ellos se lo perdían, ¿verdad? Simplemente no podían aceptar mi comprensión superior sobre la psique humana.

Al ver cómo se apartaban de mí, junto con sus risas y su camaradería fácil, a veces me preguntaba si el precio de mi «Iluminación» valía la pena. Entonces me di cuenta de que perder a todos mis amigos no era más que una parte del proceso. Era una prueba para ver lo fuerte que era y lo dedicada que estaba a la Verdad. Exactamente igual que la Viuda había estado dedicada a su fe.

«Debemos estar dispuestos a hacer sacrificios por nuestras creencias —me decía a mí misma cada vez que me enemistaba de otro amigo—. A diferencia de mí, todos ellos van a ir al infierno».

Y, así, seguí adelante como un soldado, con la cabeza alta y la mente a rebosar de las enseñanzas de Jodi. Era una guerrera preparada para enfrentarme al mundo, luchando contra cada pensamiento distorsionado de uno en uno. No necesitaba la validación de nadie. Tenía la aprobación de Jodi, lo que significaba que también tenía la de Ruby, y eso era lo único que importaba.

Un día, una buena amiga y yo estábamos sentadas en uno de los gastados bancos de madera que había fuera del instituto, con el sol cayendo a plomo sobre nosotras, cuando se giró hacia mí y bajó la voz a un susurro conspirativo.

—Shari, he besado a tres chicos este fin de semana, y se lo estaba contando a Sarah y ella básicamente me dijo que soy una puta —me explicó con tono culpable—. ¿Tú qué piensas?

No me podía creer que la que había sido mi amiga desde que estábamos en noveno esperara que yo empatizara con ella. Ella también era un miembro de la Iglesia de Jesucristo de los Santos de los Últimos Días que había jurado un voto de castidad hasta el matrimonio, y ahora estaba pisando terreno muy peligroso. «Está completamente condenada», pensé.

—¿Y cuál ha sido tu motivo para besar a toda esa gente? —pregunté con frialdad.

Ella me miró como si me hubieran brotado cuernos.

—¿«Motivo»? Eh, ¿pues que eran monos? ¿Por qué tiene que haber alguna razón profunda?

Estaba subiendo el tono de voz con cada palabra, atrayendo miradas de curiosidad de los estudiantes cercanos.

Yo le dirigí mi mejor mirada de ConneXions, una mezcla perfecta entre la condescendencia y la lástima, y coloqué una mano compasiva sobre su hombro, como si fuera una sabia erudita que estuviera otorgando mis profundos conocimientos a una vulgar campesina.

—Como amiga tuya que soy, tengo que preguntártelo: ¿qué significa realmente un beso para ti? ¿A qué parte de tu ego estaba sirviendo eso cuando decidiste compartirte a ti misma de esa manera?

Ella se sacudió mi mano de encima y entrecerró los ojos.

—Shari, ¿por qué me estás interrogando?

—Tan solo tengo curiosidad.

—¡Me estás juzgando! ¡Estás siendo muy cruel! ¡Pensaba que eras mi amiga! ¿No te acuerdas de cuando eras tú la que iba por ahí besando a los chicos?

—El auténtico crecimiento surge cuando nos enfrentamos a nuestros defectos más profundos. ¿Estás dispuesta a hacer eso?

—Mira, ¡déjame en paz, Shari! ¡Ya ni siquiera sé en quién te has convertido!

Con las lágrimas derramándose por sus mejillas, se puso de pie y se marchó como una exhalación. Sentí una chispa de remordimiento en mi interior, una vocecita susurrando que tal vez, solo tal vez, me había pasado de la raya. Pero entonces esa voz quedó rápidamente ahogada por el rugido ensordecedor de mi propia superioridad moral, mi inquebrantable convicción de que yo, la sabia Shari, simplemente estaba tratando de guiar a ese pobre y dulce cordero para que saliera de la Distorsión y se acercara a la Verdad.

«Supongo que lo que ocurre es que no está preparada —pensé—. Ya me dará las gracias más adelante».

No lo hizo. De hecho, no volvió a hablar conmigo jamás.

Ni siquiera los profesores estaban a salvo de mi prepotencia. En la clase de Inglés, decidí encargarme personalmente de destrozar el libro que estábamos leyendo, *Los elegidos*, de Chaim Potok, una historia conmovedora y bien escrita sobre la amistad entre dos chicos judíos que estaban creciendo en Brooklyn a finales de la Segunda Guerra Mundial. Personalmente, me sentía preparada para un texto más desafiante, algo que pusiera a prueba de verdad mi intelecto superior.

—Esto me resulta un poco infantil; creo que tendríamos que estar leyendo cosas más complicadas —le anuncié al profesor al comienzo de la clase. «Preparaos, mortales, porque Shari ha hablado».

Él levantó una ceja.

—Creo que descubrirás que tiene mucho que ofrecer, Shari. Lo nominaron para varios premios importantes. Es un texto muy respetado, no es un libro para niños en absoluto.

Su leve regañina hizo que me remordiera la conciencia, y me pregunté si tal vez estaba comportándome un poco como una imbécil pretenciosa. Pero ¿qué sabía él? Era yo la que estaba aprendiendo a desmantelar la Distorsión. ¿Premios? ¿Respeto? ¡Esos no eran más que constructos sociales diseñados para mantenernos alejados de la Verdad!

—¿Qué pasa, Shari? —dijo el profesor, como si estuviera leyendo mis pensamientos desdeñosos—. Adelante, cuéntanos lo que piensas.

—Creo que estás cediendo al razonamiento emocional, permitiendo que tus sentimientos positivos acerca de *Los elegidos* nublen tu juicio sobre su idoneidad para esta clase —respondí—. El hecho de que a ti te resulte conmovedor y bien escrito no significa que sea la opción ideal desde un punto de vista educativo objetivo. No estás evaluando de forma racional si esta obra satisface realmente las necesidades de aprendizaje de tus estudiantes, lo que significa que tu proceso cognitivo está distorsionado por unas suposiciones sin analizar y una visión demasiado aduladora de los méritos del libro para este propósito en particular.

Bum. Micro al suelo. Shari: 1; profesor: 0.

Él me preguntó si ya había terminado, pero, por supuesto, no era así. «¿Terminado? Pero si acabo de empezar».

Mis compañeros de clase no se podían creer mi sermoneo; sus caras eran una mezcla de confusión y fastidio. Podía sentir las súplicas silenciosas para que me callara de una maldita vez y les dejara aprender en paz. Por suerte para mí, el profesor parecía pensar que todo aquello era bastante gracioso.

—¿Alguna vez te has planteado dedicarte al derecho, Shari?

Se rio entre dientes antes de pedirnos que fuéramos a la página 52.

—La verdad es que sí lo he pensado —murmuré, pasando las páginas hasta la que había dicho, sintiéndome molesta y con las mejillas ardiendo por una mezcla de vergüenza y satisfacción conmigo misma. Qué extraño era ser alguien que siempre había sido muy tímida, pero ahora se sentía obligada a gritar desde los tejados que ella era la única que comprendía de verdad el mundo.

Cuando le conté a Ruby los incidentes en el instituto, ella se quedó entusiasmada.

—Hala, ¡ha sido muy honesto y cariñoso por tu parte haberle dicho eso a tu amiga promiscua! —dijo, mirándome con orgullo.

—Entonces ¿no piensas que hice mal al preguntarle cuáles eran sus motivos?

—No, creo que le has hecho una muy buena pregunta, Shari. ¿Qué te respondió ella?

—Bueno, se molestó bastante…

—¿Te das cuenta de que eso es un reflejo de su distorsión? No se sentía cómoda con tus preguntas, a pesar de que tú tan solo estabas reflejando la Verdad. Mi dulce Shari, ¡eres tan valiente e inteligente!

Pero yo no era valiente ni inteligente. Tan solo estaba montada en lo más alto de la ola del fanatismo lleno de superioridad moral de ConneXions. Eso es lo que se siente al estar en una secta como esa. Sientes que eres especial y que nadie más comprende el conocimiento especial que posees. Es adictivo. Mis ojos eran agudos y mi lengua afilada mientras buscaba cada alma imperfecta y distorsionada que se cruzaba en mi camino. A mis ojos, era una cruzada de la Verdad, una guerrera de la iluminación, decidida a exponer los defectos y las debilidades de todas las personas a mi alrededor. En otras palabras, era una criticona cruel y sentenciosa, pero no me daba cuenta de ello. Y no me importaba perder a todos los amigos que tenía si eso significaba oír elogios saliendo de la boca de mi madre.

«Estoy muy orgullosa de la mujer en la que te estás convirtiendo», me decía, y sus palabras hacían que me hinchara como un globo.

Bebía de esa aprobación nueva y conseguida con tanto esfuerzo como si fuera una flor dirigiéndose hacia el sol. Durante toda mi vida, lo único que siempre había querido era sentirme vista y apreciada de verdad por mi madre. Con las enseñanzas de mi guía Jodi, parecía que estaba aprendiendo a acceder a todo ese amor y a la aceptación que llevaba tantísimo tiempo anhelando.

Por fin le caía bien a Ruby; algunos días, casi me sentía como si fuésemos amigas.

CAPÍTULO 22

Que arda y se pudra

En 2019, gracias al éxito continuado del canal (dos millones y medio de suscriptores, ¡y subiendo!), Ruby y Kevin compraron una casa nueva en Springville, a solo una manzana de la primera casa de *8 Passengers* y a años luz de nuestros modestos comienzos.

Esa nueva casa era una enorme estructura de tres plantas con un jardín trasero épico y lleno de árboles hecho para el entretenimiento (¡hasta tenía jacuzzi!). Con siete dormitorios y seis cuartos de baño (bueno, cinco completos y un aseo), era más que espacioso para nuestra familia y nuestro adorable cachorro nuevo de la raza cavapoo, Dwight, que habíamos comprado después de que Nolly falleciera.

Todas las chicas teníamos nuestras habitaciones en la planta superior. El dormitorio principal, de Ruby y Kevin, ocupaba la planta baja, como una zona divisoria entre los niveles separados por géneros. Los chicos, Chad y mi hermano más pequeño, se habían quedado con el sótano como su dominio, equipado con su propio cuarto de baño, una mesa de billar, un futbolín y hasta una cocina completa (aunque nuestra madre enseguida se adueñó de ella para tener más espacio de almacenamiento para productos liofilizados).

Los dos enormes liofilizadores de Ruby estaban en funcionamiento constante, zumbando las veinticuatro horas del día para conservarlo todo, desde las sobras hasta los artículos de oferta comprados en grandes cantidades. Nada estaba a salvo de sus garras: las sobras de bistec, las verduras de oferta en la tienda y hasta comidas completas se procesaban y se almacenaban para alguna crisis futura que existía solo en la imaginación de mi madre. Hasta experimentaba triturando verduras para formar un polvo que liofilizaba para poder reconstituirlo más adelante.

A pesar de toda su grandeza, la casa parecía extrañamente estéril. Espaciosa, pero restrictiva; moderna, pero sin alma. Una casa construida para enseñarla, no para vivir en ella. La obsesión de Ruby con el minimalismo apropiado para la cámara significaba que nuestras paredes estaban desnudas, a excepción de algún que otro cuadro. La iluminación de nuestra casa era clínica: hileras de brillantes luces de estudio blancas en lugar de lámparas cálidas y hogareñas. Hacía que todo pareciera limpio e inmaculado, pero le faltaba calidez. Como todas las demás cosas de nuestra vida, estaba diseñada para la cámara, no para la comodidad. Ni siquiera teníamos permitido decorar nuestras habitaciones o colgar pósteres; Ruby temía que el celo arrancara la pintura o que las chinchetas dañaran las paredes. Todo el lugar se parecía más a una sala de exposición que a una casa.

Situada en el piso superior, mi habitación daba al jardín de atrás, un fragmento de la naturaleza enmarcado por dos ventanas. Desde mi posición privilegiada, la vista era un tapiz de verde. Unos densos arces negundos rodeaban el arroyo que se encontraba al fondo del jardín, con sus hojas susurrando en la brisa y creando una cortina natural que ocultaba parcialmente los campos que había más allá. En los días despejados, alcanzaba a distinguir los caballos de los vecinos pastando en la distancia.

Después de mudarnos, me pasé meses durmiendo sobre un colchón en el suelo, tapada con una colcha que ahora me cuesta recordar con claridad. Creo que era de rayas blancas y azules, pero los detalles se han desvanecido con el tiempo. Es curioso como una parte tan central de mi vida diaria se ha vuelto tan difusa en mi memoria. Y, para ser sincera, no me encantaba tener mi propia habitación: echaba de menos compartirla con mi hermana más pequeña, cuya energía burbujeante siempre me había ayudado a salir de mis pensamientos oscuros.

Por la noche, solía dejar mis ventanas abiertas para permitir que el suave murmullo del arroyo me invadiera. Los sonidos tranquilizadores de las hojas susurrando y el agua fluyendo con calma tranquilizaban poco a poco mi mente inquieta hasta que me dormía. Cuando llegaba la mañana, me despertaba con un picor en los ojos y la nariz congestionada, por cortesía de los arces del jardín. Pero aceptaba de buena gana esas pequeñas incomodidades: en aquella casa —un monumento a la perfección artificial—, la naturaleza me proporcionaba la única forma de saborear la autenticidad y la calidez. Esas ventanas abiertas se convirtieron en mi cuerda salvavidas, un portal a un mundo que me parecía real y vivo, a diferencia del vacío estéril que me rodeaba en el interior.

El 3 de marzo de 2020, el día que cumplí diecisiete años, Ruby me permitió por fin que pintara la pared de mi habitación. Escogí un patrón geométrico con triángulos azules y verdes, una pequeña rebelión contra la blancura extrema que dominaba nuestra casa. Me parecía como si fuera un soplo de aire fresco, un pequeño fragmento de expresión personal en nuestro mundo tremendamente controlado. Pero el alivio fue breve: tan solo diez días más tarde, el mundo se detuvo en seco mientras el COVID-19 se propagaba por el país. Si la vida me había resultado sofocante antes, ahora estaba a punto de volverse insoportable de verdad.

Mientras la pandemia se extendía, Ruby continuaba subiendo vídeos en *8 Passengers*, pero su comportamiento había cambiado. El canal que había construido concienzudamente desde la nada ahora parecía tener menos atractivo para ella que la comunidad de ConneXions de Jodi.

—Esto va a ser grande —solía decir sobre ConneXions, con el mismo fervor que una vez había reservado para nuestro canal de YouTube—. Jodi está cambiando la vida de la gente. Me está cambiando a mí.

Era cierto: había cambiado. Los gritos habían parado. Parecía más tranquila, más controlada. Ya no perdía los estribos ante cualquier mínima infracción o desacuerdo. Pero algo diferente había ocupado su lugar. Algo peor. Los castigos de Ruby se volvieron más psicológicos en su naturaleza, más centrados en nuestras emociones y en nuestras mentes que en nuestros cuerpos.

Los castigos adquirieron una cualidad más elaborada y casi teatral. En lugar de consecuencias rápidas y directas —un capirotazo en los labios, un bofetón...—, Ruby comenzó a idear complejas lecciones prácticas para enseñarnos sobre la empatía, la responsabilidad o cualquier otra virtud de la que pensara que carecíamos. A menudo consistían en grandes gestos o prolongados periodos de privación, todos ellos diseñados para hacernos «sentir» de verdad el peso de nuestras transgresiones.

Mayo de 2020. En un vídeo titulado «Lo que no os hemos contado», Chad soltó una bomba que muy pronto haría volar por los aires la imagen cuidadosamente confeccionada de nuestra familia. Mencionó de pasada que había estado durmiendo en un puf en el suelo del sótano. Durante. Siete. Meses. Enteros. Por consejo de Jodi, Ruby le había quitado a mi hermano los privilegios de tener un dormitorio como castigo por sus desafíos continuos. ¿Sus opciones? Una cama plegable para invitados, un colchón inflable o... cualquier sitio. Ese «cualquier sitio» se convirtió en un puf en el sótano.

Siete meses; doscientas diez noches. Durmiendo en un puf.

Nuestra madre no veía nada inusual en aquello. Chad actuaba como si no le importara. Era una clase magistral de supresión emocional; una habilidad que todos nos habíamos visto obligados a perfeccionar. Cuando él dejó caer durante una grabación dónde estaba durmiendo actualmente, lo dijo con tanta tranquilidad que dudo que Ruby se diera cuenta de verdad siquiera.

Sin embargo, el nuevo editor que tenía para el canal sí que lo hizo y convirtió la revelación de mi hermano en el centro del vídeo, pensando de forma equivocada que sería contenido interesante. Ruby no dudó en subirlo. ¿Por qué iba a hacerlo? Jodi había estado llenándola por completo de una confianza en sí misma muy poco apropiada, convenciéndola de que sus filosofías «únicas» para la crianza de los hijos no eran solo aceptables, sino también admirables.

Cuando la barra de subida llegó al cien por cien, Ruby se reclinó en su asiento, satisfecha. En su mente, ya no era solo una simple madre. Era una portavoz de la verdad, una progenitora revolucionaria. Embriagada por el positivismo tóxico de Jodi, mi madre estaba a punto de mostrar (y con orgullo) la deshumanización de su hijo para que millones de personas lo vieran. Hasta Dwight, nuestro perro, tenía un lugar más cómodo para dormir.

Internet explotó por completo.

La cara de Ruby palideció mientras revisaba los comentarios. Había youtubers y tiktokers acusándola de maltrato infantil.

—Pero… Pero ¡están todos equivocados! ¡Ellos no lo entienden!

—Ruby, a lo mejor deberíamos eliminar el vídeo para no perder suscriptores —sugirió Kevin.

—¡No! —le espetó ella—. Jodi dice que necesitamos mantenernos firmes en nuestra Verdad. ¡No podemos dejar que ganen los *haters*!

Ese único vídeo acabó con nuestro canal de YouTube *8 Passengers* de la noche a la mañana y le costó a nuestra familia el noventa por ciento de nuestros ingresos. Cientos de miles de personas se desuscribieron, y las marcas, que antes habían deseado asociarse con nuestra imagen familiar perfecta, no pudieron darse más prisa en distanciarse de nosotros. En cuestión de unas horas, dejamos de ser los influencers de una familia ejemplar y nos convertimos en unos parias de las redes sociales.

Ante el estrepitoso hundimiento de su canal, Ruby se comportó de una forma extrañamente desafiante.

—La gente lleva años preguntando cómo he podido criar a unos hijos que se comportan tan bien —declaró con la cabeza bien alta—. Ahora lo saben. Si no son capaces de aceptar la verdad, es su problema.

Las preocupaciones financieras, que una vez habían sido la piedra angular de las decisiones de nuestra familia, ahora parecían secundarias. Era como si la aprobación de Jodi se hubiera convertido en la única moneda corriente que importaba. En mi mente, Ruby no solo tenía el cerebro lavado; se había convertido en la hija devota de una figura materna que parecía exigir nada menos que una obediencia absoluta.

En cuanto a mí, yo estaba secretamente encantada con nuestro nuevo estatus como las personas más indeseables de YouTube. ¿Aquello significaba que por fin íbamos a recuperar nuestra vida?

¿De verdad podía sentarme a comer sin que ese momento acabara siendo transmitido a millones de personas? Pero, por el otro lado, ver como nuestro sustento se iba por el desagüe no era precisamente una causa de celebración.

En cuanto a Chad, en fin, él casi parecía estar disfrutando de toda aquella situación. La venganza es dulce.

Ruby mantuvo el canal en pie, como un fantasma de su antigua encarnación, y subía vídeos solo de forma ocasional. La gente veía *8 Passengers* sobre todo por odio (cosa que todavía nos llenaba los bolsillos), escarbando en las profundidades de los archivos, rastreando a través de cinco años de nuestras vidas con un peine de dientes muy finos, buscando más evidencias de la crueldad de mi madre.

Varios vídeos se volvieron tristemente célebres, como el de Ruby amenazando con decapitar a los muñecos de peluche de mi hermana más pequeña, un castigo de «ojo por ojo» después de que ella rompiera algo. Recuerdo ese día; el horror en los ojos de mi hermanita, la determinación burlona en la voz de mi madre.

La lógica de Ruby parecía ser: «Tú has asesinado la posesión de otra persona, así que ¿cómo te sentirías si nosotros asesináramos a tus muñecas?». Su enfoque, diseñado para enseñarle una lección sobre las consecuencias, ignoraba por completo las capacidades emocionales de una niña pequeña, porque, para alguien de cinco años, un muñeco de peluche es más que un simple juguete: es una fuente de consuelo, un amigo leal, algo que le ayuda a navegar por el mundo enorme y terrorífico que le rodea... Amenazar con pasar por la guillotina a un amigo querido no era solo un castigo; era terrorismo emocional.

Ahora, años después, miles de desconocidos volvían a visionar ese vídeo.

Ruby subió un vlog en el que alardeaba de que no quiso llevarle la comida al colegio a mi hermana más pequeña, que se la había dejado olvidada en casa ese día. Explicaba que la profesora la había llamado por teléfono para decirle que no le hacía ninguna gracia que mi hermana pasara hambre, y que le gustaría que mi madre le llevara la comida en coche.

—Le dije a la profesora que mi hija tiene la responsabilidad de prepararse su propia comida por la mañana —explicaba Ruby en el vídeo—. El resultado natural de olvidarte la comida es que vas a tener hambre.

Después continuaba diciendo que esperaba que nadie compartiera su comida con su hija ese día; que era necesario que pasara hambre para que aprendiera la lección. Más tarde trató de defenderse diciendo que el colegio se encontraba a cuarenta y cinco minutos en coche desde nuestra casa y que tan solo quedaban dos horas de clase ese día. Pero eso no sirvió de nada para aplacar a las masas; lo único que oían ellos era el frío desprecio de Ruby por su hija hambrienta.

Los espectadores furiosos no solo dejaban comentarios crueles: fueron a por lo que quedaba del sustento de nuestra familia. La gente bombardeó la Universidad Brigham Young con llamadas telefónicas y correos electrónicos, exigiendo que despidieran a mi padre de su trabajo como profesor. Alguien inició una petición en Change.org, acusando a mis padres de maltrato. Y así, como si nada, Ruby y Kevin quedaron cancelados. La verdad estaba ahí fuera, repetida en incontables videorreacciones y canales de comentarios.

Mis padres enviaron cartas de cese y desistimiento a los creadores de contenido que se atrevían a llamarlos «maltratadores».

Estaban desesperados por silenciar las críticas, por volver a meter al genio dentro de la lámpara. Las cosas se pusieron serias de verdad cuando los servicios de protección del menor se presentaron en nuestra casa. No encontraron ninguna prueba de maltrato infantil, pero el daño ya estaba hecho. No había forma de volver a nuestra imagen perfecta de internet. No podríamos hacerlo jamás.

Al ver cómo se desarrollaba todo aquello, me sentía en conflicto. Una parte de mí se alegraba de que los demás pudieran ver al fin lo que yo llevaba años sabiendo. Pero también me preocupaba que ese linchamiento solo sirviera para que Ruby redoblara sus estrictos métodos educativos. ¿La misma atención que debería haber servido para ayudarnos iba a acabar empeorando la situación para nosotros?

Conforme las reacciones negativas se intensificaban, la furia de Ruby ardía con más fuerza, alimentada por una mezcla de superioridad moral y victimismo. En su mente, ella no era una figura controvertida a la que estaban responsabilizando por sus acciones; era una mártir, crucificada por su inquebrantable dedicación al amor firme.

Yo soy Madre. Yo sé más que nadie.

El mismo clamor público que tendría que haber despertado a mi madre estaba provocando que se hundiera más en sus delirios y, en lugar de reconocer sus errores, Ruby se enterró cada vez más en el espacio seguro de la filosofía de dardos envenenados de Jodi.

ConneXions se convirtió en su búnker, una fortaleza contra la arremetida de la condenación pública, mientras Jodi interpretaba su papel con calculada precisión. Jamás la cuestionaba, siempre la apoyaba, ofrecía consuelo para el ego herido de Ruby. Validaba todas y cada una de las acciones de mi madre, todas sus decisiones, y la animaba a seguir adelante hacia pastos más verdes. Que *8 Passengers* se fuera el infierno. ¿Por qué no se concentraba en las clases de ConneXions? El lugar donde podía cumplir de verdad la voluntad de Dios y compartir la verdad sobre la maternidad divina, con Jodi a su lado.

CAPÍTULO 23

El pequeño zángano obediente

Llegó el verano. Ruby, abrazando la severidad aprobada por Jodi, declaró que nuestras series de televisión favoritas estaban prohibidas: se acabó ver *Bob Esponja* o *Los Simpson*. Además de eso, iba a ser un «verano sin aparatos electrónicos». Nos quitó los iPods Touch —nuestros portales a la música, las aplicaciones y los juegos— y los guardó en una caja fuerte dentro de su armario.

A mí no me importó demasiado porque siempre había sido más lectora que otra cosa, pero recuerdo la mezcla de incredulidad y resignación en las caras de los demás mientras Ruby recogía nuestros aparatos electrónicos; aquellas eran nuestras conexiones con el mundo exterior, un pequeño atisbo de normalidad en nuestra casa.

Sin nuestras distracciones digitales habituales, ese verano que se extendía ante nosotros iba a ser interminable. Yo empecé a hacer ganchillo y enseñé a mis hermanas a hacerlo. Pero Chad estaba furioso. ¿Cómo se atrevía Ruby a guardar bajo llave su preciada Xbox? Con la determinación de un criminal profesional y el sigilo de un ladrón de viviendas, encontró la forma de abrir la caja fuerte y liberar la consola para hacer sesiones de juego clandestinas en mitad de la noche, tratando frenéticamente de subir de nivel antes de que la casa volviera a la vida.

Chad seguía haciendo terapia con Jodi, pero había averiguado cómo seguirle el juego, fingir que estaba de acuerdo con todo lo que ella le decía mientras seguía viviendo según sus propias normas. Yo, sin embargo, estaba viviendo con mucha seriedad según las normas de ConneXions; casi me había vuelto adicta a mis sesiones de autoflagelación semanales con Jodi.

—Esta semana he caído en extremismos mentales siete veces —informé orgullosamente a Jodi—. Y me he dado cuenta de que estaba inventando cosas para mí misma cinco veces.

—¡Todavía no lo has entendido, Shari! —me espetó ella—. Esto es mucho más que contabilizar pensamientos como un pequeño zángano obediente.

—Lo siento —murmuré con la voz apenas más alta que un susurro y las mejillas ardiendo por la vergüenza.

—¡Deja de decir que lo sientes! ¿Ves? ¡Esto es exactamente lo que estoy diciendo, Shari! —ladró, levantando la voz. Me sentía perdida. «¿Qué es lo que quiere de mí? ¿Por qué nunca soy capaz de hacerlo bien?»—. Mira, es mucho más fácil señalar las distorsiones de los demás que enfrentarte a las tuyas propias, ¿no es así? Si de verdad quieres crecer, tienes que estar dispuesta a mirar las partes feas de tu psique.

Para tenerlo claro, le pregunté cuál era exactamente la clase de fealdad que no estaba viendo.

—¿Ves lo empeñada que estás en conseguir mi aprobación? —me preguntó—. Todavía sigues cayendo en la autoadulación, Shari, todavía necesitas escuchar que eres la mejor, la más lista... Tus puntos más débiles son la compasión y la empatía. Pero lo único que pareces hacer, incluso ahora, es buscar formas de que crezca tu propio ego.

La frustración se acumuló dentro de mí. Había estado esforzándome de verdad, haciendo muchísima introspección dolorosa, haciendo todo lo posible por corregir los pensamientos distorsionados de todo el mundo —probablemente había perdido más amigos en el último mes que la mayoría de la gente en toda una vida—, pero seguía sin ser capaz de hacerlo bien. Seguía sin ser nada más que una soberbia egocéntrica. Una basura de persona que vivía en una distorsión absoluta.

Esa noche, me senté frente a mi escritorio con el suave resplandor de la lámpara iluminando las páginas de mi diario mientras desnudaba mi corazón, con el bolígrafo raspando con furia el papel.

DIARIO

Jodi piensa que dependo demasiado de la validación externa. Me ha dicho que soy un pequeño zángano obediente empeñado en conseguir su aprobación y la de Ruby. Y después me ha dicho que no comprendo lo que es la compasión y la empatía. Ha sido horrible. Yo no quiero ser una persona fría y sin sentimientos, que es como me ha descrito ella.

A la semana siguiente, el corazón me latía con fuerza dentro del pecho mientras le confesaba cuánto me habían afectado sus palabras.

—Jodi —comencé con voz ligeramente temblorosa—. Tan solo quería decirte que me dolió mucho que dijeras que soy un pequeño zángano obediente. Pero tenías razón, y me siento muy agradecida por tu honestidad. Escuchar la Verdad es la única forma que tenemos de lograr un cambio.

—Yo jamás he dicho esas cosas, Shari —respondió ella con calma.

—¿Perdona?

—Yo no hablo de esa manera. Debes de haber malinterpretado lo que quería decir, y después lo has recordado como si fuera un hecho.

—Ah, vale —dije.

Unos tentáculos de duda me rodearon la mente, pero Jodi parecía demasiado segura, demasiado convencida de lo que estaba diciendo. Supuse que debía de haber alucinado toda aquella conversación.

Después de la sesión, abrí mi diario y pasé las páginas hasta la entrada que había escrito justo después de la llamada de la semana anterior. Solo para comprobarlo. Y ahí estaba, en negro sobre blanco: «pequeño zángano obediente», «carente de empatía», «no comprendo lo que es la compasión y la empatía».

Miré fijamente las palabras con una sensación de vacío en la boca del estómago. Unos pensamientos como arañas diminutas comenzaron a subir a rastras por mi espalda. ¿Cuántas veces más había retorcido Jodi mis propios recuerdos en mi contra?

Después de eso, me volví hipervigilante y me concentré más en monitorizar sus pensamientos distorsionados que en encontrar las pruebas de los míos. Me centré en las formas en las que no seguía sus propias normas. Se convirtió en un juego para mí el detectar sus inconsistencias y señalárselas astutamente, exponiendo de forma inocente sus propias mentiras.

Durante una sesión, Jodi mencionó que unos amigos de la familia habían ido a visitarla con sus niños pequeños y que, más tarde, se dio cuenta de que el mando a distancia de las cortinas había desaparecido.

—Sé que esos niños se llevaron el mando solo para fastidiarme —dijo.

—¿Cómo estás tan segura de que fueron ellos los que se llevaron el mando? —pregunté con frialdad.

—Simplemente lo sé.

—¿Eso no es una suposición? ¿Una de esas historias que nos contamos a nosotras mismas sin conocer los hechos?

Sentí una ráfaga de adrenalina al utilizar el propio lenguaje de Jodi para corregirla.

—Las suposiciones son diferentes cuando tienes evidencias que las justifican, Shari —respondió—. Y la evidencia es que esos niños son alborotadores y vengativos.

El mando a distancia apareció debajo del sofá de su casa una semana más tarde.

Para mí, la gota que colmó el vaso fue cuando Jodi empezó a hablar de que los bebés están distorsionados. Esos pequeños e inocentes seres llenos de felicidad, con su pelo suave y aterciopelado y ojos grandes y confiados. Según ella, son manipuladores porque se creen con el derecho de que sus madres acudan a ocuparse de todos sus caprichos.

—El problema de la sociedad de hoy en día es que consentimos demasiado a los niños —me dijo—. Les damos todo lo que quieren, y después nos preguntamos por qué se vuelven egoístas y perezosos cuando crecen.

—Pero no son más que bebés, Jodi. No pueden evitar llorar o necesitar cosas.

Sus ojos relucieron con algo oscuro y perturbador.

—Shari, ¿crees que un bebé no sabe cómo manipular? ¿Cómo conseguir lo que quiere?

Tragué saliva con fuerza, sintiendo la boca seca de repente.

—Creo que un bebé llora porque necesita comida, o consuelo, o...

Ella agitó la mano de forma desdeñosa.

—Un bebé llora porque se cree con el derecho a hacerlo, y sabe que alguien vendrá corriendo porque cree que el mundo gira en torno a él y a sus necesidades. A menos que lo adiestres para que deje de pensar que tiene ese derecho, lo único que harás es reforzar ese comportamiento en ellos. Como mujeres y madres, nuestro trabajo es romper ese ciclo de manipulación, enseñar a los niños desde una edad temprana que tienen que ganarse las cosas buenas que reciben. Solo entonces podremos tener la esperanza de crear una sociedad libre de la distorsión.

La bilis se elevó en mi garganta. «¿Quién es este monstruo?», pensé.

En mi mente, veía a una bebé a la que le negaban el consuelo y el amor que necesitaba con tanta desesperación. Una criatura a la que su madre dejaba que «se desahogara llorando», con sus lamentos atrapados en el vacío de una habitación oscura. Esa bebé era yo.

Un fuego se encendió en mi pecho y, según iba creciendo, hizo que se quemara toda la niebla. Los grilletes invisibles que me encadenaban a Jodi se desintegraron y se convirtieron en ceniza. No iba a permitir que siguiera envenenando mi mente más tiempo.

Era como si hubiera estado conteniendo el aliento y ahora pudiera exhalar por fin. En ese momento me dije, rotunda e inequívocamente, que nunca más volvería a confiar en una sola palabra que saliera por la boca de esa mujer.

Mientras comenzaba a liberarme al fin del poder que ejercía Jodi sobre mí, también empecé a hacerme preguntas. ¿Cómo era que yo y tantas otras personas habíamos sido tan vulnerables como para que pudiera manipularnos alguien como ella? ¿Es que el énfasis en la obediencia con el que había crecido había creado una mentalidad de «seguir al líder» que hacía que me resultara demasiado fácil caer bajo el influjo de alguien como Jodi, que aseguraba tener un conocimiento especial y la capacidad de guiarnos hacia la rectitud? El hecho de que hubiera sido capaz de convencernos a mi familia y a mí tan fácilmente de su supuesta autoridad espiritual era preocupante.

La gente piensa que las sectas buscan a sus presas entre las personas vulnerables, los que están solos y rotos. Pero resulta que también pueden atrapar a cualquiera que sea simplemente un ser humano en busca de significado. O a la gente que está en un estado de transición en sus vidas; como los jóvenes que están llegando a la edad adulta, por ejemplo.

La inteligencia no es ninguna defensa: mi propio padre, un profesor universitario, fue sorprendentemente rápido a la hora de abandonar su propio juicio y quedar abducido por Jodi. Nuestra dedicación a pensar de forma crítica y analizar ideas complejas fue precisamente lo que esa mujer utilizó en nuestra contra. Retorcía nuestras mentes inquisitivas hasta formar nudos, empleando nuestra propia lógica y nuestro raciocinio para llevarnos por un camino de autoengaño y lleno de dudas sobre nosotros mismos. Pero todo eso era una mentira, una ilusión cuidadosamente fabricada y diseñada para mantenernos atrapados y obedientes.

Ruby, por su parte, siguiendo fielmente a Jodi, lo que buscaba sobre todo era subir escalones y amasar poder dentro del sistema de ConneXions. Siempre había ansiado liderar, y el sistema de ese grupo, con su rígida jerarquía y sus pasos definidos hacia la iluminación, le ofrecían un camino muy seductor hacia el poder. Mi madre visualizaba un futuro en el que ella, al igual que Jodi, se encontraría en la cumbre, disfrutando de la adoración de sus seguidores, blandiendo la autoridad que anhelaba tan profundamente.

Pero, por supuesto, eso no iba a ocurrir jamás. Jodi, la manipuladora maestra, no tenía ninguna intención de compartir jamás su trono. El sistema que había creado estaba diseñado con un único propósito: mantenerse a sí misma firmemente en la cima, rodeada de devotos acólitos que jamás serían capaces de llegar a su nivel. El dominio que tenía sobre ese poder era absoluto; el control que tenía sobre sus seguidores era firme. Había cultivado en Ruby y en los demás una desesperada necesidad de aprobación, una insaciable sed de iluminación que solo ella misma podía satisfacer. Era una trampa confeccionada de forma brillante en la que mi madre había caído, arrastrando a nuestra familia con ella.

CAPÍTULO 24

El demonio en mi habitación

La paranoia de Jodi sobre su posición en la cúspide de ConneXions era palpable. Con un movimiento que revelaba tanto su avaricia como su miedo, exigió que todos sus *coaches* de vida certificados firmaran un nuevo contrato: nadie podía utilizar sus «enseñanzas» o «materiales» como *coaches* de vida independientes a menos que le pagaran una parte de sus ganancias.

Aquel momento fue un punto de inflexión. La mayoría de sus seguidores, al darse cuenta al fin de la realidad de su avaricia sin límites, se opusieron a sus exigencias al ver el contrato como lo que era: un intento desesperado de mantener el control y monetizar cada aspecto de las habilidades que habían obtenido con tanto esfuerzo. La gente comenzó a marcharse de ConneXions, escogiendo su libertad por encima de los requisitos cada vez más desquiciados de Jodi.

Sin embargo, no todos lo hicieron.

Mi madre, con su ciega devoción hacia Jodi y sus enseñanzas, firmó el contrato sin dudar, empeñada en afianzar su posición como la discípula más leal de esa mujer.

Por supuesto, la narrativa que se contaba dentro de la burbuja de ConneXions era muy diferente a la realidad. Nos contaron que Jodi había «despedido» a todos esos *coaches* de vida desobedientes porque estaban demasiado «distorsionados» y era imposible que pudieran comprender la Verdad e implementar las enseñanzas de

ConneXions. Era un ejemplo típico de sus técnicas de luz de gas: reescribir la historia para presentarse a sí misma como una víctima y la única poseedora de la Verdad.

Cuando empecé a atar cabos sobre la verdadera historia —que esos *coaches* se habían marchado después de ver la auténtica cara de Jodi—, sentí una mezcla de admiración por su valor y una frustración profunda e insistente hacia mis padres. ¿Por qué no podían ver lo que era tan evidente para los demás? Comencé a desear con desesperación que hubieran seguido su ejemplo, que se hubieran marchado.

Pero no lo hicieron. Continuaron siendo incondicionalmente leales a Jodi y, por extensión, a la realidad retorcida que había construido. Su compromiso con este camino destructivo removió algo dentro de mí: una necesidad de afirmar mi propia identidad, de enfrentarme al control sofocante que se había filtrado en cada aspecto de nuestra vida.

Mi rebelión comenzó poco a poco, de formas que podrían parecer inconsecuentes para alguien externo, pero que a mí me resultaban monumentales en ese momento. Uno de esos pequeños actos de desafío fue mi amistad con Derek. Comenzó con bastante inocencia, supongo. Pero fue una amistad que se convirtió en algo… diferente.

Derek se encontraba en una posición elevada dentro de la Iglesia; era un hombre de familia y un terrateniente de unos cincuenta años. En mayo de 2021, justo después de que me graduara en el instituto, me pidió ayuda con una estrategia de redes sociales para su empresa y me ofreció un trabajo secundario ayudándolo a montar vídeos para YouTube. Yo acababa de cumplir los dieciocho años, y para mí significaba mucho que un adulto respetado como él me hubiera escogido y hubiera reconocido mis habilidades y talentos.

Después de mi primera reunión con Derek, él no podía dejar de elogiarme.

—Tengo que decir, Shari, que me has impresionado mucho —me dijo una vez—. Tu forma de pensar, tu forma de ver el mundo... es refrescante. Eres madura, mucho más de lo que te corresponde por tu edad.

—Ah, solo soy una chica normal —respondí, avergonzada.

Derek se rio entre dientes y negó con la cabeza.

—No, Shari. Eres de todo, menos eso.

Me pidió que le hablara acerca de mí y mi familia. Parecía sentir mucha curiosidad, como si estuviera interesado de verdad en conocerme mejor.

—Mi familia... No nos llevamos demasiado bien —le expliqué, encogiéndome de hombros, y él pareció sorprendido.

—Cuéntame más —me dijo.

Al recordar que el señor Haymond había sido una fuente de apoyo paterno muy positiva para mí, decidí abrirme a él. Solo un poco.

—Mi madre está superinvolucrada con un grupo que se llama ConneXions, ¿has oído hablar de ellos?

—Ah, yo conozco a Jodi Hildebrandt, antes era mi vecina —respondió—. Y puedo decirte que no caía demasiado bien.

—¿En serio?

—Sí. Personalmente, yo no soporto a esa mujer.

En ese preciso momento, al oírle decir aquello, supe que Derek era alguien en quien podía confiar, alguien a quien podía contarle lo que estaba pasando en casa.

Un amigo.

Derek y yo establecimos una rutina: nos reuníamos en su oficina una vez a la semana para trabajar en sus proyectos de las redes sociales. Me sentía muy segura con ese hombre corriente de mediana edad que tenía una familia feliz y una buena esposa con la que llevaba años y años. Aunque es cierto que a veces decía cosas que me resultaban ligeramente inapropiadas, comentarios que parecían estar rozando el coqueteo. A veces, por ejemplo, me hacía cumplidos sobre mi apariencia con un entusiasmo un poco exagerado o detenía su mirada en mí un poco más de la cuenta. Cada vez que hacía esos comentarios, sentía una punzada de intranquilidad. Pero trataba de ignorarlo, recordándome a mí misma su honorable reputación. Cuando por fin reuní el valor para pedirle que dejara de decirme lo guapa que estaba, él se disculpó profusamente, casi de forma exagerada. Me aseguró que jamás volvería a ocurrir.

Comenzó a tener pequeños detalles, gestos amables que me hacían sentir vista, cuidada. Me pedía comida a domicilio cuando estaba teniendo un mal día, me llevaba de compras si necesitaba algo. E incluso aunque no lo necesitara. Un día me dijo con voz susurrante e intensa:

—Yo soy el único que se preocupa por ti, Shari. Lo sabes, ¿verdad?

Cada vez que me enviaba regalos, yo me sentía un poco culpable, presionada de alguna manera. Aquel hombre estaba siendo muy amable conmigo, pero, por alguna razón, no siempre estaba segura de que eso me gustara.

Un día, lo llamé «papá» sin querer, y esa fue la primera vez que lo vi enfadado.

—A mí me parece que somos más que eso, ¿no crees? —dijo con la cara como una nube de tormenta.

—No pretendía ofenderte. Por favor, no te enfades.

Cuando le acabé contando a Ruby que estaba trabajando con Derek, ella se puso como loca y me prohibió que siguiera viéndolo.

—Tengo un muy mal presentimiento con ese hombre —me dijo—. Jodi y yo creemos que no es apropiado que sigas trabajando a solas con él. Dile que tienes que dejarlo.

—Vale, está bien, dejaré de hablar con Derek —mentí.

Estaba harta de que la gente me dijera lo que tenía que hacer. Ya había cumplido los dieciocho; era lo bastante mayor para tomar mis propias decisiones. Además, sabía por qué a ellas no les gustaba Derek: porque había sido el vecino de Jodi y probablemente sabía demasiado. Esa era la razón por la que ella no quería que estuviera en mi vida. Bueno, pues resultaba que Jodi ya no era mi jefa, y muy pronto Ruby tampoco lo sería, porque me iba a ir a la universidad en otoño, y eso significaba que ya era adulta y no tendría que seguir respondiendo ante nadie, a excepción de Dios.

Por lo tanto, continué trabajando con Derek a espaldas de todo el mundo. Y, a pesar del secretismo, me resultaba estimulante y empoderador tener su apoyo constante, tener a alguien con quien podía contar. El Señor sabe que estaba a punto de necesitar eso más que nunca.

CUARTA PARTE

◇◇◇◇◇◇◇◇◇◇◇◇◇◇◇◇◇◇◇◇◇◇◇◇◇◇◇

La humanidad acosada por los demonios

CAPÍTULO 25

El noveno pasajero

Unas dos semanas antes de que empezara el primer semestre de mi primer año en la universidad, me sonó el móvil mientras estaba comprando unas cosas de última hora que necesitaba para la facultad. La pantalla mostraba el nombre de Ruby, y su voz estaba llena de una energía frenética.

—Jodi no está bien —dijo de sopetón, saltándose cualquier formalidad—. El enemigo la está bombardeando. ¡Su alma está siendo atacada por el mismísimo Satanás, Shari! Está tratando de silenciar su verdad. Así que… se va a mudar a casa con nosotros. Vamos a ayudarla a que se ponga bien.

Casi se me cayó el móvil.

—Espera. ¿Qué?

¿La gurú desquiciada de mi madre estaba metida en una batalla contra el mal y su solución era que se viniera a nuestra casa?

—Sí, y se va a quedar con tu habitación —continuó Ruby, como si aquello fuera lo más normal del mundo—. Es la más grande y, de todos modos, muy pronto te irás a la universidad. Necesito que vuelvas a casa ahora mismo para que saques tus cosas. Ahora mismo, Shari. Va a llegar esta tarde.

Según la explicación que me dio casi sin aliento, Jodi estaba siendo atormentada por pesadillas, visiones y unos incapacitantes brotes de ansiedad; claros síntomas de que había fuerzas oscuras tratando de destruir su rectitud. Los demonios la habían escogido a dedo para destruirla, así que necesitaba protección urgentemente.

Y Ruby había decidido que esa protección íbamos a ser nosotros.

—Por cierto, ya no podemos seguir hablando con Paige ni con esa familia —añadió con voz amarga.

Paige, una amiga de la familia, había sido una de las mayores partidarias de Jodi, y una de las *coaches* de vida que más tiempo llevaban con ella. Hasta que se marchó, claro está.

—¿Qué? A mí me cae bien Paige —protesté débilmente—. Es maja.

—Pues mira, Jodi estaba en casa de Paige, pero como ahora esa mujer se ha aliado con Satanás… —me espetó mi madre, y lo dijo con el mismo tono que hubiera usado si estuviéramos hablando de alguien que ha dado un paso en falso a nivel social, cuando lo que me estaba diciendo era que Paige había unido sus fuerzas con el gobernante del infierno—. Así que eso es lo que hay. Y, ahora, date prisa y ven a vaciar tu habitación; Jodi va a llegar esta tarde. Gracias al cielo que ahora va a quedarse en casa. Nosotros cuidaremos bien de ella.

Volví en coche a casa, con la mente a toda máquina. ¿Es que yo era la única persona cuerda que quedaba en aquel circo? Mi habitación iba a ser requisada por una mujer que luchaba contra los demonios, mi madre había alistado a nuestra familia como guardaespaldas espirituales ¿y se suponía que yo tenía que hacer como si nada, recoger toda mi vida y evacuar mi habitación para hacerle hueco a nuestra profeta chiflada?

Volví a casa, subí las escaleras hasta mi cuarto y comencé a guardar mis pertenencias en bolsas. No me podía creer que la épica batalla por la redención de Jodi tuviera que ocurrir allí, en mi santuario adolescente, entre mis muñecos de peluche. No dejaba de mirar por encima del hombro cada pocos minutos, esperando ver a Jodi ahí plantada, con los ojos negros y sin alma, y la boca retorcida en una sonrisa demoniaca. Mis pesadillas de la infancia convertidas en realidad.

«Contrólate, Shari —pensé, pero el corazón me latía tan fuerte que amenazaba con salírseme del pecho—. Jodi no es más que una persona; una persona profundamente problemática, sí, pero de todos modos sigue siendo una persona. Si está sufriendo, entonces seguramente debemos ayudarla».

Bajé las escaleras con lentitud, arrastrando mis bolsas, y, cuando llegué a la planta baja, oí que se abría la puerta de entrada. Y allí estaba: Jodi se encontraba en el vestíbulo con sus pantalones cortos de color caqui, los ojos ardiendo con una intensidad febril y el pelo salvaje, como una ermitaña del Antiguo Testamento que hubiera estado deambulando por los eriales del desierto.

—¡Hola, Shari! —graznó. Su voz sonó extrañamente ronca y áspera—. Gracias por ofrecerme tu habitación como una buena samaritana. Lo valoro mucho.

—Hola, Jodi —dije alegremente, obligándome a mostrar una sonrisa amistosa—. La habitación es toda tuya. Eh..., ¡mejórate pronto!

La observé mientras pasaba junto a mí, dirigiéndose hacia mi habitación como un general yendo a conquistar un nuevo territorio, y sentí que se me helaban los huesos. Aquello no era solo una molestia temporal: aquello era el comienzo de una ocupación.

CAPÍTULO 26

En espíritu y en verdad

DIARIO

El ambiente de la casa parece extraño con Jodi aquí. Está pasando algo entre ella y nuestros padres, pero no nos cuentan nada. Hay muchísimo secretismo. Estoy tratando de pasar todo el tiempo que puedo fuera de casa.

Las semanas que siguieron a la mudanza de Jodi fueron un caos total; cada nuevo día parecía ser todavía más extraño que el anterior. Esa mujer se había instalado en mi habitación y, una vez allí, ya nunca se marchó, persistiendo como un mal olor, mientras que yo quedé relegada al sofá de la planta baja, una refugiada dentro de mi propia casa.

Daba gracias al cielo por poder contar con Derek, la única persona con la que podía sincerarme en ese momento. Me insistió para que me mantuviera todo lo calmada que pudiera, recordándome que en solo unas pocas semanas iba a ser un ave en libertad, una mujer independiente, yo sola en la universidad y lejos de Ruby y Jodi.

Incluso sabiendo que iba a marcharme pronto, no era fácil estar en esa casa. Jodi se encontraba en un lugar oscuro mentalmente. Noche tras noche, caía en unos trances misteriosos; no eran del todo convulsiones, ni del todo sueños, sino algo intermedio y espeluznante. Ruby y Kevin, que habían abrazado de repente un nivel de misticismo que yo nunca había visto antes, llevaban a cabo lo que ellos llamaban «intervenciones espirituales» para ella; unas sesiones intensas y en voz baja con el objetivo de sanarla.

Mi madre pronto decidió que lo mejor era que ella durmiera en la misma habitación que Jodi, para que su amiga no tuviese que sufrir sola sus terrores nocturnos demoniacos. No recordaba que jamás hubiera sido tan comprensiva conmigo, que tuve problemas similares de pequeña. Pero aquello era diferente, supongo.

Al parecer, Jodi estaba experimentando unas visiones increíblemente detalladas. En algunas, veía a Ruby caminando sobre el agua junto a Jesús. En otras, se visualizaba a sí misma montada en un león gigantesco llamado Charles y pasando a través de las puertas del cielo. Desde entonces, Charles es objeto de culto en Reddit entre las personas que seguían la pista de la historia de mi familia.

Todas esas visiones fantásticas quedaban meticulosamente registradas en un pesado archivador de cuero al que Jodi se refería como los «archivos». En su delirio, creía que esos textos algún día quedarían elevados al estatus de escrituras sagradas, validados personalmente por el mismísimo Dios.

Me sentía impotente mientras veía cómo ocurría todo aquello. Mi padre, que parecía el cascarón del hombre que había sido, tampoco estaba haciendo nada para detener esa locura. Yo quería intervenir, tratar de sacarlo de su docilidad, pero no sabía cómo hacerlo. Deseaba que mi padre encontrara el valor, que diera un paso al frente y fuera el protector que se suponía que debía ser. Para poder protegernos de alguna manera y para convencer a Ruby de que Jodi necesitaba la clase de ayuda que nosotros simplemente no estábamos capacitados para darle.

Al final, no llegó a intentarlo siquiera.

Mientras tanto, Jodi y Ruby permanecían encerradas en su santuario de la planta alta, y rara vez salían de allí, salvo por el ocasional peregrinaje a Dairy Queen para tomar un helado. Sus hábitos dietéticos eran la pesadilla de un cardiólogo: un flujo constante de azúcar, grasas saturadas y comidas fritas, generosamente acompañadas con la única contribución de Jodi a nuestro hogar: litros de salsa ranchera.

Pam, la amiga más antigua y querida de Jodi, que se encontraba en un puesto elevado dentro de ConneXions, siempre se presentaba en casa con una caja de refrescos y un «hola» tan agudo que hacía que me diera dentera. Las tres —Ruby, Jodi y Pam— se encerraban en mi antigua habitación durante horas. Se iban a montar en barco al lago Havasu de Arizona durante una semana o hacían «viajecitos de compras» a México y regresaban con bolsas de la compra llenas de pastillas. Cuando le pregunté al respecto, Ruby me aseguró que todo era parte de su gran plan de almacenar antibióticos para el final de los días. Era como si hubieran formado su propio Colectivo del Apocalipsis exclusivo, y claramente el resto de nosotros no estábamos en la lista.

Al igual que muchos preparacionistas para el día del juicio final de la Iglesia de Jesucristo de los Santos de los Últimos Días, ellas estaban obsesionadas con un libro titulado *Visiones de gloria*, que se había publicado en 2012. El libro no estaba respaldado por la parte oficial de nuestra Iglesia, y consistía en una montaña rusa de experiencias cercanas a la muerte, visiones apocalípticas y profecías sobre el día del juicio final. Se convirtió en un pilar básico de las fantasías de muchos preparacionistas de nuestra Iglesia; era un texto que alimentaba sus miedos y justificaba sus preparaciones extremas.

El contenido de esta obra abarcaba desde encuentros espirituales del estilo *new age* hasta descripciones gráficas de desastres inminentes: invasiones extranjeras, epidemias virales y tremendos terremotos que devastaban todo Estados Unidos, incluida nuestra propia región de Wasatch Front. Todo era muy psicodélico y, al parecer, totalmente convincente para Ruby, Jodi y Pam.

Por extraño que pueda parecer, creo que nunca había visto a mi madre más feliz que cuando esa mujer estaba viviendo con nosotros, luchando contra entidades demoniacas y montando en Charles el León. Parecía tener un resplandor a su alrededor. Siempre se había quejado sobre su carencia de amistades femeninas, sobre la soledad de la maternidad. Pero ¿ahora? Ahora tenía a sus chicas. Jodi y Pam se habían convertido en sus compañeras hasta la muerte, su escuadrón, sus amigas del alma. Eran las tres mosqueteras del apocalipsis, preparadas para permanecer juntas y llegar, si era necesario, hasta los confines de la tierra o, al menos, hasta la farmacia mexicana más cercana para volver a hacer acopio de antibióticos.

Conforme Ruby, Jodi y Pam iban estando cada vez más unidas, estrechando lazos tras puertas cerradas y compartiendo conversaciones entre susurros, Kevin comenzó a encontrarse cada vez más al margen, mirando desde fuera. Le dijeron que la planta superior estaba prohibida para él. Podía salir de la casa cuando quisiera, pero no podía regresar sin el permiso de mi madre. Hasta el acceso a la cocina para comer requería su aprobación. Y Ruby dictaba si tenían permitido comunicarse, y cuándo. Unas nuevas reglas para la casa inspiradas por Jodi.

Mi madre hasta trató de transferir el control de la marca *8 Passengers* en YouTube a Jodi. Cuando nuestro gestor desde hacía mucho tiempo, Larry, le expresó su preocupación por esos planes, Ruby ignoró sus advertencias, asegurando que aquello no era una cuestión de dinero, sino de «hacer el trabajo de Dios». Entonces sus caminos se separaron. Mi madre se estaba aislando de cualquiera que pudiera cuestionar sus decisiones cada vez más erráticas.

Relegada al sofá de la planta baja, yo me encontré enfrentándome a un cóctel de emociones: frustración, confusión y una sensación creciente de desplazamiento. Aquello no era solo una invasión de la privacidad; era un cambio fundamental en nuestra dinámica familiar. Con el paso de los años me había acostumbrado a que Ruby traspasara los límites, pero aquello, invitar a Jodi Hildebrandt para que remodelara nuestro hogar por completo, parecía un punto sin retorno.

—Shari, no seas ciega —me reprendía Ruby cada vez que le preguntaba con timidez si su amiga se encontraba ya lo bastante bien como para volver a su casa—. Jodi es un ser poderoso y por eso está sufriendo un ataque espiritual. Lo mínimo que puedes hacer es compartir tu espacio con ella mientras luchamos. ¿Es que no puedes ver más allá de tu engreimiento por un momento y pensar en una visión más amplia de las cosas?

Ruby impuso una orden de silencio en toda la casa, insistiendo en que la presencia de Jodi se mantuviera en secreto, como si estuviéramos dando refugio a una fugitiva. Así estábamos, con las dos predicando la Verdad en sus vídeos de ConneXions al mismo tiempo que ocultaban el giro argumental más jugoso de todos.

Hacer que funcionara aquella farsa exigió un trabajo elaborado de humo y espejos. Jodi seguía haciendo sus reuniones de ConneXions por Zoom desde nuestra casa, mientras que Ruby hacía las veces de su ayudante como *coach* principal de bienestar emocional. Colocaban sus ordenadores portátiles en habitaciones separadas y difuminaban los fondos para mantener una ilusión de distancia. Una hábil clase magistral de engaño digital.

Cuando decidí grabar un vídeo para mi propio canal —que todavía seguía tirando, a pesar del revuelo que había ocurrido con *8 Passengers*—, tuve que utilizar la habitación compartida de mis hermanas, dado que mi propio dormitorio se había convertido ahora en un santuario para la Verdad y para Dairy Queen. No mencioné ni una sola palabra acerca de Jodi, pero, antes de que pudiera subirlo, Ruby se abalanzó sobre mí como un halcón.

—Tengo que ver ese vídeo antes de que lo subas —dijo entrecerrando los ojos.

—No te preocupes, tan solo he hablado de que estoy preparándome para ir a la universidad y de la lista de cosas que me voy a llevar.

—Me da igual, necesito revisar todo el contenido grabado en esta casa. No podemos arriesgarnos a que la voz de Jodi pueda oírse de fondo.

Estoy segura de que su amiga se encontraba detrás de ese apagón de información. Por mucho que se le hubiera ido la pinza, todavía poseía una capacidad de previsión estratégica. Mudarse a casa de una clienta/estudiante porque estaba sufriendo problemas mentales/ataques demoniacos no era la imagen que quería dar públicamente, así que tenía que asegurarse de que todavía estaba proyectando poder y fuerza, incluso mientras su mundo se desmoronaba a su alrededor. Para Jodi, la imagen lo era todo. Otra cosa que ella y Ruby tenían en común.

—Esta situación en casa no es sana para ti, ¿verdad? —me preguntó Derek una tarde que había ido a trabajar un poco para él en su oficina, más que nada porque quería salir de casa.

Negué con la cabeza, sintiendo las lágrimas que me escocían en las comisuras de los ojos.

—No —susurré—. Nada sana.

Durante esas dos semanas, Derek se dio cuenta de que me sentía muy estresada; él era así de intuitivo, y siempre parecía interesarse mucho por mí y por cómo me sentía. Yo me sinceraba con él y él siempre me escuchaba con paciencia, permitiéndome compartir el dolor y la confusión de mi vida familiar sin juzgarme.

—Debes de sentirte muy sola mientras pasas por todo esto... —susurró, preocupado, examinándome con atención.

Yo me encogí de hombros, jugueteando con un hilo suelto de mi manga.

—Ya estoy acostumbrada.

—Ojalá tuvieras más apoyo, Shari. Todo el mundo necesita a alguien con quien pueda contar.

Levanté la mirada, sorprendida por la emoción en su voz.

—Para ser sincera, realmente nunca he tenido eso.

—Bueno, pues ahora lo tienes.

Entonces sonrió y su mano rozó la mía cuando fue a coger su taza de café.

Me pasé la mayor parte del día en la oficina de Derek, y el sol ya se estaba poniendo para cuando llegué a casa. Todo estaba extrañamente silencioso; por una vez, no había nadie en casa. Sin desperdiciar la oportunidad, subí las escaleras hasta mi habitación, pensando que podía aprovechar la situación para coger un par de libros.

Abrí la puerta de mi dormitorio y miré a mi alrededor, confusa. La estancia estaba bañada por el suave resplandor de las velas. El aire estaba cargado por el aroma a lavanda y vainilla que emanaba de los aceites de masaje que se encontraban sobre la cómoda. Me apresuré a coger lo que necesitaba y salí corriendo de allí, sintiéndome como si acabara de entrar en la suite de la luna de miel de otra persona. Lo único que faltaba eran los pétalos de rosa sobre la cama.

Esa noche no fui capaz de dormir. Tal vez se debía al hecho de que el sofá hacía que me doliera la espalda, o tal vez era la sensación de que había visto algo que no debería haber visto. No dejaba de moverme y dar vueltas, con los pensamientos alborotados. Tenían que ser alrededor de las cinco de la mañana cuando oí el crujido de unas pisadas en la planta superior. Abrí un ojo justo a tiempo para ver a Ruby saliendo de puntillas de mi habitación, con el pelo revuelto, las mejillas ruborizadas y la bata atada a toda prisa, dirigiéndose hacia el cuarto de baño que compartía con mi padre. Tenía una sonrisa extraña en la cara. Su expresión era... pícara.

¿Qué demonios estaba pasando?

¿Por qué Ruby estaba yendo por ahí a hurtadillas en mitad de la noche como si fuera una adolescente intentando que sus padres no la pillaran? ¿De verdad se estaban haciendo masajes a la luz de las velas en mi habitación? ¿Cómo podía estar pasando eso con todos nosotros en casa?

En ese momento, sentí una profunda lástima por mi padre, un hombre que una vez había sido orgulloso y racional, pero que parecía ser completamente ignorante de lo que estaba ocurriendo justo delante de sus narices.

Aquello era fascinante y horrible a partes iguales. Dos mujeres que predicaban la «Verdad» mientras vivían en la mentira. Que condenaban la homosexualidad muy públicamente en sus vídeos de ConneXions, al mismo tiempo que la practicaban en privado. En mi habitación. Muy probablemente, en mi cama.

Al día siguiente, me marché de casa lo más pronto que pude y simplemente me dediqué a conducir por ahí, yendo a lugares al azar. No podía soportar estar en casa, no con todos esos pensamientos en la cabeza. En el centro comercial, me encontré con un par de conocidos del vecindario que sabía que eran gais y, sin revelar demasiado, les pregunté como si tal cosa si habían oído hablar sobre Jodi Hildebrandt, la *coach* de vida, y qué pensaban de ella.

—Madre mía, esa mujer está en lo más hondo del armario —dijo uno de ellos, arqueando una ceja.

Mi otro amigo asintió con la cabeza y añadió que muy a menudo las personas más homófobas son las que están ocultando algo sobre sí mismas.

Sé que mi comunidad no está encabezando la marcha del Orgullo precisamente en lo relativo a la aceptación del colectivo LGBT+. Muchas de las personas más mayores todavía ponen el grito en el cielo ante la mera mención del tema. Pero los tiempos están cambiando, y la generación más joven (yo misma incluida) ve las cosas de una forma un poco diferente.

Personalmente, a mí me gusta recordar que Jesús nos enseñó a amar a todo el mundo.

Había una historia que no dejaba de acudir a mi mente durante esa época. La historia de Jesús hablando con la mujer samaritana en el pozo. Ella era una paria, una pecadora que había sido repudiada por la sociedad. Pero Él la miró con los ojos llenos de compasión, de comprensión. Le habló no con reprobación, sino con amor. «Hay que adorar en espíritu y en verdad», le dijo Jesús, y esas palabras siempre se me quedaron grabadas. Desde que Jodi se había mudado a nuestra casa, había estado oyéndolas más fuerte que nunca, reproduciéndolas en bucle dentro de mi cabeza.

«En espíritu y en verdad».

«En espíritu y en verdad».

«En espíritu y en verdad».

Jodi y Ruby blandían la palabra «verdad» como un arma. Pero esa historia me recordaba que la verdad siempre debería estar conectada con el espíritu, la esencia de la divinidad. La gente le da las gracias a Dios a todas horas, pero ¿de verdad viven según las enseñanzas de Dios? Tal vez sus palabras honren a Dios, pero ¿sus acciones son coherentes con la Biblia?

«En espíritu y en verdad».

La auténtica verdad no es solo citar las Escrituras mientras haces lo que te da la gana cuando crees que nadie te está mirando. Eso es lo contrario a la verdad.

Me pregunté a mí misma cómo me habría sentido si Ruby y Jodi hubieran abrazado de verdad la honestidad, si hubieran practicado la autenticidad que predicaban y nos hubieran contado al resto de nuestra familia y a mí lo que estaba ocurriendo en realidad entre ellas. Y la respuesta era que sí, me habría dolido. Pero yo las habría apoyado. Habría sido preferible a tener que vivir… así. En esa casa de mentiras en la que ya no soportaba tener que estar.

CAPÍTULO 27

Sucia. Vergonzosa. Estropeada

Dos semanas después de que Jodi se mudara a nuestra casa, comenzaron las clases en la universidad, lo que significaba que por fin tenía oportunidad de escapar. Oh, qué feliz me sentía al huir de esa casa que era como una herida infectada.

La Universidad de Brigham Young —la institución de la Iglesia de Jesucristo de los Santos de los Últimos Días donde iba a especializarme en ciencias políticas— estaba cerca, a solo un trayecto de diez minutos en coche por la autovía 89 Norte. Pero, aun así, parecía como si se encontrara a un millón de kilómetros de distancia. Se acabaron las sonrisas falsas y las risas fingidas para aplacar a mi madre y al demonio que dormía en mi cama. Ahora solo estaba yo. Shari y sus libros. La libertad. ¡Qué sensación tan maravillosa!

Ruby y Kevin me llevaron en coche a la residencia universitaria y me ayudaron a hacer la mudanza; todo ello capturado por la cámara para subirlo después a *8 Passengers*, al que mi madre seguía aferrándose como si le fuera la vida en ello. Al estar ahí mirando a Ruby, toda sonrisas falsas y abrazos entre lágrimas, fingiendo amor maternal hacia mí para la cámara, me sentí invadida por una furia tan intensa que estuve a punto de caerme al suelo. ¿Cómo podía plantarse allí, fingiendo que era la madre perfecta despidiéndose de su querida hija mayor, cuando yo sabía que lo único que le importaba era el monstruo que había en mi habitación?

Mientras mis padres se alejaban en el coche, yo me quedé despidiéndome con la mano, plantada donde estaba como si estuviera clavada al suelo. Había anhelado aquel momento de libertad, pero, ahora que había llegado, me resultaba... extraño.

Caminé de regreso a mi habitación de la residencia, escuchando mis pasos resonando en el pasillo desconocido. El espacio parecía gigantesco, y mis escasas pertenencias quedaban empequeñecidas por el vacío del lado intacto de mi compañera de habitación. El silencio me envolvía. Por primera vez en mi vida, estaba sola de verdad. No había risas de mis hermanos que rompieran la calma. Ninguna rutina familiar en la que volver a caer.

De pronto, la pantalla del móvil se iluminó con un mensaje.

«¿Qué tal tu primer día de libertad, Shari?».

Era Derek, justo en el momento oportuno.

«¿Quieres pasarte por la oficina después, cuando te hayas instalado? Tengo un par de regalos para el nuevo curso. ¿Recuerdas esa chaqueta de North Face que decías que querías?».

«¡Hala! ¡Gracias! Nos vemos luego».

No recuerdo el trayecto en coche hasta su edificio. Tan solo recuerdo que el corazón me palpitaba con fuerza y que sentía la piel demasiado tensa, como si fuera a abrirse de un momento a otro. No estaba segura de por qué me sentía tan nerviosa. En retrospectiva, tal vez fuera mi intuición tratando de decirme algo, que me diera la vuelta, que volviera a mi habitación de la residencia y no volviera a hablar jamás con aquel hombre de mediana edad.

Pero no lo hice y, para cuando llegué, estaba jadeando, me faltaba el aire y todo lo veía borroso.

—¿Shari? ¿Qué te pasa? —me dijo al abrir la puerta.

—No puedo… —dije con la voz estrangulada y el pecho subiendo y bajando—. No puedo respirar… Creo que estoy teniendo… un ataque de pánico.

Derek me cogió por los hombros y me guio hasta el sofá. Traté de concentrarme en su voz, en el ritmo constante de sus palabras, pero el pánico estaba creciendo como una oleada, amenazando con sumergirme bajo la superficie.

—Shari, escúchame —me dijo. Su voz atravesó la estática de mi cabeza—. Creo que el contacto piel con piel te ayudará a tranquilizarte. ¿Puedo quitarte la camiseta?

Me quedé paralizada, con la cabeza dando vueltas. «No —pensé—. No, no, no». Pero mi boca no funcionaba; tenía las palabras atrapadas en la garganta. Negué con la cabeza y traté de apartarlo de mí, pero él era más fuerte que yo y sus manos eran como de hierro alrededor de mis muñecas.

—Confía en mí —murmuró, y noté su aliento caliente en mi oreja—. Tú solo déjame ayudarte, Shari.

Y entonces me puso las manos encima, bruscas e insistentes. Me subió la camiseta, dejando a la vista mi sujetador y mi piel. Yo me retorcí y forcejeé, pero no sirvió de nada. Él era más grande que yo, más fuerte que yo y, cuanto más forcejeaba, más impotente me sentía.

—¿Ves? —me dijo—. No está tan mal. Ahora solo relájate para mí. Sé una buena chica.

Sus manos deambularon por mi espalda y mi estómago, serpentearon hacia arriba para tocar mis pechos a través del delgado tejido de mi sujetador. Sentí que me entumecía, sentí que mi mente se separaba de mi cuerpo, que flotaba hacia arriba y se alejaba hasta que me quedé mirando la escena desde arriba. Una chica en un sofá. Un hombre cerniéndose sobre ella, con las manos posesivas y avariciosas. Aquella era la primera vez que alguien me tocaba de esa forma. Esa chica no podía ser yo. No podía estar pasándome eso. No a mí.

—Te sientes mejor, ¿verdad? —me preguntó, y me oí a mí misma diciendo que sí, oí mi voz, pequeña y distante, mostrándome de acuerdo con él.

No sé cómo regresé a mi residencia esa noche. Lo único que sé es que, cuando al fin me derrumbé sobre mi cama, no era capaz de moverme. No podía pensar. No podía sentir.

Me quedé ahí tirada durante horas, mirando el techo mientras el mundo giraba a mi alrededor. Oí las risas y el parloteo de mis compañeros de primero a través de las paredes. Pero yo estaba separada, desconectada.

«He pecado —pensé—. Lo he estropeado todo». Me parecía como si fuera un castigo, un ajuste de cuentas divino por todas las veces en las que había fracasado, por todas las veces que no había estado a la altura.

En mi mente, mi estado de congelación, mi incapacidad para moverme era una señal de Dios, un castigo por mis transgresiones. «Esto es el Espíritu Santo diciéndome que tengo que arrepentirme», pensé.

Cuando por fin conseguí levantarme de la cama y buscar mi móvil a tientas con los dedos entumecidos, vi las llamadas perdidas y los mensajes de Derek.

«¿Dónde estás? ¿Por qué no me respondes? ¿Va todo bien?».

Miré fijamente la pantalla, con el corazón latiéndome con fuerza y la mente dando vueltas.

«Está preocupado —pensé, sintiéndome culpable—. Debería responderle para que se tranquilice».

Con los dedos temblorosos, escribí la respuesta.

«Estoy bien. ¿Tú cómo estás?».

Su contestación fue instantánea:

«¿Estás hablando con algún chico?».

Fruncí el ceño, confusa.

«No».

«Bien».

Y, sin saber qué más decir, escribí:

«Gracias».

Volví a caer sobre la cama, cerré los ojos y traté de evocar la imagen de la mujer samaritana en el pozo, la paria, la pecadora a la que habían ofrecido agua de vida, una oportunidad para redimirse. Pero no era capaz de encontrarla. Lo único que podía ver era mi propia cara, bajo la dura luz del juicio. Sucia. Vergonzosa. Estropeada.

«¿Esto es lo que soy ahora? —me pregunté con un dolor sordo en mi pecho—. ¿Esto es lo único que seré jamás?».

CAPÍTULO 28

Agradecida

La vida universitaria trajo consigo la peculiar experiencia de tener una compañera de habitación que no fuera mi hermana. Decir que éramos una pareja extraña sería un eufemismo. Yo era la madrugadora por antonomasia que daba la bienvenida al amanecer con entusiasmo, mientras que ella era un ave nocturna de proporciones olímpicas. Nuestros horarios eran tan diferentes que muchas veces yo me estaba metiendo en la cama justo cuando ella se estaba maquillando para pasar la noche fuera.

Y, desde luego, nunca me había sentido capaz de confiar en ella sobre lo que estaba pasando con Derek y lo posesivo que se había vuelto desde… lo que había ocurrido el primer día de clase.

Había bloqueado el recuerdo; fingía que nunca había ocurrido.

Estaba disfrutando de un momento de tranquilidad poco frecuente en la cafetería del campus con un compañero de clase cuando me vibró el teléfono. El nombre de Derek apareció en la pantalla y sentí que un nudo familiar se formaba en mi estómago. Su mensaje era bastante inocente: me preguntaba dónde estaba, pero, cuando respondí con sinceridad, no se lo tomó bien.

«Ah, ¿así que estás con un chico? Veo que ya no te importo. Eso no está nada bien».

Miré fijamente las palabras mientras me invadía una mezcla de confusión y culpa. ¿Estaba haciendo algo mal al estar pasando el rato con otra persona?

Lógicamente, sabía que debía mantenerme alejada de Derek, sobre todo después de lo que había ocurrido. Pero había una parte traicionera de mí que se aferraba a la atención que me daba, una atención que llenaba un vacío que no me había dado cuenta de que estuviera ahí. Mi propio padre se había convertido en un fantasma dentro de nuestra familia, más presente en su ausencia que en la realidad. En comparación, la intensa concentración de Derek en mí parecía… validarme, a pesar de que viniera con ciertas condiciones.

Tratando de racionalizarlo, pensé que tal vez estaba bien conservar a Derek como amigo. Después de todo, yo le caía bien, se fijaba en mí. En un mundo en el que solía sentirme invisible, ¿eso no tenía algún valor?

Cuando iba más o menos por la mitad de mi primer semestre, fui a casa, en parte porque necesitaba coger un libro, pero también porque echaba de menos a mis hermanos.

Entré por la puerta principal y llamé con voz dudosa:

—¿Hola?

Podía oír a Ruby y a Jodi en mi habitación, hablando y riendo.

Kevin entró desde el jardín de atrás.

—Hola, cariño —dijo—. Estás en casa. Qué alegría verte.

Deseaba poder hablar con él, contarle lo que había estado pasando con Derek. En vez de eso, me moví con incomodidad bajo su mirada triste y apática.

—Bueno, solo me he pasado para saludaros a todos —respondí.

—Eso está muy bien.

—Ah, y necesito coger un libro de mi habitación.

—Eso no va a ser posible —dijo con más firmeza de la necesaria.

—¿Por qué no?

—Jodi y Ruby están ahí dentro. Están ocupadas.

«¿Ocupadas con qué? —pensé—. ¿Trenzándose el pelo la una a la otra? ¿Enfrentándose a señores demoniacos? ¿Debatiendo cuál es el mejor helado del Dairy Queen, si el de mantequilla de cacahuete o el de masa de galletas con pepitas de chocolate?».

—Si quieres entrar ahí, primero tienes que mandarle un mensaje a tu madre para que te dé permiso —me explicó—. Entonces ella te dirá una hora conveniente para ir a coger tu libro.

—Papá, ¿en serio? ¿Por qué demonios tengo que programar una visita a mi propia habitación?

—Porque así es como son las cosas ahora, Shari —dijo con tristeza.

Me resultaba difícil creer que aquella fuera la misma persona que solía entretenerme con datos divertidos sobre geología, sesiones de jazz a piano improvisadas y un entusiasmo infantil por las rocas. Con cuánta rapidez se pueden erosionar las mentes, azotadas por las inclemencias meteorológicas hasta quedar convertidas en extensiones vacías y sin forma. Odiaba verlo en ese estado.

Tras mandarle un mensaje a Ruby y que me asignara cinco minutos para recoger mi libro, abracé a mis hermanos y me apresuré a volver a la universidad, lejos de mi desdichado padre y de esa casa, donde ya nada tenía sentido.

Faltaban unas pocas semanas para el Día de Acción de Gracias. ¿Íbamos a ir a casa de nuestros abuelos, tal como solíamos hacer? ¿O ese año sería diferente gracias a nuestra nueva invitada?

En los primeros años, nuestras celebraciones de Acción de Gracias habían seguido un patrón predecible, alternando cada año entre los padres de Kevin y los de Ruby. Eran fiestas grandes y bulliciosas, con cada lado de la familia aportando su propio toque característico a la celebración.

En casa de los padres de Kevin, la enorme cantidad de personas siempre resultaba abrumadora. Con todos los hermanos que tenía, los cónyuges de estos, sus hijos y hasta sus nietos, fácilmente podía haber más de cincuenta personas metidas en esa casa. Era un caos, pero de la clase de caos que provoca calidez y risas. ¿El lado negativo? Como ya he mencionado, a mis abuelos no se les daba muy bien cocinar, así que a menudo acabábamos con la mesa llena de platos comprados en el supermercado que dejaban mucho que desear.

Aun así, la alegría de la conexión familiar siempre pesaba más que las decepciones culinarias.

Las reuniones de la familia de Ruby eran más pequeñas, pero no menos animadas. Con alrededor de diez adultos y unos veintitantos niños, se trataba de un caos más manejable. Allí, la comida era la estrella del espectáculo: platos caseros que llenaban la casa de aromas que hacían que la boca se te hiciera agua y nos dejaba a todos en un agradable coma culinario para cuando terminaba la noche.

Cuando llegué al instituto, nuestras tradiciones de Acción de Gracias comenzaron a cambiar. La disputa entre Ruby y sus padres significaba que ese lado de la familia ya no era una opción. A los padres de Kevin, que ya iban teniendo una edad más avanzada, les resultaba cada vez más difícil acoger unas reuniones tan grandes. Nuestras celebraciones se volvieron más pequeñas, más íntimas.

El año anterior, habíamos tenido la mejor cena de Acción de Gracias de mi vida; tan solo nosotros ocho, en nuestra casa. Kevin, que recientemente había aprendido a ahumar carnes, preparó un pavo que era un auténtico milagro. Los bollitos caseros de Ruby llenaban la casa con un reconfortante aroma a levadura. Yo me encargué del puré de patatas, decidida a hacerlo cremoso y sin grumos.

La contribución de Chad fue... curiosa. Había decidido preparar una gigantesca olla de salsa de queso fundido, lo que parecía una gran idea hasta que se solidificó en un bloque de queso tan solo unos minutos después de servirlo. Nos metimos con él sin piedad, pero había un afecto genuino en nuestra risa. Se convirtió en uno de esos momentos familiares bonitos a los que me aferraba.

Deseaba que pudiéramos repetir lo que habíamos hecho el año anterior. Pero, con Jodi en casa..., sabía que eso era poco probable. Me la imaginaba cenando en el lugar de honor de nuestra mesa, la vampira psíquica de nuestro hogar, atiborrándose de pavo y de la sangre de mi familia, con mi madre cacareando junto a ella y mi padre empujando en silencio el puré de patatas por su plato mientras mis hermanos y yo nos dirigíamos miradas incómodas los unos a los otros.

—Hola, Shari, tan solo quería avisarte de que este año vamos a ir todos a casa de Jodi para el Día de Acción de Gracias —me informó Ruby en una llamada telefónica.

—¡Nop! —solté abruptamente.

Podría haber soportado pasar Acción de Gracias en nuestra casa con Jodi, pero habría preferido sacarme los ojos con una cuchara antes que poner un pie en la casa de esa mujer. Ni de coña. Invitación rechazada. Enviada de vuelta al remitente. Cada célula de mi cuerpo me estaba diciendo que me alejara.

Hubo un silencio incómodo mientras la indignación de Ruby rugía como una motosierra.

—¿Acabas de decir «nop»?

—Eh, es que por desgracia no puedo, mamá. Gracias por la invitación. —Casi podía oír los engranajes girando en su cabeza mientras procesaba el hecho de que su hija mayor la estaba desafiando. «Error 404, hija obediente no encontrada»—. Lo siento, mamá, es que, a ver, son cuatro horas en coche hasta la casa de Jodi y tengo un montón de deberes que hacer este fin de semana.

Hubo una pausa mientras Ruby decidía lo enfadada que quería estar.

—Tus hermanos van a quedarse decepcionados —dijo, y me di cuenta de que no se incluía a sí misma en ese sentimiento. Pero no me importaba; sinceramente, prefería pasar Acción de Gracias tomando ramen instantáneo yo sola.

Al final, acabé yendo a la casa de los padres de Kevin, que vivían cerca, en Ogden, y viendo *The Andy Griffith Show* por la tele mientras comíamos aperitivos comprados en el supermercado y macarrones con queso de Stouffer's.

Mientras picoteaba los restos de mi comida, dirigí la mirada hacia la puerta del sótano.

—Abuelo —dije, dejando mi cuenco sobre la mesa—. ¿Puedo mirar las fotos antiguas de la familia? ¿Las que guardáis en el sótano?

Sus ojos se iluminaron.

—¡Claro que sí, Shari! Estaré encantado de ir a por ellas.

Mientras se ponía en pie, la abuela le advirtió:

—No te pases demasiado tiempo ahí abajo. Voy a meter el pastel en el microondas.

El abuelo subió las escaleras con una carpeta y la dejó sobre una mesita auxiliar, haciéndome un gesto para que me sentara. Cuando la abrió, me encontré con la mirada seria de un hombre de ojos penetrantes.

—¿Quién es? —pregunté, ligeramente enervada por la intensa mirada del hombre de la foto.

—Tu tatarabuelo —dijo el abuelo con orgullo—. Era huérfano y vino de Alemania con dieciocho años, justo antes de que los nazis se hicieran con el control. Llegó a Nueva York con su hermana y fue directamente a Salt Lake City para buscar una esposa con la que sentar cabeza. Fue la primera persona de nuestra familia que se bautizó en la Iglesia.

Me incliné hacia delante para examinar la foto.

—¿Por qué no sonríe?

Él se rio entre dientes.

—En esa época la gente no sonreía en las fotos. El tiempo de exposición era demasiado largo. —Levantó la mirada hacia mí y sus ojos se suavizaron—. Shari, ¿por qué no has querido pasar Acción de Gracias con tu familia este año?

Me mordí el labio, eligiendo mis palabras con cuidado.

—Porque quería estar aquí con vosotros.

El abuelo frunció el ceño.

—Shari, ¿va todo bien en casa? ¿Bien de verdad?

—Sí, abuelo. Todo va bien. De verdad —mentí—. Es solo... que no tengo oportunidad de veros a la abuela y a ti tan a menudo como me gustaría. Eso es todo.

Él examinó mi cara durante un largo momento y yo contuve el aliento, temerosa de que pudiera ver a través de mi fachada. Al final, asintió con la cabeza, aparentemente satisfecho con mi respuesta.

—Bueno, nosotros siempre estamos encantados de tenerte aquí, cariño —me dijo, dándome una palmadita en la mano—. Nuestra puerta estará abierta siempre que quieras venir a visitarnos.

Tragué saliva con fuerza, conteniendo la repentina necesidad de llorar.

—Gracias, abuelo. Significa mucho para mí.

Una parte de mí deseaba haber tenido el valor necesario para contarle la verdad. Pero, al menos por el momento, podía fingir que todo era normal, que tan solo era una nieta disfrutando del tiempo con sus abuelos en una agradable tarde de Acción de Gracias.

Y me sentía agradecida de verdad por eso.

CAPÍTULO 29

Vacaciones infernales

Puede que hubiera escapado de pasar Acción de Gracias con Ruby y Jodi, pero el peligro todavía no había pasado: la Navidad estaba a la vuelta de la esquina, lo que significaría otras dos semanas enteras durmiendo en el sofá, con mi madre y Jodi actuando como colegialas risueñas con jerséis navideños a juego, grabando sus vídeos de ConneXions sermoneadores y llenos de odio en mi habitación, delante del pequeño mural que había pintado yo, entre visitas diarias al Dairy Queen.

El día que terminó el semestre, me presenté en la casa; Chad me recibió en la puerta con una mirada compasiva y un susurro.

—Hola, hermanita. Bienvenida al infierno.

De algún modo, el ambiente de la casa era todavía más extraño de lo que recordaba.

Mi padre, abatido, ahora dormía solo en el dormitorio matrimonial, con Ruby y Jodi instaladas de forma permanente en la planta de arriba, en mi habitación.

Mi madre, por otra parte, estaba llena de alegría navideña. Me abrazó y me dijo que estaba encantada de tenerme en casa, e insistió en que ella y Jodi nos llevarían a mí y a mis dos hermanas de mayor edad a cenar fuera, para darme la bienvenida con una noche de chicas.

—Jodi tiene muchas ganas de conectar más contigo —me dijo Ruby, sonriendo de una forma que me hacía sentir incómoda.

—Claro —respondí—. ¿A qué hora vamos a salir para cenar?

—A las siete. ¿Te parece bien?

Cuando llegaron las siete, no había señales de Ruby ni de Jodi; podía oírlas riéndose arriba, en mi habitación. Mientras tanto, yo estaba muriéndome de hambre. Suponiendo que los planes para ir a cenar habían quedado cancelados, preparé espaguetis para mí y para mis hermanos, me dejé caer en el sofá y puse *Harry Potter y la Orden del Fénix*.

A eso de las ocho, Ruby y Jodi bajaron las escaleras, muy arregladas.

—Bueno, chicas, ¡ya estamos listas para salir! —gorjeó mi madre.

—Ya hemos cenado —dije desde el sofá, con los ojos clavados en los magos que luchaban en la pantalla.

—¡¿Perdona?! ¡Te comprometiste a salir con nosotras!

Ruby estaba incandescente por la furia. Levanté la mirada hacia ella.

—Bueno, mamá, ¿no se supone que uno de los principios de la Verdad es ser puntual? —dije con frialdad.

Micro al suelo.

—Shari, si alguna vez hubieras prestado atención en tus sesiones con Jodi, ¡sabrías que otro principio importante es que tienes que ser flexible con tus relaciones!

—Y esa es la razón por la que he tomado la iniciativa y me he preparado mi propia cena esta noche. Muy flexible.

Podía ver el aturdimiento en los ojos de mi madre al ver que me atrevía a responderle de esa manera, y delante de Jodi, nada menos.

—Pobre de tu futuro marido, Shari. Siento lástima por él. Buena suerte encontrando a un hombre que quiera a una esposa egoísta como tú.

Ahí estaba otra vez, blandiendo mi aparente incapacidad de casarme como un arma. Cualquier paso en falso estético, cualquier atisbo de individualidad, cualquier destello de rebelión recibía muy a menudo la misma respuesta repetitiva y aplastante: «¿Qué hombre va a querer casarse con una chica como tú?».

Le eché un vistazo a mi padre, que estaba pasando por ahí arrastrando los pies mientras murmuraba algo sobre unas bujías. Desde luego, Ruby, con su propio matrimonio en proceso de desintegración, no era la persona más idónea para dar consejos sobre cómo alcanzar la felicidad matrimonial. Sabía que sus provocaciones sobre mi supuesta incapacidad para casarme no eran más que dardos envenenados, diseñados para asesinar mi autoestima y volverme pequeña y obediente. Pero ya no me importaba.

Ruby, sintiendo que sus insultos habituales no estaban teniendo el efecto deseado, cambió de táctica.

—¿Tengo que recordarte que no eres más que una invitada aquí, Shari? Esta no es tu casa. Es la mía. Y, sinceramente, no quiero que estés aquí si vas a hablarme de esta manera.

—Entonces ¡retírame la invitación! —dije con voz cortante—. Lo digo en serio, mamá. Tú solo dilo y me marcharé por esa puerta. Te ahorraré el mal trago de aguantar la Navidad con tu hija inflexible.

Me puse de pie, más que preparada para coger mis cosas y marcharme, pero Ruby, fiel a su esencia, no iba a dejarme decir la última palabra.

—¡No puedo soportar este maltrato! —lloriqueó. Su voz era tan chillona que podía haber destrozado los cristales de las ventanas. A continuación, salió disparada hacia la puerta, con Jodi siguiéndola a toda prisa.

Yo me quedé ahí plantada, sin saber si reír o llorar. La absurdidad de toda esa situación: mi madre jugando la carta de la víctima al mismo tiempo que tenía todas las cartas en la mano. Como siempre había hecho.

Ruby y Jodi se fueron a cenar solas, sin ninguna de nosotras. Mis hermanas y yo terminamos de ver la película y, sinceramente, estaba más que encantada de tenerlas para mí sin la energía negativa de las otras dos en casa.

Después de que mis hermanos se fueran a la cama, decidí quedarme levantada para esperar a que llegaran Ruby y Jodi. Prefería enfrentarme a la situación más pronto que tarde. Tal vez podía tratar de enfriar los ánimos; después de todo, teníamos que pasar las vacaciones juntas.

Cerca de la medianoche, las dos entraron en casa sollozando de forma incontrolable.

—¿Qué pasa? —pregunté con la voz ahogada, genuinamente alarmada—. ¿Ha ocurrido algo?

Jodi me miró con los ojos llorosos e inyectados en sangre, gimoteando.

—Tu pelea con tu madre... me ha recordado a mi hija. ¡Ella me abandonó! ¡No hay dolor mayor que el de ser abandonada, Shari! ¡No puedes hacerle eso a Ruby! ¡Ella te quiere más que a nada en el mundo!

Sus palabras encontraron su blanco.

Me imaginé cómo me sentiría al alejarme de verdad de mi madre, a pesar de todo el sufrimiento que me había causado. ¿El dolor que me provocaba cada día sería menos que la agonía de no poder volver a verla nunca más? ¿Y cómo se sentiría Ruby si cortaba lazos con ella para siempre?

De pronto me di cuenta de que yo también estaba llorando.

—Lo siento mucho, mamá... —susurré con las lágrimas cayendo por mis mejillas—. No pretendía hacerte daño. No volveré a hablarte así nunca más.

Ellas me rodearon en un abrazo sofocante.

—¡Estamos tan contentas de que estés en casa, Shari! —susurró mi madre, y me di cuenta de lo incómodo que me resultaba estar siendo abrazada por las dos.

CAPÍTULO 30

Los niños no tienen derecho a una infancia mágica

Unos cuantos días antes de Navidad, los adultos nos reunieron a los hijos en la sala de estar. Ruby y Jodi se dirigieron a los cuatro que éramos mayores y relegaron a mis dos hermanos más pequeños a un rincón.

—Queremos que sepáis una cosa —comenzó Ruby con un tono inquietantemente tranquilo—. Vuestros hermanos pequeños no van a recibir ningún regalo este año.

—Les estamos enseñando a no ser egoístas y a no creer que tienen derecho a todo lo que quieren —añadió Jodi. Su cara era una máscara de superioridad moral.

Mi padre, que siempre las apoyaba en silencio, asintió con la cabeza.

Les eché un vistazo a mis hermanos más pequeños. Sus caras eran la imagen del abatimiento y la confusión. La Navidad debería ser mágica para los niños; una época en la que sentirse queridos y agasajados. Aquel castigo parecía cruel y vengativo.

—Además —continuó Jodi, endureciendo la voz—, deben pedir permiso antes de hablar con cualquiera de vosotros. Si os interrumpen, debéis reprenderlos. Esto es innegociable. Todos tenemos que presentar un frente unido para corregir su comportamiento.

—Si ellos no van a recibir regalos, ninguno de nosotros debería recibirlos —intervine con voz temblorosa a causa de la furia—.

No está bien que nosotros abramos regalos mientras ellos nos miran con las manos vacías.

Jodi entrecerró los ojos.

—Shari, tu incomodidad muestra que tienes un problema con las consecuencias de sus acciones. —Su tono era condescendiente.

—Pues sí, así es —admití con firmeza.

—¿Quieres que tus hermanos sigan creyéndose con derecho a todo? ¿Comprendes el sufrimiento que les provocará esa mentalidad más adelante en sus vidas?

Jodi tenía la habilidad de hacerme sentir que era yo quien se equivocaba.

Unos cuantos días más tarde, la mañana de Navidad, los 8+1 *passengers* nos congregamos alrededor del árbol de Navidad para abrir nuestros regalos. Los paquetes que había debajo del árbol parecían un poco escasos este año, y todos sabíamos por qué.

—Ahora, abrid todos vuestros regalos y, mientras lo hacéis, les daréis a los más pequeños el obsequio de esta lección tan bonita y preciada que les servirá durante muchos años —cacareó Ruby.

Al ser la hermana mayor, cada célula de mi ser gritaba por proteger a mis hermanos. Pero estando ahí, empequeñecida por el frente unido de autoridad adulta de Jodi y Ruby, me sentía microscópica. Impotente. Inútil.

Abrimos nuestros regalos de Navidad mientras mis dos hermanos más pequeños observaban con los ojos muy abiertos y en silencio. Cuando se detuvo el sonido de papel rasgado, la voz de sacarina de Jodi atravesó el aire.

—Limpiad esto —les ordenó. Mientras ellos recogían los restos sin decir palabra, ella comenzó a soltar un sermón. Era evidente lo satisfecha que estaba consigo misma—. Los niños no tienen derecho a una infancia mágica —susurró con voz amorosa; cada palabra estaba teñida de una dulzura venenosa—. No podéis dar por hecho sin más que vais a tener amor y regalos. Muchas personas no tienen nada en absoluto.

Una furia incandescente hervía dentro de mí, buscando con desesperación una válvula de escape. ¿Cómo había podido permitir que las cosas llegaran a ese punto? Se suponía que yo tenía que ser el ángel de la guarda de mis hermanos pequeños, su roca. En vez de eso, me había convertido en una espectadora silenciosa; no era mejor que mi padre mudo que no hacía más que asentir con la cabeza.

La voz de la Viuda de Nauvoo sonó en mi mente: «Quémalo todo hasta los cimientos, Shari». Sabía que quería hacerlo de alguna manera. Siempre había sentido una insignia invisible de «protectora» clavada en mi alma, una responsabilidad que había tratado de cumplir desesperadamente. Pero ¿cómo podía ser su puerto seguro cuando me estaba ahogando en la misma tormenta que ellos?

Poco después de Año Nuevo, hui a la universidad; mi culpa del superviviente era como plomo que pesaba sobre mi pecho. Mientras abría las maletas en mi habitación de la residencia, la verdad me golpeó: había abandonado a mis hermanos para que se enfrentaran solos al apocalipsis emocional. Yo tenía un chaleco salvavidas, mientras que los que más me necesitaban seguían nadando en aguas traicioneras.

Estuve sumida en esa culpa durante una semana o así, hasta que un mensaje de Kevin hizo que una nueva esperanza brillara en el horizonte:

«Jodi ya se encuentra mejor. Va a volver a su casa en Ivins».

Titubeé antes de contestar:

«¿Cómo se lo ha tomado mamá?».

«Está triste, dice que ojalá pudiera quedarse.
Pero Jodi dice que ya está lista para volver a su casa».

Me podía imaginar la reacción de Ruby; la fachada de la amiga protectora desmoronándose para revelar esa necesidad desesperada y dependiente que había debajo. Jodi había sido su cuerda salvavidas tóxica, su retorcido espejo de validación. Ahora, con cuatro horas de desierto entre ellas, ¿qué sería lo que llenaría ese vacío?

Sentí un escalofrío mientras me daba cuenta de la respuesta más probable: nosotros. Su descendencia. Nosotros seríamos las víctimas de su malestar, tal como siempre había ocurrido. Basándome en cómo se había comportado durante la Navidad, ebria del empoderamiento que le había proporcionado Jodi, me imaginaba que las cosas podrían ponerse todavía peores. Me preocupaban los más pequeños, que eran los menos capaces de defenderse.

Aun así, una chispa de esperanza parpadeaba dentro de mí. Tal vez, solo tal vez, aquella separación provocaría a la fuerza un cambio muy necesario. Con Kevin ahí para cuidar de los pequeños, tal vez Ruby pasara más tiempo en Ivins con Jodi, lo que nos daría a todos un espacio crucial para poder respirar.

Y, en ese caso, la marcha de Jodi podía ser precisamente lo mejor que podría pasarnos. Desde luego, yo iría a casa más a menudo para estar ahí para mis hermanos, si eso significaba no sofocarme bajo la presencia de Ruby. Además, estar en casa tal vez me permitiría escapar de Derek.

Las cosas se habían intensificado en el sentido físico. Me decía que me estaba entrenando para el matrimonio. Mostrándome las cosas que tendría que hacer para complacer a mi futuro esposo.

—Nunca hasta el final —insistía, como si ese límite hiciera que sus acciones fueran nobles.

Sin embargo, insistía en practicar todas las demás cosas que decía que yo tendría que hacer como esposa si quería hacer feliz a mi marido.

—Tu esposo se va a quedar muy decepcionado en vuestra noche de bodas si te sientes incómoda cuando te toque así —me decía—. ¿Ves cómo te encoges cuando hago esto? No querrás reaccionar así cuando estés con tu marido, ¿verdad?

—No, tienes razón —respondía yo, convenciéndome a mí misma de que aquello era una especie de terapia de exposición, destinada a ayudarme a superar mis problemas y ser una esposa mejor.

Me dediqué a fingir que no estaba ocurriendo. Mantuve mis sentimientos ocultos, muy hondo dentro de mí. Pero, lentamente y con certeza, me di cuenta de que los colores de mi mundo se desteñían y adquirían tonos grises. La depresión se apoderó de mí una vez más y de repente parecía que ya no me importaba nada, a excepción de hacer los deberes y asegurarme de que Derek no se enfadara conmigo.

«¿Qué tal tu día?».

«¿Qué estás haciendo?».

«¿Con quién estás?».

«¿Hola?».

«Te echo de menos».

Cada día, sus mensajes llegaban en un flujo incesante cada quince minutos.

«Quiero asegurarme de que estás a salvo, Shari. A lo mejor podrías compartir tu ubicación conmigo, solo por si acaso pasara algo. Sé que estás muy sola».

Pero no estaba muy sola. Tenía amigos y Kevin estaba en el campus la mayoría de los días. Sin embargo, me sentía tan sedienta de cualquier pizca de atención paterna, de cualquier atisbo de que realmente le importaba una mierda a alguien, que acepté compartir la ubicación de mi iPhone con él sin pensármelo dos veces. En muy poco tiempo, Derek se convirtió en el Gran Hermano: rastreaba todos y cada uno de mis movimientos, me interrogaba acerca de cualquier mínimo desvío o parada. ¿Fiestas? Olvídalo. ¿Chicos? Ni hablar. ¿Un solo momento de paz? Total y absolutamente descartado.

Sus mensajes adquirieron un tono nuevo, lleno de anhelo y deseo. Leerlos hacía que me entraran ganas de vomitar. También me obligaban a enfrentarme a la realidad de en qué consistía su interés hacia mí. Pero, incluso entonces, yo lo excusaba, seguía en estado de negación. No podía obligarme a cortar el vínculo. Por un lado, su atención me hacía sentir profundamente incómoda y, por otro, era la única clase de apoyo que tenía en mi mundo tumultuoso. La contradicción me destrozaba, dejándome paralizada e incapaz de actuar. «Él es la única protección que tengo —me repetía como un mantra, incluso cuando una parte de mí gritaba que esa "protección" tenía un precio terrible—. Sin él…, realmente estaré sola por completo».

La verdad flotaba en los límites de mi conciencia, demasiado terrorífica como para reconocerla del todo. Cortar lazos con

Derek significaba enfrentarme a un mundo en el que realmente no tenía ningún aliado. De modo que me quedé en el limbo, atrapada entre la repulsión y la necesidad desesperada, incapaz de liberarme.

Conforme el control de Derek sobre mí se iba volviendo más fuerte, empecé a aislarme más y más. Me volví asustadiza, reservada. Dejé de ir al comedor porque temía encontrarme con alguien que pudiera empezar a hacerme preguntas que no podía responder. Me alejé de mi compañera de habitación, dejé los clubs en los que estaba, permití que cualquier atisbo de una vida social se marchitara y muriera. Unas sombras oscuras florecieron bajo mis ojos y me convertí en una chica fantasma, demacrada y con los ojos vacíos, que daba un respingo cada vez que sonaba mi móvil.

A veces, dejaba que mis dedos flotaran por la pantalla del teléfono, sabiendo lo que necesitaba decir... «Derek, lo siento, pero ya no puedo seguir haciendo esto. No soy tu muñeca. No soy tu mascota, ni tu juguete, ni nada tuyo. Soy dueña de mí misma». Pero al final borraba el mensaje, borraba cada una de las palabras. Era más fácil permanecer en silencio y seguirle el juego que decir algo que pudiera enfadarle.

CAPÍTULO 31

El pozo envenenado

Un día, cuando Derek y yo estábamos sentados en su oficina con las cortinas cerradas, yo traté débilmente de plantarle cara y hablar de nuestra situación. Tuve que emplear todo el valor que tenía.

—No sé si esto está bien, Derek —dije lentamente, con el corazón acelerado—. Yo no debería estar aquí, ¿verdad? Así no. ¿Qué pasa si alguien lo descubre? Sería terrible para todos.

Él se reclinó en su sillón de cuero, completamente tranquilo.

—Shari, te preocupas demasiado. A ojos de Dios no estamos haciendo nada malo. Y eso es lo único que importa.

Jugueteé con el dobladillo de mi falda mientras se me retorcía el estómago.

—Pero ¿cómo puedes estar tan seguro?

—Shari, yo soy uno de los líderes del Sacerdocio de Melquisedec. Soy responsable del bienestar espiritual y temporal de los hombres de mi cuórum. ¿De verdad piensas que podría hacer algo que pusiera en peligro mi misión?

Aquello era cierto; Derek era un hombre de Dios, un miembro digno. De repente, me sentí muy enferma.

—Ay, cariño, estás muy pálida —dijo estirando un brazo para darme una palmadita en la mano—. Destierra de tu mente esos pensamientos tan feos. Es tu trastorno de ansiedad, que te está haciendo dar demasiadas vueltas a las cosas.

Siguió presionando, llevándolo todo más y más lejos todavía. Yo no tenía esa clase de sentimientos hacia él, no me sentía atraída por él, y no lo deseaba de esa manera. Pero era demasiado adicta a los fragmentos de validación que me daba, los bocados de apoyo que lanzaba en mi dirección en lo relativo a mi familia. Él era el único que sabía lo mal que estaba mi situación, el único que me decía que no estaba loca, que no me lo estaba inventando todo.

Necesitaba esa cuerda salvavidas, ese atisbo de calidez en un mundo que parecía duro e implacable.

Pero era confuso. Era desquiciante. Mi mente racional sabía que lo que hacía con él estaba mal, mientras que mi mente traumatizada me convencía para que permaneciera callada y obediente.

No sé por qué pensé que Ruby podría llegar a ayudarme, y un día, en un momento de desesperación, reuní el valor para mandarle un mensaje. Creo que a un nivel profundo y primitivo simplemente necesitaba a mi madre, y me salió como una súplica por su atención. Quería que comprendiera que todavía la necesitaba. Así que simplemente le conté mis sentimientos.

«Mamá, me siento como si no te importara. Nunca me coges el teléfono cuando te llamo, pero sé que siempre estás hablando con Jodi. Me siento ignorada. Me siento como si no me quisieras».

Le di al botón de enviar y de inmediato me sentí como si acabara de firmar mi sentencia de muerte. «¿Qué he hecho?», pensé, y noté que tenía un nudo en el estómago mientras esperaba la contestación de Ruby. Nunca respondía con amabilidad a las peticiones de afecto. El afecto había que ganárselo, y siempre había que hacerlo según sus términos.

Se tomó su tiempo para contestar a mi mensaje. Fue una tortura. Durante veinticuatro horas, me quedé en la cama, con el cuerpo paralizado, y cada sonido de mi teléfono hacía que unas oleadas de miedo corrieran por mis venas.

Al día siguiente, Ruby decidió honrarme con una respuesta.

«Noto demasiada agresividad en tu mensaje. Demasiado resentimiento. Voy a invitarte a invitarme a hablar sobre esto contigo en persona».

Y eso hice. La invité a hablar sobre aquello en persona, y ella aceptó mi invitación y me dijo que me reuniera con ella y con Kevin para cenar en un restaurante de la zona.

Permanecí allí sentada, empujando las patatas fritas por mi plato mientras Ruby tomaba las riendas de la conversación, tal como era habitual.

—Has sido muy egoísta al mandarme ese mensaje —me dijo, negando con la cabeza.

Solté un suspiro y me replegué más sobre mí misma, sin decir nada.

Ella me clavó una mirada penetrante.

—¿Cuál fue tu motivo para enviarme ese mensaje, Shari?

Me moví en mi silla y la furia se encendió de pronto en mi pecho.

—¿Sinceramente? Tenía la esperanza de que tal vez me escucharas de verdad por una vez.

—¿Y qué es lo que piensas que no estoy escuchando?

—Se suponía que esta cena iba a ser para hablar sobre mi sensación de que no te importo. De que mis sentimientos no te importan.

Ruby me fulminó con la mirada.

—Shari, necesito que examines de verdad tus motivos. Porque a mí me da la sensación de que estás ocultando algo.

Y así era. Pero no podía hablarle sobre Derek, ¿verdad? Tan solo necesitaba oír, de alguna manera, que se preocupaba por mí. Pero eso no iba a ocurrir.

Para cuando llegó el postre, me sentía destrozada. Estaba sollozando sobre mi tarta de chocolate. Disculpándome por ser tan egoísta y hacerles pasar por ese calvario.

—Gracias por permitirme reflejar la Verdad sobre ti, Shari —dijo Ruby, dándome una palmadita en la mano mientras el camarero dejaba la cuenta—. Y, dado que ahora eres adulta, nos gustaría invitarte a pagar la cena.

Asentí débilmente con la cabeza y saqué la cartera para observar cómo los ochenta dólares desaparecían de mi cuenta bancaria, más rápido que mi deseo de vivir.

Después de esa desastrosa cena, me pasé varios días tirada en la cama, catatónica. Cada pensamiento que aparecía en mi cabeza estaba teñido de paranoia y dudas sobre mí misma.

«¿Esto es cosa mía?».

«¿Es cosa de Jodi?».

«¿Es cosa de Dios?».

«¿Es solo mi ansiedad la que habla?».

Comencé a cuestionarme de verdad mi propia cordura, preguntándome qué era real y qué no.

Ni siquiera era capaz de obligarme a ir a clase. Mi cuerpo estaba reaccionando con síntomas físicos que no podía ignorar.

«¿Qué pasaría si le plantara cara de verdad a mi madre?», me pregunté, y el estómago se me retorció de miedo ante ese pensamiento. Pero ya sabía la respuesta. Ruby tenía el poder de poner a mis hermanos en mi contra, de separarme de las únicas personas en el mundo que también comprendían la demencia en la que nos habían criado. Y sería capaz de apretar ese gatillo sin pensárselo dos veces.

«¿Cómo sería mi vida sin mi familia?», me pregunté, y el corazón me dolió ante ese pensamiento. De inmediato supe que preferiría aguantar aquella depresión que me destrozaba el alma durante el resto de mi vida antes que arriesgarme a perderlos por completo.

Y, durante todo aquello, ahí estaba Derek, susurrándome al oído.

—Soy consciente de lo trastornados que están tus padres —me decía—. De lo mal que lo están haciendo. Déjame ayudarte.

Me había leído como un libro abierto desde que nos conocimos; sabía que me habían entrenado para ser obediente, para no causar problemas jamás. Y, como yo le había permitido acercarse a mí, como le había abierto mi alma sobre los juegos mentales y los abusos de poder que se hacían pasar por amor en mi familia, sabía exactamente qué botones debía presionar.

Mi cuerpo, mi espacio, mi propio ser… Nada de eso era mío de verdad. De modo que, cuando Derek comenzó a tocarme, cuando comenzó a tratarme como su propiedad personal…, yo me escondí dentro de mi cabeza. Volví a mostrar esa enorme sonrisa falsa que me había ayudado ya a superar tantas cosas.

Menuda ironía… Mientras todo aquello estaba teniendo lugar, yo estaba estudiando el «abuso de poder» en mis clases de la universidad. Estaba aprendiendo cómo funcionan las dinámicas de la coerción, las formas que tienen los abusadores de ganarse la confianza de sus víctimas y de manipularlas. Pero, incluso mientras intelectualizaba esos conceptos, incluso mientras escribía trabajos y participaba en debates sobre la naturaleza insidiosa del abuso, era incapaz de aplicar ese conocimiento a mi propia vida. Mi cerebro no me permitía ir allí.

Pero, en el fondo, creo que sabía lo que era Derek. No era más que otro de ellos. Al igual que Ruby y que Jodi; era uno más de esos adultos ponzoñosos de mi vida que succionaban hasta el mismísimo tuétano de mis huesos.

CAPÍTULO 32

Semillas de sanación

Era uno de esos primeros días de verano absolutamente perfectos; de esos que parecen darte un bofetón en la cara cuando tu vida se está desmoronando.

—Shari, me parece que necesitas terapia —me dijo mi obispo, observándome mientras miraba sin fuerzas hacia la nada.

—Ah, claro —respondí—. Ya he ido a terapia antes y me gustó. Pero Ruby no me va a dejar. Al estar incluida en el seguro médico de la familia, no puedo ir a terapia si mi madre no quiere, y ella no me lo permitirá.

—Bueno, pero la Iglesia puede encargarse de eso —me aseguró—. Nosotros nos haremos cargo de lo que sea que necesites sin hacer preguntas.

Fiel a su palabra, la Iglesia dio un paso al frente y cubrió todos los costes de mi terapia y mi medicación sin involucrar a mi familia. Fue como quitarme un peso de encima.

Cuando me senté en el mullido sillón de la consulta de mi nueva terapeuta, sentí el cuero fresco en mi piel. Ella se llamaba Dana y me gustó.

—Bien, Shari —comenzó con voz amable—. ¿Qué esperas conseguir con esta terapia? ¿Tienes alguna preocupación específica?

Tiré de un hilo suelto del cojín del sillón, evitando su mirada.

—Bueno… Las cosas en casa… no van muy bien.

Traté de obligarme a abrirme más, recordando lo reservada que había sido la última vez con la doctora Winters.

Dana se inclinó hacia delante, asintiendo con la cabeza.

—¿A qué te refieres, Shari? ¿Qué ha pasado?

Respiré hondo, tratando de tranquilizar mi corazón acelerado.

—Es mi madre… Es muy intensa. Controladora. Creo que no le caigo demasiado bien.

Ella asintió con la cabeza, con el bolígrafo sobre su bloc de notas.

—¿Puedes darme un ejemplo de alguna vez que tu madre te haya hecho sentir de esa manera?

Sofoqué una risa y negué con la cabeza.

—¿Por dónde podría empezar?

Las palabras salieron de mi boca como un torrente que no podía parar.

Le hablé del piano, de cuando me sacó del instituto, de que me obligaba a aparecer ante la cámara en todo momento, incluso cuando estaba enferma y cansada. Le hablé de cuando Jodi se mudó a casa y mi padre se encerró en sí mismo. Le hablé de que nuestra casa ya no parecía un hogar…

La mirada de Dana se suavizó y dejó el bolígrafo sobre la mesa.

—Madre mía, eso suena muy duro, Shari. Son cosas difíciles de soportar para cualquiera.

Sentí que las lágrimas me escocían en las comisuras de los ojos y pestañeé para deshacerme de ellas.

—Es que… no sé cuánto más voy a poder soportar…

—Shari, quiero que sepas que lo que tu madre está haciendo, su forma de trataros a ti y a tus hermanos… no está bien. Es maltrato emocional.

¿Maltrato?

Me imaginé a Ruby riéndose de nosotras si estuviera allí. «No seas tan dramática, Shari». Pero era Dana quien lo estaba diciendo. Una doctora de verdad. Y yo sabía que tenía razón. Llevaba mucho tiempo sabiéndolo.

—Gracias —susurré—. Ella siempre me ha hecho sentir como si fuera demasiado sensible, demasiado egoísta... Mi última terapeuta pensaba que me lo estaba inventando todo.

Dana alzó una ceja.

—¿Fue tu madre quien te dijo eso?

Asentí con la cabeza.

—Tú no eres débil, Shari. Y el hecho de que estés aquí, de que estés buscando ayuda y apoyo..., demuestra tu fuerza.

Me sentía como si estuviera despertando de un sueño largo y brumoso. La niebla se estaba levantando y ante mí aparecía una verdad resplandeciente y cegadora: no era culpa mía. Nunca había sido culpa mía. La disfunción, el caos..., todo era culpa de Ruby. Siempre lo había sido.

En el refugio seguro de la consulta de Dana, rodeada por unas luces suaves y el aroma reconfortante de la manzanilla, me encontré balanceándome sobre el precipicio de la honestidad. Una parte de mí anhelaba quitarme esa carga de encima, desnudar las complejidades de mi relación con Derek, pero todavía no era capaz de hacerlo.

Cuando Dana me tanteó con cuidado acerca de mi vida personal, preguntándome si mantenía alguna relación con alguien, sentí una tensión familiar en mi pecho. Comencé a notar las palmas húmedas y pegajosas, y me moví con intranquilidad en el mullido sillón que de pronto me resultaba demasiado restrictivo.

—Bueno... —comencé con la voz casi inaudible—. Tengo un

amigo. Es mayor que yo, pero no es lo que piensas. En realidad, es más como una figura paterna.

Las palabras parecían huecas mientras abandonaban mis labios, una verdad a medias que no comenzaba siquiera a definir la complejidad de mis sentimientos hacia Derek.

Dana ladeó la cabeza, escudriñando mi cara con sus ojos agudos. Casi podía ver los engranajes girando dentro de su mente, captando las pistas sutiles que yo estaba dándole sin darme cuenta.

—¿Una figura paterna? —repitió arqueando ligeramente las cejas—. ¿Puedes contarme algo más sobre eso?

Forcé una sonrisa y me obligué a mantener una expresión neutral.

—No hay mucho que decir —respondí con voz más firme, aunque me sentía dubitativa—. Tan solo es alguien con quien puedo hablar, alguien que comprende las cosas por las que estoy pasando con mi familia.

Mientras hablaba, me di cuenta de lo ciertas que eran esas palabras, a pesar de que no contaban la historia completa.

Podía sentir el escepticismo de Dana, las preguntas sin formular que flotaban en el aire entre nosotras. Pero tengo que decir a su favor que no me presionó. En vez de eso, dirigió nuestra conversación de vuelta a un territorio familiar: estrategias para lidiar con el comportamiento de mi madre y el drama familiar continuado.

Cuando la sesión terminó y me preparé para marcharme del santuario de la consulta de Dana, sentí una mezcla de alivio y culpa. Alivio porque había logrado guardar mi secreto, y culpa porque no estaba siendo completamente sincera con la única persona que estaba tratando de ayudarme.

Pero todavía no me sentía preparada para examinar demasiado

a fondo mi relación con Derek, para analizarla bajo la penetrante luz de la terapia, para comprender por qué me estaba ocurriendo aquello a mí.

Tal vez algún día sería capaz de hacerlo. Simplemente no estaba segura de cuándo sería.

CAPÍTULO 33

Marionetas y marionetistas

En junio de 2022, entre mi primer y mi segundo año de universidad, los miembros de la familia Franke nos reunimos para nuestra sesión de fotos anual; la última vez que los ocho volveríamos a estar juntos en el mismo sitio como una familia.

Cuando llegamos al pequeño claro con vistas al valle, la escena era impresionante. Las flores silvestres salpicaban la ladera de la colina en un caos de color. La luz era dorada, como de mantequilla, la clase de luz con la que sueñan los fotógrafos. Debería haber sido perfecto.

Los ojos de Ruby estaban recorriendo el claro a toda velocidad, con la mirada aguda y evaluadora. Cuando cayeron sobre Dwight, nuestro perro cavapoo de tres años, ella frunció los labios con disgusto. El perro estaba sentado a los pies de Kevin, con la lengua colgando alegremente y la cola golpeando el suelo con un ritmo constante, sin darse cuenta del chisporroteo de la furia sin expresar que había en el aire.

—No quiero que esté en mis fotos —dijo Ruby—. No forma parte de la familia, es un perro.

Sentí una ardiente ráfaga de ira. Dwight sí que formaba parte de nuestra familia; era una fuente constante de amor y consuelo en una casa que carecía amargamente de ambas cosas. ¿Cómo podía decir que no podía salir en las fotos?

Mis hermanos se enfrentaron a ella. Todos queríamos que Dwight saliera con nosotros. Tal vez fue por el calor, o por la presión de la mirada curiosa del fotógrafo, o a lo mejor alguna pequeña parte de ella reconoció la necesidad de preservar al menos la ilusión de unidad, el caso es que Ruby cedió. Dwight iba a aparecer en las fotos.

Nos colocamos delante de la cámara tal como siempre lo habíamos hecho. El perro se encontraba en el centro de nuestras poses tensas e incómodas. Mientras la cámara emitía clics y zumbidos, yo me sentía desconectada, como si estuviera observando la escena desarrollándose desde fuera de mi propio cuerpo.

La sonrisa de Ruby era fija y frágil, y sus ojos duros. La expresión de Kevin era distante y cerrada. Y el resto de nosotros teníamos expresiones pintadas como máscaras. Las sonrisas eran demasiado anchas; los ojos, demasiado brillantes. Cuando el fotógrafo trató de convencer a mis padres para que se dieran un beso, Ruby se negó y se apartó de Kevin, como si fuera un desconocido.

El resultado fueron las fotos familiares más incómodas de la historia de las fotos familiares. No había suficientes horas de Photoshop que pudieran arreglar aquello. Hasta Dwight parecía un poco extraño, como si pudiera percibir las oleadas de tensión que todos irradiábamos. Era capaz de reconocer un barco yéndose a pique cuando lo veía.

En el trayecto en coche de vuelta a casa, capté la mirada de Chad por el retrovisor. Creo que los dos presentíamos que el suelo estaba a punto de moverse bajo nuestros pies, que el edificio cuidadosamente construido de nuestra vida familiar pronto iba a desmoronarse.

Poco después de la sesión de fotos, Kevin y Ruby se prepararon para nuestro viaje de verano anual a la cordillera Wasatch, a una hora de distancia en coche. Se suponía que esa escapada debería ser una experiencia para estrechar lazos en familia, pero aquel año habían decidido dejar atrás a Chad y a nuestros dos hermanos más pequeños, ya que los consideraban demasiado «egoístas» como para venir con nosotros. Porque no hay mejor forma de «estrechar lazos en familia» que excluir a la mitad de dicha familia.

A mí me habían invitado a ir, pero yo rechacé su invitación porque tenía clases. Entonces Kevin mandó un mensaje a nuestro grupo de chat familiar —en el que estábamos Ruby, Chad y yo— para preguntarme si podía vigilar a los pequeños mientras ellos no estaban. Acepté sin dudarlo, pero le pregunté si podían darme dinero para la gasolina porque iba a tener que conducir del campus a casa y viceversa todos los días con un presupuesto ajustado. Él me dijo que sí.

Mientras estaban en las montañas, mi padre nos invitó a Chad y a mí a que fuéramos de visita un día. A mí me pareció un gesto bonito, así que respondí:

> *«Sí, nos encantaría ir con vosotros. Por cierto, ¿todavía estáis dispuestos a ayudarme con la gasolina?».*

La respuesta de Kevin fue rápida y fría:

> *«No, Shari. Tienes suficiente dinero para la gasolina y ya nos hemos ofrecido a comprarte la comida. Si alguien te invita a ir con él a un evento, es descarado y de mala educación pedirle que te pague la gasolina».*

El abrupto cambio de tono me dejó aturdida. En un momento, yo era una adulta responsable a la que habían confiado el cuidado de los niños, y al siguiente era una cría desagradecida a la que estaba reprendiendo por mi comportamiento «descarado».

Me sentía muy confusa.

«Vale. Es que, cuando me pedisteis hace unos meses que me quedara con los niños, aceptasteis pagarme la gasolina».

«Shari, espero que puedas ver la diferencia entre nuestra petición y la tuya. Son cosas muy distintas. Por favor, no conviertas al dinero en tu dios. Obsesionarte con el dinero y con tratar de conseguirlo destruirá todas las relaciones hermosas de tu vida. Eso es cierto para todo el mundo».

¿Eh?

Kevin nunca antes me había hablado de esa manera, jamás. Pero sonaba exactamente como algo que podría decir Ruby. El mensaje tenía sus huellas dactilares por todas partes, su mezcla característica de retórica de santurrona y críticas al estilo ConneXions. Pero, viniendo de mi padre, era como una puñalada en el corazón.

«A lo mejor esto solo es algo momentáneo», pensé, a pesar de que las dudas se arremolinaban en mi mente. Porque la alternativa —la idea de que hubiera perdido de verdad a mi padre, de que la persona que quería hubiera quedado completamente borrada y reescrita a imagen de Ruby— era demasiado devastadora como para planteármela.

Traté de aliviar la situación.

«Muy buen consejo. He estado intentando ajustarme a un presupuesto, así que eso es algo que tengo presente. Pero estaré encantada de gastarme el dinero de la gasolina para poder pasar tiempo con mis hermanos y construir relaciones familiares».

Entonces Ruby intervino.

«Shari, estoy muy preocupada por ti. ¿No te das cuenta de que lo que te ha ofrecido papá no es un consejo? Estaba haciendo una observación sobre tu petición, y te la ofrecemos porque te queremos. En lugar de rechazar las observaciones, sería mejor para ti que las analizaras detenidamente y reflexionaras si no lo entiendes».

«Vale», respondí, sin saber qué más decir.

Mis dedos se quedaron flotando sobre el teléfono. Quería escribir algo que pudiera romper las barreras para alcanzar al padre que había conocido una vez. Pero, después de varios minutos agónicos, no se me ocurrió nada.

«¿Quién eres, Kevin, y qué has hecho con mi padre?».

Aquel hombre tenía tanta autonomía como un espagueti húmedo en medio de un huracán. Todos y cada uno de sus pensamientos y acciones estaban dictados por los antojos de sus amas desquiciadas, Ruby y Jodi. El terreno ya se había arado hacía mucho tiempo, y las semillas de duda y obediencia estaban profundamente sembradas. Al igual que habían hecho conmigo. La única diferencia era que yo había escapado. Los años de sumisión a Ruby habían debilitado la psique de Kevin y ahora era una presa fácil, como fruta que colgaba de las ramas más bajas de un árbol.

Con meticulosa precisión, Jodi había terminado el trabajo y había desmantelado los últimos restos de la independencia de Kevin, despojándole de una capa tras otra hasta que no quedó nada más que una marioneta dócil que esperaba sus órdenes.

Ahora que todas las piezas se encontraban en su sitio, Jodi ya estaba preparada para hacer su jugada final: eliminar a Kevin por completo.

CAPÍTULO 34

Un padre facsímil

Como miembro de alto rango de ConneXions, Kevin tenía la obligación de hacer confesiones semanales con Jodi; cada llamada era una despiadada disección de su psique. Ella desmenuzaba el cadáver de lo que quedaba de su autoestima. Al igual que había hecho conmigo.

Un incidente inocente de mi infancia se había convertido en un arma importante del arsenal de Jodi. Yo tenía cinco años, y Ruby había preparado pollo con salsa Alfredo para cenar. Yo había desarrollado un odio intenso hacia el pollo con salsa Alfredo, y me había pasado toda la comida escondida debajo de la mesa de la cocina, negándome a probar ni un solo bocado.

Al final de la cena, Kevin me dio un cuenco de helado a escondidas. Lo pasó por debajo de la mesa, como si fuéramos agentes secretos en una misión encubierta. Era algo muy pequeño, pero para mí significó todo un mundo. Mi padre, mi héroe, se estaba asegurando de que no me fuera a la cama con el estómago vacío.

Ese recuerdo siempre me había hecho sonreír. Hasta que él se lo contó a Jodi.

Ahora, ese cuenco de helado era una de las muchas pruebas en el caso contra el carácter de Kevin.

—¿Te das cuenta de que en ese momento te creías con el derecho a hacer lo que quisieras? —le preguntó—. ¿De que al darle el helado estabas socavando la autoridad de Ruby como madre?

Además de eso, también estaban las evidencias incriminatorias de su «lujuria» al fijarse en una mujer atractiva en el gimnasio (ni siquiera hablar con ella, ojo, solo fijarse) y el crimen imperdonable de hablar con una compañera de trabajo mujer. Aquel acto de amabilidad que había ocurrido tanto tiempo antes ahora era una prueba de su «distorsión extrema».

Jodi veía sexo por todas partes, en cada interacción, en cada mirada, en cada pensamiento pasajero. En su mente, el mundo era una fosa séptica de lujuria y distorsión, un mar agitado de deseo, las Sodoma y Gomorra del siglo XXI, donde solo su versión retorcida de la «Verdad» ofrecía alguna salvación.

Una parte de mí sentía lástima por ella: una mujer reprimida, que se odiaba a sí misma y estaba profundamente dañada en un entorno en el que se sentía obligada a ocultar su auténtica naturaleza. Rodeada de mujeres que no podía tener, mujeres que estaban casadas con hombres hacia los que ella sentía resentimiento. En su mente, tan solo había un camino hacia la justicia: aplastar a los donantes de esperma y liberar a las féminas.

En el retorcido matriarcado que había orquestado Jodi, los pensamientos más profundos de Kevin eran un arma que utilizar en su contra. Con despiadada precisión, extraía cada vergüenza secreta, cada duda oculta, y la volvía contra él en servicio de su único y auténtico objetivo: reclamar a Ruby como su propiedad, sabiendo perfectamente que el espíritu destrozado de Kevin ya no tenía las fuerzas para contraatacar.

Las acusaciones dieron un giro todavía más oscuro cuando Jodi retorció la felicidad que sentía mi padre al abrazar a sus hijas para convertirlo en algo siniestro y perverso. Le llenó la mente de dudas y odio hacia sí mismo, haciendo que se cuestionara cada interacción, cada muestra de afecto.

—¿No te das cuenta de lo perturbador que resultaba para tus

hijas que tú las abrazaras? —le preguntaba—. Tú lo disfrutabas, ¿no es así?

Tan solo puedo imaginar el horror y la repulsión que llenaron la mente de Kevin. La vergüenza, el miedo, la idea enfermiza de que tal vez no fuera una persona lo suficientemente buena como para que sus hijas estuvieran cerca de él.

Por supuesto, todo aquello era un sinsentido. Pero esa clase de acusaciones sexuales eran una de las tácticas favoritas de Jodi, su bomba nuclear en el juego de la guerra psicológica. Las había utilizado una y otra vez para romper familias y separarlas, para plantar semillas de duda y tejer narrativas falsas de pensamientos incestuosos, infidelidad o adicción al porno.

Y, en cuanto había hecho las acusaciones, el supuesto culpable estaba prácticamente acabado; era solo una cuestión de tiempo antes de que lo «invitaran a irse».

La familia Haymond había sido una constante en mi vida desde el instituto, cuando el señor Haymond, mi profesor, se había convertido en el primer adulto con el que me sentía a salvo para desahogarme contándole las cosas que hacía Ruby. Mientras ese verano de 2022 se desarrollaba, mi antiguo profesor y su esposa se dieron cuenta de lo disfuncional que se había vuelto la situación en casa. Un día, la señora Haymond me puso una llave nueva y reluciente en la mano.

—Shari, cariño —me dijo con los ojos llenos de calidez y preocupación—. Nosotros estaremos encantados de recibirte siempre que quieras. Nuestra casa es tu casa.

Esa era la razón por la cual, en una tarde húmeda de mediados de verano, en julio de 2022, me subí al coche para conducir hasta su casa. Había decidido quedarme en la universidad durante las vacaciones de verano, reticente a volver a casa, pero ese día en particular tampoco era capaz de enfrentarme a la soledad de mi habitación de la residencia. Casi sin haberlo pensado de forma consciente, sabía dónde quería estar.

La familia Haymond no conocía demasiado bien a mis padres. Habían ido brevemente a una de las clases de Jodi cuando yo estaba en mi primer año de la universidad, pero enseguida tacharon ConneXions de «estúpido» y lo dejaron después de solo unas pocas semanas. Irónicamente, esa breve exposición resultó tener un valor incalculable, pues les dio justo la perspectiva que necesitaban para comprender el mundo en el que yo estaba atrapada, pero sin verse atraídos por su órbita.

Tenían una hija de más o menos mi edad que se había convertido casi en una hermana para mí. Nos pasábamos horas viendo películas antiguas, haciendo maratones de *La casa de la pradera* y musicales en blanco y negro de Deanna Durbin de los años cuarenta.

Su hogar, siempre lleno de risas y calidez, se había convertido en mi refugio, un lugar donde podía respirar con libertad y ser yo misma.

Me acerqué a la puerta de entrada de la casa y entré con mi llave, solo para darme cuenta de que no había nadie dentro, a excepción de sus perros. «Es verdad, me habían mencionado algo de que iban a ir al teatro», me recordé a mí misma.

Me desplomé en el cómodo sofá de la sala de estar de la familia Haymond, con la intención de desconectar un rato delante de la tele. Justo cuando iba a coger el mando, mi móvil sonó y el nombre de Kevin apareció en la pantalla. Respondí la llamada.

—Hola, papá.

—¿Estás sola? —me preguntó muy serio.

—Sí, ¿por qué? —respondí mientras la inquietud subía por mi espalda.

—Tu madre y yo tenemos que hablar contigo —dijo. Oí el débil eco que significaba que me había puesto en altavoz, aunque Ruby permaneció en silencio.

Mi mente iba a toda máquina, saltando de inmediato a las peores posibilidades. «¿Habrán descubierto lo de Derek?», pensé.

—Shari, no... no sé cómo decirte esto.

Sujeté el móvil más fuerte, con las palmas sudorosas.

—Tú dilo y ya está, papá. Por favor...

—Tu madre me ha invitado a abandonar la casa familiar para que pueda trabajar en mí mismo —dijo con la voz rota—. Cuando haya mejorado, regresaré y podremos volver a ser una familia feliz. Voy a estar fuera durante al menos un año.

Las palabras me golpearon como un puñetazo inesperado. ¡¿Un año?!

Las lágrimas comenzaron a caer por mi cara mientras preguntaba con voz estrangulada:

—¿Vas a marcharte de casa? ¿Vas a abandonar a los niños?

Kevin soltó un fuerte suspiro.

—Sí, voy a marcharme y me llevaré a Chad conmigo. Él también es egoísta, y supongo que la gente egoísta tiene que estar junta. No quiero que acabes como yo, Shari —continuó—. A lo mejor esto puede ser una oportunidad de aprendizaje para ti.

«¿Una oportunidad de aprendizaje? ¿Lo está diciendo en serio?», pensé, aturdida.

Entonces Kevin soltó otra bomba: no iba a comunicarse con ninguno de mis otros hermanos. Tan solo conmigo.

Nada de aquello tenía ningún sentido.

—¿Cómo te sientes con respecto a todo esto, Shari? —me preguntó en un tono de voz monótono.

—Confusa —dije—. Muy muy confusa.

—Lo comprendo. Pero esto no es el fin de nuestra familia; es el principio.

El «principio». Esa palabra se quedó resonando en mi mente, hueca y carente de significado.

Cuando los Haymond regresaron al fin a casa, me encontraron aovillada en posición fetal en el sofá, emitiendo unos sollozos que parecían provenir de un lugar profundo dentro de mí. No me hicieron preguntas, tan solo me ayudaron a llegar hasta la habitación de invitados y me dijeron que estaba en un lugar seguro.

A la mañana siguiente, me desperté con la vibración de mi móvil; en esta ocasión, se trataba de un largo mensaje de Kevin.

«Shari, las cosas han cambiado, y Chad y yo vamos a pedirte que no te pongas en contacto con ninguno de los dos hasta que estemos preparados y seamos nosotros los que hablemos contigo. Por favor, no me contactes. No seas egoísta con esto y no te quedes resentida por esta situación. Aprovecha este tiempo para estrechar lazos con tu madre y tus hermanos».

Leí el mensaje una vez, dos, tres, y cada nueva palabra me hería más profundamente que la anterior. Estuve a punto de lanzar el móvil contra la pared. «¿No seas egoísta? ¿No te quedes resentida?». Me estaba arrancando de su vida con ese patético intento de despedida. ¿Cómo podía esperar que lo aceptara sin hacer preguntas, sin pedir ninguna explicación?

La habitación de invitados de los Haymond se convirtió en mi crisálida. Las horas se convertían en días mientras permanecía ahí tumbada, con mi mente convertida en un laberinto de preguntas sin responder y teorías a medio formar. Pero sabía que no había ninguna lógica que encontrar, ningún significado oculto que descubrir. Estaba segura de que todo aquello era obra de Jodi.

DIARIO

Hoy he ido a terapia y he hablado largo y tendido del tema. Estoy muy enfadada con mi padre por no defenderse y por abandonar a su familia. Y estoy furiosa con mamá y con Jodi por destrozar nuestra familia. Me siento como si una parte de mí hubiera muerto y ya nunca podré recuperarla. No sé cómo voy a poder superarlo o perdonarles alguna vez. No sé cómo ayudar a mis hermanos. Ni siquiera sé cómo ayudarme a mí misma.

Transcurrió una semana en medio de una neblina de dolor y confusión antes de que Ruby por fin se pusiera en contacto conmigo. Su mensaje apareció en mi móvil:

«¿Cómo llevas todo esto?».

Me sorprendía que me hubiera escrito, teniendo en cuenta el estado de nuestra relación. Una parte de mí se sentía aliviada de que no lo hubiera hecho antes; había necesitado ese tiempo para procesar la marcha de mi padre. Aun así, su preocupación tardía me parecía hueca.

«Lo estoy pasando bastante mal. Estoy muy triste».

Su respuesta me supuso tanto consuelo como un cubo de agua helada.

«Sí, esto ha sido muy difícil. Espero que todos podamos aprovechar la marcha de tu padre como una oportunidad para ser más humildes, especialmente tú».

«¿Más humildes? —pensé—. ¿Lo está diciendo en serio?».

No me digné a responder a eso. Tiré el móvil a un lado, enterré la cara en la almohada y lloré hasta que se me quedó la garganta irritada.

Unos cuantos días más tarde, Ruby me sugirió que quedáramos para comer y hablar de la situación.

«¿Qué es lo que hay que hablar? —pensé amargamente—. Has echado a papá de casa porque estás obsesionada con Jodi. Y ahora todos los demás tenemos que recoger los pedazos».

Reuniendo todo el valor que poseía, rechacé su invitación.

«¿Cómo es que no quieres quedar conmigo?».

«Ha sido una época difícil para mí. Ahora mismo lo único que puedo hacer es hablar por mensajes».

«Me preocupa que los mensajes den pie a que muchas cosas puedan malinterpretarse».

Lo dejé ahí, incapaz de seguir hablando con ella.

Mientras los días se convertían en semanas, comencé a reflexionar sobre el papel que había tenido Kevin en todo aquello. Él era de todo menos perfecto. A lo largo de los años, había cometido su buena cantidad de errores, permitiendo el pensamiento tóxico de Ruby y absteniéndose de intervenir mientras ella nos arrollaba a todos. Había sido su fiel sirviente, había consentido todos y cada uno de sus caprichos, por poco razonables que pudieran ser. Pero él nunca había sido un hombre egoísta. De hecho, su mayor debilidad era su altruismo: siempre daba y daba, hasta que ya no quedaba nada. Y ahora se había exiliado por voluntad propia, cortando todo contacto con nosotros, sus hijos, para complacer a su mujer y para protegernos del vil monstruo que Jodi le había hecho creer que era.

Había dicho que sería temporal, un año para centrarse en su crecimiento personal antes de volver con su familia. Pero yo sabía que Ruby jamás le permitiría regresar, sin importar cuánto tiempo pasara. Aquello era un billete solo de ida. Era algo permanente.

Hasta este día, todavía me sigue pareciendo un milagro que sobreviviera a la miseria de su exilio y no terminara con todo. Un pensamiento escalofriante ha cruzado mi mente desde entonces: a lo mejor eso era lo que querían Jodi y Ruby. A lo mejor tenían la esperanza de que… desapareciera. Para siempre.

CAPÍTULO 35

El paquete de provisiones

Mientras el verano se convertía en otoño, me encontré enfrentándome a un nuevo capítulo de mi vida: el segundo año en la universidad. La relativa seguridad de la vida en la residencia había quedado ahora atrás, reemplazada por la temible perspectiva de vivir fuera del campus. Me mudé a un piso pequeño con dos chicas, compañeras estudiantes que había conocido en el campus, y las tres nos embutimos en dos habitaciones como sardinas en una lata.

El estrés de la mudanza, agravado por el drama familiar continuado, me hacían sentir frágil y vulnerable. Pero nada me podría haber preparado para la conmoción que me esperaba en nuestro nuevo cuarto de baño. Lo que inicialmente había confundido con masilla mal aplicada en las paredes resultó ser moho negro que se extendía por las superficies como una invasión alienígena, incrementando mi ansiedad al máximo.

Con el pánico creciendo dentro de mi pecho, hice lo impensable: llamé a Ruby. Mientras el teléfono sonaba, me di cuenta de lo desesperada que tenía que estar para acudir a ella en busca de ayuda.

—Mamá —dije de sopetón con la voz rota—. No puedo vivir aquí. ¡Me voy a morir por el moho negro!

Las palabras me salieron atropelladas, como un torrente, en tono de súplica para que me ayudara, y también con una emotividad algo exagerada e infantil nacida del miedo y el agobio.

No sé qué esperaba. Consuelo, tal vez. Puede que hasta un ofrecimiento para acudir a ayudarme a arreglar aquel desastre. Pero lo que recibí fue a Ruby en estado puro: nada de simpatía, tan solo una fría lista de consejos de limpieza explicados con su tono indiferente.

—Ahora que tienes dieciocho años —dijo en un tono desprovisto de cualquier clase de calidez maternal—, es hora de que empieces a cuidar de ti misma.

Y traté de hacer precisamente eso, lo mejor que pude, junto a mis dos compañeras de piso, cada una de nosotras enfrentándonos a nuestros propios demonios en nuestro piso estrecho y mohoso.

Una de ellas tenía veintiséis años, y tenía el ánimo por los suelos por seguir estando atrapada en un campus para el que era demasiado mayor desde hacía mucho tiempo. La otra era un pilar de la fe andante y parlante que vivía sus principios de la Iglesia de Jesucristo de los Santos de los Últimos Días con una intensidad tan animada y obstinada que hasta yo —alguien a quien los valores conservadores no le resultaban desconocidos— me quedé impresionada por cómo se lanzaba a por el mando a distancia para presionar el botón de avance rápido durante los besos en las películas para todos los públicos.

Éramos una pequeña hermandad de tres miembros, y las tres muy estresadas y muy diferentes entre nosotras, pero encontré un gran consuelo al no estar sola, una extraña clase de tranquilidad en la compañía de esas jóvenes mujeres.

Compartí con ellas algunos fragmentos de mi historia; por ejemplo, sabían que no me hablaba con Ruby. Pero el auténtico alcance de mi drama familiar siguió estando bajo llave; era demasiado pesado como para compartirlo.

No sabían nada sobre los mensajes sin respuesta que le enviaba a mi padre, aunque cada uno de ellos era una súplica desesperada por recibir alguna señal de que todavía se preocupaba por mí, de que yo no estaba muerta para él.

Y, en cuanto a Derek, él era un secreto que guardaba con celo. Me resultaba fácil imaginar cómo abrirían los ojos y fruncirían los labios con una desaprobación mal disimulada si lo descubrieran. Contárselo —a ellas o a cualquiera, ya que estamos— invitaría a un juicio para el que no estaba preparada.

Ni siquiera podía encontrar las palabras para explicar a mis compañeras de piso lo que estaba pasando con Chad, que, según había descubierto gracias a un trabajo de detective encubierto que involucraba a algunos vecinos comprensivos, no estaba viviendo con Kevin, como me habían dicho. Estaba compartiendo piso con otros chicos en un complejo de apartamentos en Provo, prácticamente a la vuelta de la esquina de donde estaba viviendo yo.

Cuando lo descubrí, mi cerebro casi cortocircuitó. Me consumía una necesidad urgente de encontrarlo y hablar con él. Si estaba viviendo solo, ¿eso significaba que se había alejado de Ruby y también de Kevin? Y, lo más importante de todo, ¿estaba bien?

Me estrujé el cerebro, tratando de pensar en alguien que pudiera tener alguna información sobre la dirección de Chad. Recordé que uno de nuestros vecinos era un arrendador importante de Provo y algo me decía que tal vez hubiera ayudado a mi hermano a conseguir su piso.

Le mandé un mensaje.

«¿Por casualidad sabes dónde está viviendo Chad? Si es así, por favor, POR FAVOR, ¿puedes decírmelo? ¡Es urgente!».

Su respuesta fue frustrantemente reservada, con un tono neutral que me resultaba perturbador.

«Te puedo confirmar que está viviendo en una de mis propiedades. Pero, como comprenderás, me temo que no puedo darte la dirección por los acuerdos de confidencialidad».

Pero después, de la nada, recibí un mensaje de un número desconocido.

«Edificio 6, apartamento 38».

Hasta hoy, sigo sin tener ni idea de quién me envió ese mensaje.

Saqueé la cocina y llené una bolsa de las comidas favoritas de Chad: Doritos, Oreos y esas extrañas galletas de queso que devoraba a puñados. Entre los aperitivos metí una carta en la que le abría mi corazón: mi amor por él, mis miedos sobre la implosión de nuestra familia y mi promesa inquebrantable de permanecer a su lado, como hermana mayor y como amiga. Con esa cuerda salvavidas empaquetada, me subí al coche y fui a toda velocidad hasta su apartamento.

Había calculado mi visita para cuando pensaba que iba a estar fuera, con la intención de dejar el paquete y la carta sin tenderle una emboscada. El plan era darle espacio para que lo procesara todo a su propio ritmo.

Sin embargo, cuando llamé a la puerta del apartamento número treinta y ocho, uno de los compañeros de piso de Chad abrió y vi a mi hermano en la cocina, detrás de él. El corazón me dio un vuelco al ver su rostro familiar; la misma sonrisa que había iluminado tantos de mis días, los ojos que habían centelleado de forma traviesa durante incontables bromas compartidas. Mis ojos se clavaron en los suyos, que tenía muy abiertos por la sorpresa mientras se acercaba a la puerta con lentitud.

—¿Shari? —susurró—. ¿Qué estás haciendo aquí? ¿Cómo me has encontrado?

Tragué saliva con fuerza, sintiéndome de pronto como una intrusa.

—¿Podemos hablar? Por favor… —le pedí con voz ligeramente temblorosa.

Durante un momento, pensé que iba a cerrarme la puerta en la cara, a decirme que me largara, pero, en vez de eso, salió al pasillo y me miró con cautela.

—Te echo de menos, Chad —dije con las lágrimas desbordándose.

—¿Qué hay en la bolsa? —me preguntó sin emoción alguna en su voz.

—¡Comida! —gorjeé, esgrimiendo una falsa alegría—. Ya sabes, para ese pozo sin fondo que llamas estómago. Toma.

Él negó con la cabeza, rechazando la bolsa.

—No hace falta, Shari. ¿Qué estás haciendo aquí?

Podía sentir la tensión que irradiaba de él; la sospecha y la furia hirviendo a fuego lento, a pesar de su actitud cuidadosamente controlada. «¿Qué mentiras habrán utilizado para ponerlo en mi contra?», me pregunté con el corazón contrayéndose de forma dolorosa dentro del pecho.

Respiré hondo mientras trataba de ordenar mis pensamientos. Entonces las palabras que llevaba tanto tiempo conteniendo salieron de golpe.

—¡Estoy aquí porque nuestra familia se está yendo a pique! ¡Porque nuestra madre es una maltratadora, Chad!

Él abrió mucho los ojos y un destello de algo cruzó su rostro… ¿Reconocimiento? ¿Negación?

—Shari, venga ya…

Yo seguí presionándolo, desesperada por hacer que lo comprendiera.

—Papá se ha marchado… La forma en que mamá y Jodi lo han aislado, la forma en que nos han separado a todos los hermanos… En el fondo tienes que saber que algo va muy mal en casa.

Chad cruzó los brazos por encima del pecho, con la mandíbula muy apretada. El gesto me resultaba tan familiar, me recordaba tanto a mi madre que hizo que me doliera el corazón.

—Aquí no hay nada que vaya mal, lo único que ocurre es que algunos de nosotros tenemos que mejorar y aprender a asumir nuestras responsabilidades.

Acerqué la mano y la dejé flotando a unos centímetros de su brazo.

—Chad, por favor… Escúchame…

Él se apartó de mi mano como si pudiera quemarle, y sus ojos brillaron con una mezcla de furia y algo que se parecía sospechosamente al miedo.

—¡Estoy tratando de protegerte! —susurré—. ¿No te das cuenta de que mamá y Jodi son peligrosas?

Chad se rio.

—¿«Protegerme»? Me va bien, Shari. Tengo dos trabajos, estoy pagando mis facturas. —Sus ojos me miraron de arriba abajo, críticos y fríos—. Deberías preocuparte por ti misma.

—¿Por qué le eres tan leal después de todo lo que te ha hecho?

—Es nuestra madre, Shari. —Abrí la boca para responder, pero Chad levantó una mano y me interrumpió—. Deberías marcharte —dijo de forma tajante, bajando la voz.

Luego se dio la vuelta, entró en el apartamento y cerró la puerta tras él.

Yo me quedé ahí plantada, mirando esa puerta cerrada y aferrando el paquete de provisiones que le había llevado, mientras trataba de ordenar mis pensamientos. Me sentía demasiado drenada, y la esperanza que había sentido tan solo unas horas antes se había desvanecido. A pesar de la alegría de ver a mi hermano, la frialdad de sus ojos me resultaba devastadora. Me quedaba dolorosamente claro que toda mi familia se había puesto en mi contra. Quería gritar, golpear la puerta hasta que me sangraran los puños, obligarlo a escucharme. Se me tensó el pecho y cada vez que respiraba tenía que luchar contra el nudo creciente de pánico. Necesitaba salir de allí. Necesitaba tumbarme.

Mientras estaba volviendo a mi apartamento, mi móvil vibró; había recibido un largo mensaje de texto de Ruby. Chad tenía que haberle contado que lo había encontrado. Ella había retorcido mis acciones, convirtiendo mis intentos de proteger a mi hermano en un ataque malicioso. El hecho de que la hubiera llamado «maltratadora» parecía haber metido el dedo en la llaga.

«Shari, llevas engañándome desde hace ya bastante tiempo. Ahora tiene sentido por qué no querías hablar conmigo… ¡No podías lidiar con tu duplicidad! Me queda claro que no estás interesada en formar parte de nuestra familia y que has decidido desconectarte de nosotros yendo por ahí tratando de hacernos daño a los demás miembros de la familia.

»Tus decisiones me provocan un gran dolor y un sentimiento de gran pérdida. Voy a respetar tu deseo de desconectarte. La desconexión significa que no tienes ningún interés en estar cerca de mí y de la familia. No tienes derecho a desconectarte emocionalmente y contar cuentos sobre tu madre… y después recibir los beneficios de la conexión familiar y financiera que yo te proporciono.

»Me he enterado de que me has llamado "maltratadora". Madre mía, Shari, esa palabra está demasiado cargada de significado. Me duele que seas capaz de utilizarla sabiendo el sufrimiento que me puede causar esa mentira.

»Esta es mi forma de invitarte con mucho cariño a ver la realidad en la que te encuentras. No tienes derecho a utilizarnos a mí ni a ningún miembro de mi familia. Cuando estés dispuesta a ser humilde y reconozcas tu hostilidad y tus engaños, yo estaré abierta a hablar contigo.

»Seguiré rezando por ti. Pareces ser un alma demasiado perdida. Ni siquiera sabes dónde está el enemigo. Tu arrogancia te ha impedido hacer caso de mis advertencias.

»Con cariño,

»Ruby

Lancé el móvil contra la cama, con la pantalla todavía iluminada con las palabras de Ruby. Me temblaban las manos mientras abría cajones, cogía puñados de ropa y los metía en una bolsa de viaje. Ya no podía seguir allí, sabiendo que Chad estaba tan cerca y al mismo tiempo tan lejos. Y mi madre… Sus palabras resonaban en mi cabeza, llenas de una crueldad que parecía haberse incrementado, si es que eso era posible.

Mientras me colgaba la bolsa sobre el hombro, capté un vistazo de mi imagen en el espejo. La chica que me devolvía la mirada parecía perdida, vacía por dentro. Apenas era capaz de reconocerla. Con la respiración temblorosa, aparté los ojos de allí.

—Escuchad, ¡me voy a pasar unos días con unos amigos! —les grité a mis compañeras de piso.

Cerré la puerta de golpe detrás de mí antes de que pudieran preguntarme por qué.

CAPÍTULO 36

Complacencia

Después de marcharme del piso, conduje directamente hasta la casa de la familia Haymond, mi santuario en mitad de la tormenta. Cuando les pregunté si podía quedarme un tiempo con ellos, me dieron la bienvenida sin dudarlo ni interrogarme. Capté un destello de preocupación en sus ojos; se daban cuenta de que las cosas con mi familia habían empeorado. Pero sabían que era mejor no curiosear, y se limitaron a ofrecerme el tranquilo consuelo de su presencia y la seguridad de su casa. Mientras dejaba mi bolsa en la habitación de invitados, el nudo de mi pecho se aflojó un poco, permitiéndome respirar de verdad por primera vez desde que me había marchado de mi piso.

Sin embargo, y por alguna razón, a Derek no parecía gustarle que estuviera allí. Un mensaje resplandeciente en mi pantalla decía:

«Espero que no te quedes más tiempo de la cuenta.
No deberías ser una carga para los Haymond.
Son buena gente, pero todo el mundo tiene sus límites».

Sus palabras se quedaron en mi mente, venenosas y persistentes.

De pronto, cualquier gesto amable de los Haymond quedó manchado. ¿Sus sonrisas parecían tensas? ¿De verdad sus bienvenidas eran sinceras del todo? ¿Y si pensaban que yo era un parásito que se aprovechaba de su generosidad?

Acabé poniéndome a analizar cada interacción, en busca de señales de resentimiento o hartazgo. La calidez de su casa se me antojaba precaria, como una frágil burbuja que podía explotar en cualquier momento.

Arrinconé a la señora Haymond en la cocina, con los ojos muy abiertos y suplicantes.

—¿Está segura de que le parece bien que esté aquí? —le pregunté—. Puedo marcharme si quieren. O pagar un alquiler.

—Shari, eres muy muy bienvenida aquí. No hay ningún problema —me respondió, trasteando alrededor del fregadero.

—¿Está total y absolutamente segura? —insistí.

—¡Cielo! —llamó a su marido, que estaba pasando el rato en el garaje—. ¿Puedes venir aquí un momento? Necesito que le digas una cosa a Shari. —El señor Haymond entró en la cocina con cara preocupada—. Escucha, necesito que le digas a Shari que no es ninguna carga, que es bienvenida aquí y que puede quedarse todo el tiempo que haga falta. Creo que necesita oírlo de boca de los dos.

La expresión de su marido se suavizó, y se giró hacia mí.

—Shari, ahora eres parte de esta familia, te guste o no —dijo—. Vas a tener que aguantarnos, ¿me entiendes? Y no querríamos que fuera de otra manera.

Podía sentir las lágrimas acumulándose en mis ojos, el nudo creciendo en mi garganta. «¿Esto es lo que se siente? —pensé, y mi corazón se hinchó con un amor feroz y doloroso—. ¿Esto es lo que se siente cuando tienes gente en tu vida que se preocupa de verdad por ti?».

A pesar de la amabilidad de los Haymond, no podía olvidarme de las palabras de Derek. No dejaba de escribirme, y cada mensaje era como un dardo meticulosamente creado para sembrar dudas. «Estoy seguro de que tan solo están siendo educados», me escribía, o «Ya sabes que la gente empieza a coger manía a los invitados después de un tiempo».

En el fondo, yo sabía que lo más probable era que sus comentarios tuvieran su origen en los celos; no podía soportar la idea de que hubiera encontrado consuelo y apoyo en alguien que no fuera él. Aun así, y a pesar de que reconocía sus motivos, no podía obligarme a plantarle cara o pedirle que parara. En vez de eso, respondía para expresar mi conformidad sin comprometerme a nada, tragándome mi frustración. Parecía más fácil, más seguro, permitirle que dijera lo que quisiera en vez de discutírselo y arriesgarme a provocar su ira.

—Shari, ¿alguna vez has oído hablar de la respuesta de complacencia? —me preguntó Dana, mi terapeuta.

—¿La respuesta de complacencia? —repetí, y negué con la cabeza—. ¿Qué es eso?

—Mira, es muy común que hablemos de los instintos de lucha, huida o parálisis como respuestas ante el trauma. Pero existe una cuarta: la complacencia. Es cuando una persona trata de complacer o apaciguar a su maltratador para evitar un conflicto o seguir sufriendo más daño. —Dana se inclinó hacia delante, con los ojos amables, pero decididos—. La complacencia se puede manifestar como expresar que estás siempre de acuerdo con los demás, a pesar de que por dentro no estés de acuerdo. Consiste en tratar de mantener la paz constantemente, en poner las necesidades de los demás por encima de las tuyas, incluso cuando eso te haga daño. La gente complaciente a menudo acaba estando hipersintonizada con los cambios de humor de otras personas y tratan de anticiparse a sus necesidades para poder cubrirlas antes incluso de que las expresen. —Sentí que se me cortaba la respiración mientras continuaba—. En situaciones de maltrato, la complacencia puede manifestarse, por ejemplo, sonriendo o asintiendo con la cabeza mientras estás gritando por dentro. La persona hace todo lo que sea necesario para mantener contento a su maltratador, porque ha aprendido que es la forma más segura de sobrevivir. ¿Algo de esto te resulta familiar, Shari?

—Madre mía —susurré. Mi voz apenas era audible—. Esa… esa soy yo. Eso es lo que he estado haciendo toda mi vida.

Dana asintió con la cabeza en señal de apoyo, dándome espacio para procesar aquella revelación.

—Es una respuesta común ante un maltrato prolongado o un trauma. Reconocerlo es el primer paso para cambiar el patrón.

Me quedé ahí sentada, aturdida, mientras años de recuerdos encajaban de repente en su sitio con ese nuevo entendimiento.

—¡Esa debe de ser la razón por la que nunca me enfrento a Derek! —exclamé. Las palabras salieron de mi boca antes de que yo pudiera detenerlas—. Lo único que hago es complacerlo y asegurarme de que sea feliz. Porque eso me parece más seguro.

—Shari…, ¿quién es Derek?

Me llevé la mano a la boca y se me llenaron los ojos de lágrimas al darme cuenta de mi desliz. «No, todavía no estoy preparada para hablar de esto».

—¿Es el amigo que mencionaste hace unas cuantas sesiones? ¿El hombre mayor? —Negué con la cabeza, incapaz de devolverle la mirada. Dana me dio un pañuelo—. No pasa nada. Ve a tu propio ritmo. Estoy segura de que todo esto debe de ser muy abrumador. Y no tienes que hablar de ello a menos que quieras hacerlo. Pero pensé que comprender este patrón de complacencia podía ayudarte.

Asentí con la cabeza, secándome los ojos.

Cuando la sesión terminó, sentí una extraña mezcla de vulnerabilidad y alivio. Por fin había pronunciado el nombre de Derek en la consulta, aunque no estuviera preparada para decir nada más. Pero ahora comprendía por qué no podía decirle que no, por qué nunca lo rechazaba ni mostraba mi furia; no era debilidad, era un patrón grabado en mi ser después de haberme pasado años bajo el control de Ruby. De una forma u otra, iba a tener que averiguar cómo romperlo.

CAPÍTULO 37

Enfrentamiento

> Además, me dieron hiel para comer, y para la sed me dieron a beber vinagre.
>
> SALMOS 69, 21, BIBLIA

El ansia de venganza de mi madre era legendaria, y yo sabía que no dudaría en apretar el gatillo si creía que era necesario. Todas las señales estaban ahí. Ya había dejado de firmar sus mensajes como «mamá», y en su lugar optaba por un frío e impersonal «Ruby». Yo sabía lo que significaba eso. Sabía lo que iba a pasar. Ella siempre tenía que decir la última palabra. Tenía que ganar. Y más me valía prepararme para lo que iba a pasar. Iba a cortar los lazos conmigo, al igual que había hecho con Kevin y con sus padres y hermanas.

Entonces fue cuando recordé que ella tenía acceso a mi cuenta bancaria.

Todo mi dinero, hasta el último centavo que yo había ganado y ahorrado, se encontraba en una cuenta que Ruby podía vaciar en cualquier momento. «Tengo que sacar mi dinero de ahí», decidí. Esa noche de principios de septiembre, me dispuse a transferir cada centavo a una cuenta nueva, una que estuviera solo a mi nombre. Cuando presioné el botón de confirmar, me encogí de miedo. Mi madre era una maestra de las represalias. En cuanto se diera cuenta de lo que había hecho, me castigaría.

A la mañana siguiente llegó un correo electrónico a mi bandeja de entrada, un mensaje del agente del seguro de nuestra familia.

> «Shari, tu madre me ha pedido que te saque de la póliza de seguro del coche de la familia. Tiene efecto inmediato, así que vas a tener que contratar tu propio seguro. Por favor, no conduzcas hasta que lo hayas hecho».

La indignación ardía con fuerza en mis venas. «¿Quién es capaz de impedir que su hija pueda conducir sin avisarla primero?», pensé. Entonces me di cuenta de que tenía un problema mayor entre manos. «Los papeles de mi coche siguen estando en casa y, para contratar un seguro, necesito esos malditos papeles». La idea de tener que enfrentarme a Ruby, de tener que rogarle y suplicarle para que me diera lo que era mío por derecho propio, hizo que se me pusiera la piel de gallina. Pero no tenía elección. Había llegado el momento de arrastrarme.

Escribí un correo electrónico con palabras dolorosamente educadas y escogidas con mucho cuidado. Sumé al presidente de nuestra congregación, Jim Nelson, a la cadena de mensajes, para que me proporcionara apoyo emocional. Sabía que era menos probable que Ruby ignorara el mensaje si había alguien poderoso involucrado.

> «Mamá, voy a contratar mi propio seguro para el coche y me gustaría tener los papeles del coche como prueba de que es mío. ¿Me los puedes hacer llegar de alguna forma?».

Le di al botón de enviar y esperé, con el corazón palpitando con fuerza en el pecho. Y entonces, después de lo que me pareció una eternidad, llegó la respuesta:

> «Shari, añadir al presidente Jim Nelson a esta cadena de mensajes no es más que otro ejemplo de tus mentiras y tu manipulación... Tan solo me estás pidiendo los papeles de tu coche, y no tengo ningún inconveniente en hacértelos llegar. Podrías habérmelos pedido sin más. Has estado demasiado empeñada en engañar y en crear caos, dolor, destrucción y agitación. Mi propia hija se ha puesto en contra de la Verdad y de mí. Y las consecuencias están siendo devastadoras para tus hermanos.
>
> Shari, yo soy tu madre. De lo único que me puedes culpar es de haberte enseñado la Verdad. La Verdad es lo único que importa en esta vida y tú has luchado contra ella desde que eras pequeña. Me rompe el corazón que estés en guerra contra Dios. El Señor te ha bendecido con una mente despierta, y me destroza verte utilizar esa mente para luchar contra la Verdad.
>
> Le daré los papeles a Pam. Puedes pedírselos cuando quieras».

Le mandé un mensaje a Pam, con las palabras cuidadosamente neutrales y corteses. ¿Cómo podía comenzar una conversación como aquella, que en realidad era una negociación, con una persona que tenía algo que yo necesitaba tanto?

> «Hola, Pam, Ruby me ha dicho que te ha dejado unos documentos para que yo los recoja. ¿Te viene bien alguna hora en concreto para que pueda pasarme a por ellos? Gracias. Shari».

Su respuesta llegó con rapidez, dándome un día y una hora de la semana siguiente para que me pasara por su casa. «Ha sido fácil —pensé, y me sentí un poco mejor—. Me pasaré un momentito, recogeré mis documentos y acabaré con todo este lío...».

Pero ocurrieron un par de cosas antes de que pudiera ir a recoger mis papeles del coche.

La situación en casa había empeorado. Con Kevin fuera y Ruby cada vez más ausente, sentía una creciente sensación de temor por el bienestar de mis hermanos pequeños. La gota que colmó el vaso cayó cuando un vecino me informó de que los niños se habían quedado cinco días solos mientras Ruby estaba fuera, haciendo Dios sabía qué con Jodi.

Me quedé aturdida. Cinco días. Sin supervisión adulta. Sin nadie que se asegurara de que comieran, de que estuvieran a salvo, cuidados... La idea de mis hermanos pequeños arreglándoselas solos durante casi una semana hizo que me hirviera la sangre. En ese momento, supe que tenía que hacer algo, y al cuerno con las consecuencias.

Llamé por teléfono al Departamento de Servicios para la Infancia y la Familia para pedir que comprobaran el bienestar de mis hermanos. La policía fue a casa, llamó a la puerta y miró por las ventanas. Me informaron de que los niños estaban allí y que, al parecer, todos se encontraban bien. Me sentí aliviada de que no les pasara nada, pero frustrada porque no hubieran emprendido ninguna acción. Aunque tal vez no hubiera ninguna ley específica en contra de dejar a menores de edad solos, sin duda cinco días tenían que traspasar alguna clase de límite, ¿verdad?

Mi alivio fue breve. De alguna manera, Ruby descubrió que era yo quien había llamado al Departamento de Servicios para la Infancia y la Familia, y ahora estaba en pie de guerra. No sabía cómo lo había averiguado, pero quería clavar mi cabeza en una pica.

Ahora yo me encontraba en la incómoda posición de tener que enfrentarme a Pam para recoger los papeles del coche sabiendo lo furiosa que estaba mi madre conmigo. Como si la situación no fuera ya lo bastante incómoda.

Me paseé de un lado a otro por la sala de estar de los Haymond, probablemente desgastando la alfombra hasta hacerle un agujero mientras mi cerebro trabajaba a toda máquina, evocando toda clase de situaciones terribles. «¿Qué pasa si Pam se niega a entregarme los papeles? —pensé—. ¿Qué pasa si trata de utilizarlos como moneda de cambio para obligarme a estar de nuevo bajo el control de Ruby?».

Presa del pánico, le mandé un mensaje a Pam, rezando y esperando que mi madre se hubiera sentido demasiado avergonzada por haber dejado solos a mis hermanos como para habérselo contado.

> «Hola, Pam, necesito tener los papeles del coche cuanto antes, pero hoy tengo muchas cosas que hacer y voy con prisas, ¿sería posible que me los dejaras en tu buzón para que yo pueda recogerlos? Gracias de nuevo. Shari».

Su respuesta fue rápida y tajante:

> «Desde luego que no, Shari. Estos documentos tienen valor legal, y no quiero correr el riesgo de que alguien los robe o que se pierdan. Vas a tener que venir a mi casa para recogerlos en persona. Nos vemos en la fecha y la hora acordadas. Pam».

Como si la situación no fuera lo bastante estresante, unos días antes de cuando se suponía que tenía que ir a recoger los documentos, Reddit explotó: se había corrido la voz de que Kevin y Chad ya no estaban viviendo en casa, e internet, con su apetito insaciable por nuestro drama familiar, se había aferrado a esa información. Los rumores se estaban extendiendo. La gente había comenzado a formular teorías en Reddit y otros foros sobre lo que estaba ocurriendo, cuestionando mi papel en todo aquello.

Al tener que enfrentarme a la especulación creciente, me sentí obligada a dejar clara mi posición, de modo que publiqué una historia en Instagram:

> Sé que hay muchos rumores circulando por internet acerca de mi familia. Aunque es cierto que ya no estoy en contacto con ellos, y que no apoyo las creencias extremas de ConneXions, por favor, recordad que esta es mi familia de verdad. A pesar de vuestras buenas intenciones, la especulación, los rumores y los cotilleos no nos ayudan. Me gustaría pedir privacidad para mí y para mi familia mientras tratamos de resolver esta situación tan complicada. Por favor, sed conscientes de que hay muchas personas trabajando en esta situación, y tengo la esperanza de que algún día podamos estar unidos de nuevo. Por favor, respetad mi privacidad mientras trabajo también en mi propia sanación.

Sabía que, al publicar esta declaración, estaba quemando por completo cualquier puente endeble que pudiera haber quedado entre Ruby y yo. Pero algo había cambiado dentro de mí. La necesidad de luchar por lo que creía, de distanciarme de mi madre y de Jodi, y de todo lo que ellas representaban, se había vuelto más fuerte que mi miedo a las consecuencias.

Cuando la publiqué, sentí una mezcla de terror y euforia. Era como si hubiera saltado por un acantilado, sin saber si debajo había agua o rocas. Pero, por primera vez en mucho tiempo, sentía que estaba siendo fiel a mí misma. Fuera lo que fuera lo que ocurriera a continuación, iba a enfrentarme a ello.

El corazón me latía con fuerza mientras me acercaba a la señora Haymond, que estaba en la cocina. Las palabras pesaban en mi boca, pero me obligué a pronunciarlas.

—Señora Haymond —empecé a decir con voz débil y temblorosa—, hoy tengo que ir a recoger unos documentos a casa de Pam. ¿Sería posible…? ¿Sería posible que viniera conmigo? No creo que sea capaz de hacerlo sola, y se supone que no debería conducir sin tener seguro.

Su expresión se suavizó y sus ojos se llenaron de una compasión en la que había aprendido a confiar.

—Claro que voy a ir contigo, Shari. Vamos a hacer esto juntas.

El trayecto en coche hasta la casa de Pam se me pasó volando. Mientras subíamos los escalones de la entrada, me daba la sensación de que cada pisada me estaba acercando más a alguna confrontación inevitable. Me temblaba la mano mientras llamaba a la puerta.

Cuando se abrió, mis peores temores quedaron confirmados. Ahí se encontraba Pam, mirándome con desaprobación. Pero fue la figura que había tras ella lo que hizo que se me helara la sangre en las venas. Ruby, mi madre, se alzaba alta y regia, con los papeles del coche aferrados en la mano como si fueran rehenes.

Era una emboscada.

—Hola, Shari —dijo Ruby con una falsa dulzura.

Tragué saliva con fuerza; de pronto tenía la boca tan seca como el papel de lija.

—¿Puedes darme los papeles, por favor? —pregunté mientras le tendía la mano, esforzándome por conseguir que no temblara.

Ella entrecerró los ojos.

—Espera un momento. No voy a darte los papeles hasta que escuches lo que tengo que decirte. Pasa. Vamos a tener una pequeña charla.

En ese momento, sentí una oleada de fuerza que no sabía que poseía.

—No —respondí con la voz temblorosa, pero clara—. No voy a entrar. Si quieres hablar, podemos hacerlo aquí fuera.

Nos quedamos ahí plantadas las cuatro, en el porche delantero de Pam, atrapadas en un estrambótico punto muerto. Ruby, aferrando mis documentos como un arma. Pam, revoloteando como una sombra. La señora Haymond, calmada e imperturbable detrás de mí, un silencioso pilar de apoyo. Y yo, temblando como una hoja, pero negándome a ceder.

La cara de mi madre se retorció de furia y dolor.

—No me puedo creer que hayas enviado a la policía a casa —comenzó, alzando la voz—. Después de todo lo que he hecho por ti, de tantos sacrificios… ¿Cómo has podido traicionarme de esta manera, Shari? ¿Cómo has podido ser tan egoísta?

Podía sentir la presencia firme de la señora Haymond detrás de mí, recordándome que no estaba sola, que tenía apoyo más allá de la red tóxica de mi familia.

—¿Egoísta? —repetí, encontrando la fuerza que necesitaba—. Estaba preocupada por mis hermanos. Han estado solos durante cinco días, mamá. ¡Cinco días!

—Tus hermanos están bien —me espetó—. Son lo bastante mayores como para cuidar de sí mismos. El problema aquí eres tú, Shari. Tu envidia, tu necesidad de atención…

Sentí una burbuja de risa histérica elevándose en mi garganta. ¿Cómo podía retorcer aquello para echarme a mí la culpa? Pero, claro, ¿acaso no era eso lo que hacía siempre?

—El problema no soy yo —dije con más seguridad de la que sentía—. El problema es que mis hermanos corrían peligro estando solos. El problema es que hay que hacer lo correcto.

Los ojos de Ruby brillaron de forma peligrosa.

—¿Lo correcto? Tú no tienes ni idea de lo que es lo correcto. No eres más que una niña jugando a ser adulta. Ahora tus hermanos te tienen miedo porque llamaste a la policía para que se los llevaran. —Su rostro se endureció y sus labios se retorcieron en una mueca—. Algún día, Shari, volverás a mí a rastras. Suplicando mi perdón. Y para mí será difícil concedértelo, pero seré benévola.

—¿Perdón por qué, mamá?

—Estás contando mentiras sobre mí, y esas mentiras se están extendiendo como semillas de diente de león por el campo. Las malas hierbas van a salir a la superficie y algún día vas a tener que volver atrás para cortarlas y vas a tener que pedirme disculpas.

—No voy a disculparme por decir la verdad —repliqué con firmeza, pero sin elevar la voz.

—¡¿Cómo te atreves a ponerte en contacto con Chad y con Kevin a mis espaldas?! —siseó, y unas gotas de saliva salieron volando de entre sus labios.

—Ellos también son mi familia. Tú no tienes derecho a dictar con quién puedo y no puedo hablar.

Podía sentir mi furia creciendo, ardiente y feroz dentro de mi pecho.

Ruby soltó una risotada brusca y desprovista de alegría.

—¿Tu familia? ¡Por favor! Has dejado completamente claro que no quieres tener nada que ver con esta familia. Eres una traidora, Shari. Una judas entre nosotros. —Podía sentir las lágrimas cayendo por mi cara, calientes y pegajosas sobre mis mejillas—. Tú siempre me has odiado —susurró—. Desde que tenías cinco años… Podía verlo en tus ojos. Tu forma de mirarme, tu forma de juzgarme. Nunca has agradecido nada de lo que he hecho por ti, todos los sacrificios que he hecho.

—Eso no es cierto —dije con voz estrangulada—. Nunca te he odiado, mamá. Tan solo te tenía miedo.

Ella negó con la cabeza.

—Eres como los romanos de la Biblia —replicó—. Me das vinagre cuando me estoy muriendo de sed, me crucificas para lograr tus propios objetivos egoístas.

Oí a la señora Haymond murmurando algo entre dientes, algo que se parecía sospechosamente a «¡Oh, por el amor de Dios!». Pero estaba demasiado concentrada en Ruby. Podía sentir que se acercaba un ataque de pánico; se me estaba tensando el pecho y mi visión había comenzado a volverse borrosa.

Mi madre no había terminado.

—Cuando estés preparada para disculparte, para disculparte de verdad, entonces tal vez podamos volver a ser una familia —me dijo—. Pero, hasta entonces, no te pongas en contacto ni con Kevin ni con Chad ni con nadie más de nuestra familia porque no vas a recibir ninguna respuesta.

La señora Haymond dio un paso al frente y habló con la voz calmada, pero firme.

—Ruby, creo que ya es hora de que le des a Shari sus documentos para que podamos marcharnos.

Por un momento, pensé que mi madre iba a discutir, que iba a atacar con otro bombardeo de palabras. Pero había algo en los ojos de la señora Haymond, en su mandíbula apretada, que debió de hacer que se controlara.

Ruby me puso los papeles en la mano, rozándome los dedos con los suyos.

—Toma —dijo con voz fría y distante. Yo aferré los documentos contra mi pecho—. Una última cosa —añadió—. He visto tu historia en Instagram. ¿Puedes prometerme que no volverás a hablar de esto jamás en las redes sociales?

Esperé hasta tener los papeles a salvo en mi bolso antes de responder con voz temblorosa, pero firme.

—No —dije.

Y esa fue la última interacción que he tenido jamás con mi madre.

La señora Haymond caminó junto a mí de vuelta al coche rodeándome firmemente la cintura con su brazo, como si pudiera notar la debilidad de mis piernas.

Mientras me derrumbaba en el asiento del copiloto, el dique se rompió al fin. Me temblaba todo el cuerpo, y comencé a jadear en busca de aire. La señora Haymond no dijo ni una palabra, tan solo puso el coche en marcha y comenzó a conducir, con los nudillos blancos sobre el volante. Las casas, los árboles y los buzones se emborronaban en una neblina.

Había sido repudiada. Desheredada. Era un dolor que iba más allá de las palabras, una pérdida tan profunda que la sentía como una amputación física, como si me hubieran arrancado una parte de mi propia alma.

La mano de la señora Haymond encontró la mía y la sentí cálida y tranquilizadora. No trató de llenar el silencio con tópicos ni intentos vacíos por reconfortarme. No trató de minimizar la enormidad de lo que acababa de ocurrir. Tan solo me cogió la mano, una promesa silenciosa de que iba a estar ahí, con los dedos entrelazados con fuerza alrededor de los míos.

QUINTA PARTE

◇◇◇◇◇◇◇◇◇◇◇◇◇◇◇◇◇◇◇◇◇◇

La caída de los condenados

CAPÍTULO 38

La cámara de eco

DIARIO

Anoche tuve un sueño en el que sentaba a mi hermana más pequeña sobre mi rodilla y le explicaba por qué no podía hablar con la familia por el momento. Le dije que la quería y le pedí que fuera a buscarme algún día. Me desperté y tuve la sensación de que ella había tenido el mismo sueño que yo. Me siento como si la estuvieran guiando.

Además, resulta que hoy también es el cumpleaños de papá. Le he enviado un mensaje al móvil y no esperaba que me respondiera, pero de todos modos me duele que no lo haya hecho. Echo de menos tener a alguien a quien llamar «mamá» y «papá». Me resultaba reconfortante para el corazón, pero ahora he perdido todo eso.

Mi historia de Instagram había desatado un huracán ardiente de cotilleos, y había gente de todas partes metiendo baza con sus opiniones y sus teorías.

«Siempre supe que había algo extraño en esa familia».

«Pobre Shari, me pregunto qué habrá pasado para que le haya dado la espalda a Ruby».

Leí los comentarios, los mensajes privados, las opiniones de esos desconocidos con buena intención. «Ojalá supieran la historia completa de lo que le ha ocurrido a mi familia», pensé con el corazón roto.

Hallé consuelo en el santuario del hogar de los Haymond. Esa familia que me había mostrado una forma diferente de ser, que me había proporcionado una clase de cuidados que hasta entonces no había conocido. Eran unos cuidados que no venían con condiciones previas, que no me exigían tener que esforzarme de formas imposibles para tratar de ganármelos. Eran unos cuidados que me entregaban libremente, sin reservas ni expectativas.

Un día, estaba sentada con los Haymond en la acogedora sala de estar de su casa cuando las palabras se me escaparon de la boca antes de que pudiera detenerlas.

—¿Puedo llamaros mamá y papá? —pregunté tuteándolos y con las mejillas ardiendo.

La cara de ella se iluminó como un árbol de Navidad; tenía los ojos relucientes.

—Ay, cariño —susurró, acercándome a ella para darme un abrazo tan fuerte que casi me aplastó las costillas—. Pues claro que puedes. Para mí sería un honor que me llamaras mamá.

Los necesitaba, a ellos y la estabilidad que representaban. Necesitaba gente que se comportara como una familia de verdad si quería superar todo aquello alguna vez.

—¡Hola a todos! Soy vuestra presentadora, Ruby Franke —dijo mi madre alegremente—. Bienvenidos a un nuevo episodio del pódcast de ConneXions, donde os ayudamos a crear felicidad en vuestra vida y vuestras relaciones. Comenzad vuestro aprendizaje hoy mismo en ConneXionsclassroom.com. También podéis seguirnos en Facebook e Instagram en @ConneXionsCoaching, o uniros a nuestro grupo privado de Facebook, *Moms of Truth with Jodi and Ruby*.

A pesar de todo, Ruby y Jodi seguían insistiendo con su detestable cruzada de las «Mamás de la Verdad», aparentemente ignorantes del hecho de que el mundo entero se estaba poniendo en su contra.

Para que te aceptaran en el grupo de Facebook de las Mamás de la Verdad, tenías que responder preguntas como «¿Estas dispuesta a ser agradecida a la hora de recibir consejos maternales de mujeres experimentadas?». Aun así, y a pesar de los controles, la mayoría de las mujeres de esa página eran trols en secreto, personas extrañamente fascinadas por el narcisismo de Ruby y su crueldad en *8 Passengers* y que sentían curiosidad por lo que estaba tramando ahora.

Personas dispuestas a disfrutar del espectáculo.

—Un niño tiene que responsabilizarse de tres cosas —predicaba mi madre—. Un niño tiene que aprender a dominar sus pensamientos, sus sentimientos y sus comportamientos. Y tiene que aprender a dominarlos en la Verdad, lo que significa que va a ser sincero, que va a ser responsable, que va a ser humilde. Y esa es una gran responsabilidad...

La absoluta hipocresía era abrumadora. Ruby y Jodi se habían coronado a sí mismas como las autoridades definitivas de la maternidad y la familia, pero, a pesar de ello, sus acciones hablaban a gritos sobre su auténtica naturaleza. Jodi, distanciada tanto de su hijo como de su hija, no tenía ningún contacto con sus propios descendientes. Ruby, que había cortado por completo todos los lazos conmigo, ahora estaba ocultando a mis hermanos del mundo; sus vidas estaban envueltas en secretismo y aislamiento.

Internet estaba repleto de reacciones, sobre todo en Reddit, donde los antiguos fans de *8 Passengers* expresaban su conmoción y su repulsión por la trayectoria de mi madre:

«Estas mujeres están completamente LOCAS. La cantidad de volteretas mentales que hacen es impresionante».

«Ruby manipula MUCHÍSIMO. Se cree moralmente superior a todo el mundo».

Sin embargo, mi madre no parecía darse cuenta del clamor. Se había retirado a la cámara de eco que había creado y cortado lazos con cualquier persona que pudiera desafiar su visión del mundo. Había encontrado su papel como discípula devota de Jodi y no parecía que hubiera nada capaz de sacarla de allí.

Su mentora jamás se había declarado explícitamente a sí misma como profeta o deidad, pero la insinuación quedaba muy clara en todas sus palabras y acciones. Se había posicionado a sí misma como la elegida, una salvadora enviada para liderar a los fieles hacia la iluminación. Ruby, por su parte, se había convertido en su más ferviente seguidora. Juntas, se presentaban como si fueran personas omniscientes y todopoderosas, y no permitían ningún desafío a su autoridad.

Mi teléfono sonaba constantemente con mensajes de amigos preocupados y hasta de desconocidos: «¿Cómo están tus hermanos? ¿Se encuentran bien? ¿Estás hablando con ellos?».

Yo no sabía cómo responder. Mis hermanos, a los que una vez había estado tan unida, se habían convertido en unos desconocidos para mí. No sabía nada acerca de su bienestar, de sus vidas diarias ni de dónde estaban siquiera. Nadie sabía cómo estaban; nadie, a excepción de Ruby. Ella era la guardiana que controlaba toda la información sobre la vida de mis hermanos.

Yo no podía proporcionar las respuestas que estaba buscando la gente, y tampoco podía aliviar sus preocupaciones, ni las mías. Tenía que enfrentarme a la realidad de nuestra situación: una familia destrozada, unos hermanos ocultados y una madre que había elegido los delirios en detrimento del bienestar de sus hijos.

CAPÍTULO 39

Abandonados por la justicia

El nudo de mi estómago se tensaba con cada día que pasaba. Había vuelto a la universidad y no podía dejar de pasearme por mi apartamento, preocupada por mis hermanos. Todo apuntaba a que debían estar pasándolo mal bajo el techo de Ruby.

El teléfono me sobresaltó, sacándome de mis pensamientos frenéticos. Miré la pantalla y vi que se trataba de nuestra vecina, la señora Larsen. Con una sensación de pánico, contesté a la llamada.

—Shari, me pareció que debías saberlo —dijo con la voz grave—. Ruby ha sacado a los niños del colegio.

Me sentía como si me hubieran pegado un puñetazo a traición.

—Oh, no... Gracias por contármelo —conseguí decir antes de colgar.

Me desplomé en una silla, aturdida. Entonces el teléfono volvió a sonar. En esta ocasión era la familia Gunderson, los vecinos de enfrente.

—Shari..., siento tener que ser yo quien te lo diga —dijo el señor Gunderson, con tono de disculpa—, pero tu madre ha regalado a Dwight.

—¿Qué? ¡No! —grité. Nuestro alocado y adorable perro cavapoo. Los niños estaban locos por él—. ¿Por qué ha hecho eso?

—Creo que... —El hombre titubeó—. Creo que es para que los chavales no puedan salir, ya sabes... Tenían que sacar a Dwight a pasear por el vecindario. Parece que Ruby no quiere que vean a nadie.

La cuestión era esta: ¿qué más les estaba haciendo? Las posibilidades me hicieron sentirme mareada. Tenía que hacer algo, pero ¿qué? ¿Volver a llamar a la policía? ¿Irrumpir en la casa y plantarle cara yo misma a mi madre?

Una idea demencial se abrió paso en mi mente.

¿Y si volvía a Ruby arrastrándome? ¿Y si fingía que me disculpaba, que me portaba bien, para poder estar con mis hermanos otra vez?

«No —pensé—. No se lo tragaría. No puedo encargarme de esto yo sola. Necesito apoyo, necesito a alguien que tenga una autoridad real».

Cogí el móvil y revisé los contactos hasta que encontré el de los Servicios del Menor. Pulsé el botón de llamada.

—Departamento de Servicios para la Infancia y la Familia. Le atiende Kelly.

—Hola, Kelly, soy Shari Franke. ¿Te acuerdas de mí? Tenemos que hablar. Tengo información nueva sobre mis hermanos y es bastante mala. Necesito que nos ayudes, por favor, antes de que ocurra algo horrible.

Las siguientes semanas fueron una nebulosa de agentes del Departamento de Servicios para la Infancia y la Familia y de abogados; hasta hablaron de contactar con un psicólogo forense. Les relaté los abusos que había sufrido yo misma durante la infancia, cada detalle que podía recordar sobre mi infancia con Ruby, y les dije que me preocupaba que sus crueles métodos de castigos psicológicos y privaciones hubieran empeorado y que ahora mis hermanos estuvieran en un peligro considerable. Estuve hablando hasta que me dolió la garganta, rogándoles que intervinieran antes de que fuera demasiado tarde.

La trabajadora social del Departamento de los Servicios para la Infancia me dijo:

—No tenemos ninguna prueba de que haya habido maltratos físicos. Pero vamos a hacer todo lo posible por poner esto en manos de un juez y sacar a esos niños de allí lo antes posible.

Por primera vez en una eternidad, sentí una pequeña chispa de esperanza. Tal vez, por fin, alguien con poder abriría los ojos y vería lo que estaba ocurriendo. Me dejé el corazón rezando cada día para que mis hermanos aguantaran hasta que las personas apropiadas pudieran reunir las pruebas que necesitaban para pasar a la acción de una vez.

Ese pequeño destello de esperanza quedó apagado por una llamada telefónica que recibí alrededor de un mes y medio más tarde, el 27 de octubre de 2022.

—Shari…, lo siento mucho. —Era Kelly, y sonaba afectada—. Vamos a cerrar el caso. El fiscal del distrito dice que no hay suficientes evidencias contundentes. Si no hay pruebas reales y concretas de que está habiendo maltrato…, tenemos las manos atadas, no son más que conjeturas. Es por esta ley nueva, está haciendo que nos resulte demasiado difícil investigar los casos de negligencia. Lo siento muchísimo.

El teléfono se me escapó de la mano y cayó traqueteando al suelo. Me derrumbé contra la pared mientras los sollozos se apoderaban de mí, y me deslicé hasta quedar aovillada en el suelo. Unas lágrimas calientes caían por mi cara.

—Dios mío —supliqué desesperada mientras respiraba de forma temblorosa—, por favor, ¡ayuda a mi familia! Envíanos Tu luz para que podamos salvarnos.

CAPÍTULO 40

El mausoleo de mamá

¿Qué es el dolor? ¿Está mal? ¿Es algo que hay que evitar? No. El dolor es una oportunidad para el crecimiento. Es un lugar en el que podéis obtener sabiduría acerca de vuestra experiencia, y es una oportunidad para crecer. ¿Alguna vez habéis oído en el gimnasio eso de que «quien algo quiere, algo le cuesta»? Para eso es para lo que sirve el dolor. Es una oportunidad para desarrollarnos, para amoldarnos, para motivarnos. El dolor es un lugar en el que podéis obtener sabiduría. Así que la realidad sobre el dolor es que es necesario. Es un regalo.

JODI HILDEBRANDT, AULA DE CONNEXIONS

El aire fresco de noviembre me mordía las mejillas mientras caminaba por el campus cuando, de repente, una cara familiar apareció ante mí. El profesor Kevin Franke. Mi padre.

Durante los últimos meses, había conseguido mantenerse alejado de mí, a pesar de que todavía daba clase en la Universidad Brigham Young. Habíamos sido como dos fantasmas, vagando en los márgenes de la vida del otro. Pero ahora, pam, ahí estaba, justo delante de mí. Había imaginado aquel momento un millón de veces, tratando de predecir cómo me sentiría, pero me quedé sin aire de todos modos.

Nuestras miradas se encontraron durante una fracción de segundo. Tenía un aspecto horrible. Me dirigió una sonrisa falsa y tensa, y entonces se apresuró a apartar la mirada y comenzó a caminar más deprisa, como si no pudiera alejarse de mí lo bastante rápido. No dijo ni una sola palabra, tan solo me mostró esa mueca patética.

Quería correr detrás de él, cogerlo por los hombros y gritarle a la cara: «¿Estás ciego? ¿Dónde están tus hijos? ¿Es que no te importa lo que les pase?». Pero me quedé donde estaba, paralizada. ¿A quién pretendía engañar? Él apenas era capaz de mantenerse a sí mismo a flote, ¿cómo iba a poder lanzar una cuerda salvavidas a sus hijos mientras se ahogaban? «Déjalo —pensé—. No puede ayudarnos».

El 5 de diciembre, el móvil me vibró con una llamada de nuestra vecina.

—Shari, me pareció que deberías saberlo —dijo con voz vacilante—. Tu madre está metiendo todas las cosas de la casa en cajas. Creo que van a mudarse.

El pánico cerró su puño alrededor de mi corazón.

—¿Qué? ¿Adónde van a ir? ¿Te ha dicho algo?

—Bueno, me preguntó cuál era la tarifa de la comunidad de propietarios; me dijo que estaba pensando en alquilar la casa o venderla. Sé que ha estado poniendo muebles y otras pertenencias en venta por internet.

Le di las gracias y colgué, y entonces empecé a plantearme todas las posibilidades. ¿Es que iba a mudarse con mis hermanos a la casa de Jodi en Ivins? Yo no conocía a nadie allí. No tendría a nadie que pudiera hacerme llegar información sobre cómo estaban mis hermanos. Aunque podía ser peor: ¿y si tenía algo diferente en mente? ¿Y si se esfumaba con mis hermanos, desvaneciéndose del radar por completo? Desaparecidos. «Esto no puede estar pasando —pensé—. No puedo perderlos. ¡No puedo!». Comenzaron a temblarme las manos de forma incontrolable. Las cerré en puños, clavándome las uñas en las palmas, tratando de anclarme a tierra. «Respira, Shari. Respira».

Sentí un nudo en la garganta. Necesitaba ir a casa. No podía permitir que Ruby lo tirara todo a la basura. Todas las cosas de mi infancia, todos mis preciados recuerdos y objetos con valor sentimental, seguían estando en esa casa. Mis pequeños tesoros de nuestros viajes familiares. Las Escrituras que Ruby y Kevin me regalaron cuando me bauticé. Fragmentos de una vida que se habían vuelto un sueño distante que se desvanecía con rapidez. No podía permitir que me borrara por completo. Necesitaba algo a lo que poder aferrarme, cualquier cosa. Alguna prueba de mi pasada existencia.

Escribí un correo electrónico a Ruby, esforzándome por mantener un tono neutral. Le expliqué que me gustaría ir a recoger algunas de mis cosas si era posible. Contuve el aliento y le di al botón de enviar, esperando contra toda esperanza que me respondiera de forma civilizada.

Los días transcurrieron sin ninguna respuesta. El silencio era ensordecedor, burlón. Por supuesto. ¿Por qué iba Ruby a ponerme las cosas fáciles? Al final, ya no pude seguir soportándolo.

—Papá, necesito tu ayuda —le dije al señor Haymond—. Tengo que ir a la casa de Springville para recoger algunas de mis cosas antes de que sea demasiado tarde. ¿Podrías venir conmigo? No creo que pueda hacer esto sola.

—No estás sola, Shari —me aseguró—. Yo iré contigo y recogeremos tus cosas.

Al día siguiente, aparcamos junto al bordillo de la casa donde había crecido. Por suerte, el coche de Ruby no estaba por ninguna parte. El lugar parecía muerto; todas las cortinas estaban cerradas. Si mis hermanos estaban en casa, sabía que mi madre los habría instruido para que no respondieran a nadie que llamara a la puerta, que estaba cerrada con llave. Y estaba segura de que les habría dicho que no hablaran conmigo específicamente. Yo era la mala.

De modo que rodeé la casa hasta la parte de atrás, donde estaba la vieja puerta para perros de Dwight. Apenas cabía, pero conseguí colarme a través de ella y me desplomé torpemente sobre el suelo de la cocina. «Vale. Ya estoy dentro», pensé.

Miré a mi alrededor. Parecía que no había nadie en casa. Unas cuantas cajas confirmaban lo que me había dicho la señora Gunderson, que Ruby estaba recogiéndolo todo. Subí las escaleras hasta mi habitación. La casa estaba demasiado silenciosa.

Cogí tantas cosas como pude en solo unos escasos minutos y entonces, de repente, un pensamiento aleatorio acudió a mí. El aniversario de la boda de mis padres estaba a la vuelta de la esquina. Habrían hecho veintidós años.

Mientras estaba ahí sentada, aferrando mi mísera bolsita de recuerdos, lloré. Por la familia que había perdido. Por el agujero negro que se había tragado mi pasado.

Feliz aniversario, Ruby y Kevin. Espero que haya valido la pena.

CAPÍTULO 41

La hija de nadie

DIARIO

Me siento como si fuera huérfana. Como si no fuera la hija de nadie. Pero sé que soy de Él. Pertenezco a Jesucristo. Y ni siquiera Jodi puede cambiar eso.

Sumida en una gran tristeza, un pensamiento acudió a mí: «¿Por qué no me pongo en contacto con mis tías?». Nunca había estado especialmente unida a ninguna de ellas, pero seguían siendo mi familia. Y nunca me habían hecho nada malo.

Como si el universo hubiera escuchado mi súplica silenciosa, ese mismo día, mi tía Julie me envió un mensaje a través de Instagram. Sus palabras eran simples, pero al mismo tiempo me parecían un salvavidas: «Hola, acabamos de mudarnos a Provo, no muy lejos de ti. Tan solo quiero que sepas… que pensamos en ti todo el tiempo».

El corazón se me aceleró mientras leía el resto de su mensaje. Me decía que se había enterado de mi situación, que sabía que mis padres habían cortado lazos conmigo y que esperaba que estuviera bien. Me preguntaba si quería quedar para cenar con ella alguna vez.

Contesté con los dedos temblando ligeramente mientras escribía: «La verdad es que me encantaría cenar contigo».

A continuación hubo mucho movimiento. Julie se lo contó a Bonnie y a Ellie, y, cuando quise darme cuenta, Ellie estaba haciendo el trayecto en coche de cuatro horas desde Saint George, que era donde vivía, para una gran cena en casa de Julie; las tres hermanas de Ruby y yo.

Esa noche me acerqué a casa de Julie, que estaba a solo dos minutos de mi apartamento, sintiendo una mezcla de emoción y de aprensión. Aquella cena era... complicada. Llevaba muchos años sin verlas.

Y sí, tenían preguntas; muchísimas preguntas. «¿Qué está pasando con Ruby?», «¿Qué papel tiene Jodi en todo esto?», «¿Cómo están tus hermanos?»... Me sentía como si me estuvieran bombardeando, pero comprendía su desesperada necesidad de información. Ellas también estaban distanciadas de Ruby en ese momento, atrapadas en la misma red de disfunción familiar que se había apoderado de mí.

La cena fue intensa, pero también me resultó tranquilizadora. Allí, por fin, había algo parecido a una familia. No era perfecta, y no era lo que había perdido, pero era algo. Una conexión con mi pasado, un posible puente hacia mi futuro.

En las semanas que prosiguieron, la tía Julie y yo estrechamos lazos. Cuando estaba con ella, sentía que me inundaba una sensación de paz, una nueva clase de afinidad. Una que se había forjado en el dolor compartido, en la comprensión mutua y en una esperanza vacilante de sanación. A veces, la familia no es solo donde naces; también es lo que construyes después de la pérdida.

El resplandor de la televisión proyectaba una luz espeluznante a través de la sala de estar a oscuras; el único sonido era el murmullo bajo de la voz del narrador. Estaba aovillada en el sofá de mi apartamento compartido, con los ojos clavados en la pantalla mientras mis compañeras de piso y yo veíamos otro programa sobre crímenes reales. Últimamente, parecía que no era capaz de ver nada más. No era solo una fascinación morbosa; creo que alguna parte de mí estaba buscando respuestas.

La historia que se desarrollaba delante de nosotras era escalofriante: una mujer atrapada en una relación con un hombre controlador y obsesivo. Mientras el narrador describía cómo la había aislado, la había acosado y había seguido todos sus movimientos, sentí un hormigueo en la piel y una enfermiza sensación de reconocimiento.

Pensé en cómo me miraba Derek cuando me exigía saber dónde había estado y con quién. El bombardeo constante de sus mensajes y llamadas, su forma de hacerme chantaje emocional a la mínima. Y después estaban las cosas extrañas y perturbadoras que me decía. Como eso que me había dicho y que no había podido sacarme de la cabeza.

—Tienes que aprender a defenderte por si alguna vez estás metida en una situación peligrosa, Shari. Yo te enseñaré a hacerlo.

Noté una sensación de intranquilidad en la boca del estómago.

—¿En serio?

Una sonrisa se extendió lentamente por su cara.

—Algún día me presentaré en el campus de tu universidad disfrazado y te atacaré para ver si te mantienes alerta cuando vas por ahí.

—¡¿Qué?!

—¡Sí! Solo para asegurarme de que estás preparada y sabes cómo reaccionar ante un ataque imprevisto.

Lo había dicho con total despreocupación. Como si no fuera una amenaza. Pero lo era. Yo sabía que lo era. Era un recordatorio de Derek de que en cualquier momento podría… hacer cualquier cosa que quisiera conmigo. Y de que yo no tendría el poder de detenerlo.

Mi móvil sonó. Bajé la mirada y el corazón me dio un vuelco cuando vi el mensaje de Derek.

«Sé que todas las personas de tu vida te han fallado, Shari. Que mucha gente te ha decepcionado. Que te han hecho daño. Pero yo estoy aquí para ti. Yo soy uno de los pocos que se preocupan de verdad por ti».

Dejé el móvil donde estaba y lo puse en silencio.

En la pantalla, el programa de crímenes reales estaba llegando a su horrible clímax: el exnovio, incapaz de aceptar que su amada había seguido adelante, la había asesinado. Las fotos policiales del cuerpo sin vida de la mujer aparecieron en la pantalla, y de pronto pensé: «Necesito a mi padre».

Deseaba poder llamar a Kevin, contarle lo que estaba pasando, pedirle ayuda y que me protegiera. Él estaba justo ahí, todos los días, dando clase en el campus de la universidad. Pero era como si yo fuera invisible. Mi padre, que seguía siendo el hombre que me cogía cuando era un bebé, que me había enseñado a montar en bicicleta y a atarme los zapatos, ya no podía verme.

Ya no era mi protector. Tan solo era otra persona que me había fallado, otra persona que me había dado la espalda cuando más la necesitaba.

Eché un vistazo al calendario de la pared. Tan solo faltaban dos días para mi cumpleaños, rodeado con rotulador de un rojo intenso. El 3 de marzo. Mi cumpleaños.

Esa noche, mientras estaba tumbada en la cama mirando al techo, le recé a Dios. «Si se supone que tengo que alejarme de esta situación, necesito la respuesta más clara por tu parte que haya recibido en la vida. Necesito que me ayudes a saber que esta relación con Derek se ha acabado. Por favor, Dios. Dame una señal».

A la mañana siguiente, me desperté sobresaltada, con las lágrimas cayendo por mi cara. Tres palabras resonaban por mi mente, tan claras como si alguien las hubiera pronunciado en voz alta.

«Todo termina ahora».

Y eso era lo único que necesitaba. Con las manos temblorosas, cogí mi teléfono móvil y comencé a redactar un mensaje para mi obispo. Sabía lo que tenía que hacer, sabía lo que la Iglesia esperaba de mí. Pero la idea de desnudar mi vergüenza más profunda, mis secretos más oscuros…

Cerré los ojos y respiré hondo.

—Padre Celestial —susurré, y la voz se me rompió—, por favor, dame fuerzas. Dame valor.

Y, entonces, continué escribiendo.

«Obispo, necesito hablar con usted. He hecho algo malo y tengo que confesarme».

Para cuando le di al botón de enviar, tenía la cara llena de lágrimas. Acababa de sellar mi destino. «Me van a expulsar de la Iglesia», pensé con el corazón acelerado.

Pero tenía que hacerlo. No podía seguir guardándome eso dentro de mí. Estaba dispuesta a enfrentarme a cualquier castigo de la Iglesia que pudiera necesitar si eso significaba arreglar las cosas y vivir mi vida con la conciencia tranquila.

A continuación, le mandé un mensaje a mi tía Julie.

—Oye, necesito hablar contigo y el tío de algo importante.

Su respuesta fue inmediata.

—Claro, vente.

Dejé el móvil en mi apartamento; no quería arriesgarme a que Derek viera adónde estaba yendo.

Me encontraba en la sala de estar de mi tía y mi tío con los ojos clavados en la alfombra mientras trataba de encontrar las palabras para contar mi historia. Lo hice por partes y en fragmentos. No les conté todos los detalles, pero creo que lo entendieron.

—Pobrecilla mía —dijo Julie, y me dio un fuerte abrazo—. Quiero que sepas que nosotros te apoyaremos, pase lo que pase, Shari.

Volví a mi apartamento para recoger mi móvil y regresé de inmediato a la casa de mi tía porque no quería estar sola. Como era habitual, vi una oleada de mensajes de Derek. Pero ese día no fui capaz de obligarme a responderle de inmediato. De hecho, esperé todo lo que pude. Fue la vez que más tiempo pasé sin responderle. En su centésimo mensaje del día, escribió:

«Shari, ¿qué está pasando, estás bien?».

Al final cedí y respondí, solo para que se callara.

«No pasa nada. Estoy pasando el día en casa de mi tía».

«¿Qué tía?».

«Mi tía Julie, de Provo».

«Pero la ubicación de tu móvil mostraba que estabas en el piso…».

«Se me olvidó en casa. Por eso no te he podido responder hasta ahora».

«Tú nunca te dejas el móvil en casa.
A ti te pasa algo. Te lo noto».

«Derek, estoy bien».

«Estás triste porque es tu cumpleaños, ¿verdad?
Estás triste por no tener a tu familia para celebrarlo.
No pasa nada, yo estoy aquí, Shari. No vas a estar
sola en tu cumpleaños. Yo haré que sea especial
para ti. Te llevaré a cenar».

No fui capaz de responderle.

Menos de treinta minutos más tarde, desde la gran ventana de la sala de estar de mi tía, vi el coche de Derek entrando en la calle. No me lo podía creer; había utilizado la función de compartir localización de mi teléfono para rastrearme. Retrocedí hasta un rincón, tratando de volverme lo más pequeña posible.

—¡Está aquí! —dije, ahogando un grito.

Todos lo observamos, paralizados, mientras se acercaba a mi coche, aparcaba y salía del vehículo, con los brazos repletos de regalos. Los dejó junto a mi auto y luego, con la expresión sombría, se metió de nuevo en el suyo.

La tía Julie miraba espantada a ese hombre de casi cincuenta años que actuaba como si fuera una especie de Papá Noel sediento de amor.

—¡Cómo se atreve! —susurró—. ¡Es lo bastante mayor como para ser tu padre! ¡Un hombre casado, persiguiendo a mi sobrina!

—Lo siento muchísimo, yo no pretendía que...

La tía Julie negó vehementemente con la cabeza.

—Shari, ¡esto no es culpa tuya! Este tío está completamente chiflado. ¡Míralo! ¿Quieres que hablemos con él?

—No —dije—. Voy a terminar con esto yo misma. Le mandaré un mensaje más tarde. Tengo que ser yo; de lo contrario, no se lo creerá.

Por la noche, volví a mi apartamento y acabé en el sofá, llorando de forma incontrolable. Ya ni siquiera ocultaba mi angustia a mis compañeras de piso.

—Shari, ¿qué ha pasado? —me preguntó la que era de ideas más conservadoras.

No me podía creer que ella, una de las chicas más religiosas que había conocido jamás, estuviera a punto de ser la primera persona a la que le confiara por completo la situación. Pero eso fue lo que ocurrió. Entre lágrimas, se lo conté todo. Que estaba teniendo una relación con un hombre casado, mucho mayor que yo. Que había hecho cosas con él, cosas muy íntimas. Cosas que jamás había querido hacer, pero que hice de todos modos. Que era una fornicadora, una adúltera, una pecadora… Le conté todos los secretos que había estado ocultando durante los dos últimos años.

Para mi sorpresa, en lugar de juzgarme, me mostró su compasión. Me abrazó con fuerza y me dijo:

—Siento muchísimo que te haya pasado esto, Shari. No sé quién es ese hombre, pero parece… ¡un demonio!

—Pero yo he sido cómplice. No lo detuve. Voy a confesárselo todo a mi obispo. —Vi que abría mucho los ojos—. Lo más probable es que me quiten mi recomendación para el templo —añadí.

—¡No, Shari!

Negó con la cabeza, aterrorizada.

Una recomendación para el templo es el documento que certifica que eres digna de entrar y participar en las ceremonias de la

Iglesia, y te lo pueden retirar si cometes un pecado muy grande. Para mí sería una fuente de gran vergüenza si eso sucediera. Me distanciaría de Dios. Sería la peor situación posible.

Mi compañera de piso se puso de pie y comenzó a caminar de un lado a otro.

—No, no puedes perder la recomendación para el templo. Eso no sería justo. ¡Lo que te ha ocurrido con ese hombre no es culpa tuya!

Entonces entró nuestra otra compañera y le expliqué lo que estaba pasando.

—Shari, ¿qué vas a hacer? —me preguntó aturdida.

—Terminar con esto. Pero se va a enfadar mucho cuando lo haga. Por eso, de ahora en adelante tenemos que tener mucho más cuidado de lo normal: necesitamos mantener las puertas cerradas, las persianas bajadas y todo bajo llave.

Ellas asintieron con la cabeza; parecían asustadas.

A continuación, respiré hondo y me levanté con el móvil en la mano.

—Ya es la hora. Voy a hacerlo en privado, si os parece bien.

Fui a mi habitación y me senté en la cama. Con las manos temblorosas y el corazón latiendo con fuerza, escribí el mensaje.

«Derek, se acabó. Esto se ha terminado. Quiero que me dejes en paz. Para siempre».

Mi dedo se quedó flotando sobre el botón de enviar, con mi corazón latiendo con fuerza contra mis costillas. No iba a renunciar a mí fácilmente. Pero no podía seguir viviendo así.

Le di a enviar.

Su respuesta fue rápida y fría.

«Madre mía, Shari. En fin, supongo que tenía razón. Nunca te he importado. Eres una mentirosa».

«Eso no es cierto. Sí que me importabas. Pero nuestra relación está mal. Y no me gusta la situación a la que hemos llegado. Se tiene que terminar. No vuelvas a ponerte en contacto conmigo nunca más».

«Está bien, Shari, que tengas una buena vida».

Bloqueé su número y me quedé mirando el móvil durante lo que parecieron horas antes de oír unos suaves golpecitos en la puerta.

—¿Podemos pasar?

—Sí.

Mis compañeras de piso entraron y se sentaron conmigo en silencio.

—Shari, hoy es tu cumpleaños, ¿verdad? —me preguntó una de ellas.

Asentí con la cabeza.

—Sí.

—¡Deberíamos ir a comprar lo necesario para preparar pizzas y comérnoslas mientras vemos una película! —dijo la otra alegremente—. Nadie debería tener derecho a estropearte este día.

Su amabilidad y su comprensión significaron más para mí de lo que ellas sabrán jamás.

Al día siguiente, mi obispo y yo tuvimos una llamada por Zoom. Iba a confesarme.

La ventana de Zoom cobró vida y pude ver la cara de preocupación del obispo Johnson. Respiré hondo. Mientras ajustaba la pantalla del portátil, noté que las manos me temblaban ligeramente.

—Shari, me alegra que te hayas puesto en contacto conmigo. ¿Qué te preocupa?

Su voz sonaba amable, alentadora. Tragué saliva con fuerza.

—Ni siquiera sé por dónde empezar.

—Tómate tu tiempo —dijo con suavidad—. Recuerda que estamos aquí para ayudarte a hallar la paz.

Unas lágrimas se acumularon en mis ojos mientras me esforzaba por encontrar las palabras.

—He tenido una relación con una persona…, con un hombre casado. Derek. Y han ocurrido cosas que no deberían haber pasado. Todo ha sido culpa mía. Yo sabía que no debía hacerlo, pero aun así…

El obispo me escuchó atentamente, con el ceño fruncido por la preocupación. Cuando terminé, se acercó más a la cámara.

—Shari, quiero que me escuches con mucha atención. Has estado en una situación a la que ninguna persona joven debería tener que enfrentarse.

Rompí a llorar. Por primera vez, sentí un atisbo de comprensión de que tal vez, solo tal vez, yo no tenía toda la culpa.

La voz del obispo Johnson era amable, pero me miraba con gravedad.

—Por lo general, en una situación como esta, la Iglesia suele castigar quitando la recomendación para el templo —dijo con el ceño fruncido.

—Lo sé. Estoy preparada para aceptar cualquier castigo que me merezca.

Él levantó una mano y negó con la cabeza.

—Espera, Shari. No estoy seguro de que lo que necesites ahora mismo sea un castigo.

—Gracias, obispo. Lo sé.

—Sin embargo, no me corresponde a mí decidir el procedimiento que desee seguir la Iglesia. Voy a tener que llamar al presidente de estaca para hablar sobre estas alegaciones.

El presidente de estaca se encontraba un nivel por encima en la jerarquía y le daría a mi obispo instrucciones de lo que debía hacer.

Transcurrieron un par de días y cada minuto me pareció una eternidad. Cuando al fin me sonó el móvil y vi que era el número de mi obispo, me apresuré a contestar, desesperada por saber lo que quería decirme.

—Bueno, pues he hablado del tema con el presidente de estaca —dijo con tono comedido—. Me ha recordado que tenemos la responsabilidad de asegurarnos de que nuestros miembros vivan de acuerdo con las leyes de Dios. Él piensa que es mejor que te tomes un descanso del templo y que te abstengas de tomar el sacramento durante un tiempo mientras investigamos lo ocurrido. Lo siento, Shari.

—Entonces voy a perder mi recomendación para el templo —dije, notando un sabor amargo en la boca.

—Por el momento, sí; me temo que sí.

Sentía un destello de furia, caliente y aguda dentro de mi pecho.

—¿Y qué hay de Derek? ¿Qué va a pasar con él? ¿Él también va a perder su recomendación para el templo?

—Eso no depende de mí. Voy a necesitar su nombre completo y su dirección para poder ponerme en contacto con su obispo. Te avisaré del procedimiento que decidan seguir.

—Lo entiendo —dije.

—Rezaré por ti, Shari.

—Gracias, obispo.

Ya no había nada más que pudiera decir o hacer. La pesadilla había terminado. Al menos, eso pensaba, hasta que comenzaron los correos electrónicos.

«Shari, lo siento mucho. Te he hecho mucho daño».
«Espero que puedas perdonarme algún día».
«Me gustaría que las cosas terminaran de mejor forma.
Deberíamos hablar».

Bloqueé la dirección de correo electrónico de Derek, pero él se creó una nueva y comenzó a enviarme más mensajes, suplicándome verme.

«Shari, no puedes hacer esto. Te necesito. Y tú me necesitas a mí».
«NO LO HAGAS».

Comenzaron a llegarme mensajes desde el número de teléfono de su hijo —que estaba en el extranjero en ese momento, en una misión de la Iglesia de Jesucristo de los Santos de los Últimos Días—, un torrente incesante e infinito de manipulación y chantaje emocional.

Un día, vi su camioneta pasando junto a mi bloque de pisos, dando vueltas a la manzana, y entonces fue cuando me asusté de verdad. Mis compañeras de piso y yo nos apiñamos en la sala de estar, con las cortinas cerradas, y una de ellas se asomó para asegurarse de que se hubiera marchado antes de que ninguna de nosotras se atreviera a salir del apartamento.

Con el tiempo, los mensajes, los correos electrónicos y las vueltas en coche cesaron, pero yo seguí estando hipervigilante, siempre en estado de máxima alerta: miraba por encima del hombro, comprobaba dos veces las cerraduras… Me preocupaba que un día se presentara y… se me llevara.

Derek no recibió ninguna clase de acción disciplinaria: lo negó todo, y su obispo lo creyó sin hacer preguntas. A fin de cuentas, estaba en una posición elevada dentro de la Iglesia. ¿Por qué iban a creerme a mí?

Tampoco ayudaba el hecho de que yo hubiera borrado todos sus mensajes y correos electrónicos; no tenía ninguna prueba. Pero, aun así, para mí no tenía ningún sentido. Si de verdad creían que jamás había ocurrido nada, ¿por qué me habían quitado a mí la recomendación para el templo? Si yo era una fornicadora, entonces él también lo era. Dos no bailan si uno no quiere, como se suele decir.

Después de un mes, el presidente de estaca aceptó devolverme mi recomendación para el templo. Pero, aun así, eso no eliminaba el hecho de que me habían obligado a sentirme como si lo ocurrido con Derek fuera culpa mía. Mi obispo me aconsejó que no me afligiera, que lo dejara correr sin más. Pero ¿cómo podía hacerlo? Había perdido toda mi confianza y mi fe. No en Dios, sino en esos hombres que, al tener que hacer frente al dolor de una mujer joven, decidieron esconderlo debajo de la alfombra para proteger a su amigo.

Al final, decidí cambiar de barrio, comenzar de cero con un obispo nuevo y una comunidad nueva. Eso significaría rendir culto con una congregación diferente, con desconocidos. Pero no pasaba nada. Mi Padre Celestial conocía las profundidades de mi corazón y la fuerza de mi espíritu. Desde ese momento en adelante, tan solo iba a confiar en Él. Y en nadie más.

CAPÍTULO 42

Crímenes reales

En primavera de 2023, les conté al fin a los padres de Kevin la noticia de la desintegración de la familia. El abuelo Franke tenía ochenta y muchos años y la abuela Franke estaba cerca de los ochenta, así que desgraciadamente estaban muy lejos del mundo digital donde se había desarrollado gran parte del drama de nuestra familia. No tenían redes sociales y apenas eran capaces de manejar sus iPhones; eran reliquias de una época diferente y, hasta ese día, eran dichosamente ignorantes de las complejidades de nuestra crisis familiar moderna.

El rostro de la abuela se iluminó cuando me vio al abrir la puerta.

—¡Shari! Qué agradable sorpresa. Pasa, pasa. ¿Quieres tomar un helado?

Mientras estábamos sentados alrededor de su ajada mesa de la cocina, la carga de lo que tenía que decir pesaba sobre mí.

—Bueno, ¿y cómo están todos los demás? —me preguntó la abuela con ojos esperanzados—. Llevamos mucho tiempo sin tener noticias de Kevin. Debe de estar muy ocupado con el trabajo.

Respiré hondo.

—Bueno, esa es la razón por la que he venido. Tenéis que saber una cosa.

Mientras les explicaba la situación —que mi padre se marchó de casa, que mi madre se llevó a mis hermanos pequeños, mi distanciamiento—, vi como sus expresiones cambiaban de la confusión al sufrimiento.

Las manos curtidas del abuelo temblaban mientras dejaba su taza sobre la mesa.

—No lo entiendo. ¿Kevin ha dejado a Ruby?

—Ella le dijo que se marchara.

—¿Y los niños? —preguntó mi abuela con voz temblorosa—. ¿Dónde están?

—No lo sé, abuela. Hace meses que nadie los ve. Mi madre se ha metido en un grupo... Tienen algunas ideas muy extrañas sobre la familia y la crianza de los hijos. Ha cortado lazos con un montón de gente, incluida yo. Y también con sus padres y sus hermanas.

—Pero ¡eso no suena nada propio de Ruby! —protestó mi abuela débilmente—. ¡Ella quiere a su madre!

—Ya, pues supongo que ha cambiado... —El silencio que prosiguió fue ensordecedor—. No te preocupes, abuela —añadí—. Estoy trabajando con los servicios sociales, y vamos a asegurarnos de que los niños estén bien. Os mantendré informados de lo que pase. Estoy segura de que podremos resolverlo todo pronto.

—Eres una buena chica, Shari —dijo mi abuelo, evidentemente preocupado.

Unas semanas después, durante otra visita, la abuela me acorraló en la cocina y me preguntó en voz baja:

—Shari, cariño, ¿has sabido algo de Kevin? ¿O de alguno de los niños? Es que estamos muy preocupados.

Sentí una punzada de frustración mezclada con comprensión.

—Abuela, lo siento. No sé nada nuevo. En el momento en que descubra algo, vosotros seréis los primeros en saberlo.

—Pero seguro que tiene que haber...

La interrumpí tan amablemente como pude.

—Abuela, por favor. Si me entero de algo, te prometo que te lo contaré. Pero preguntármelo todo el rato…, eso no ayuda. Tan solo nos hace daño a las dos.

Ella asintió con la cabeza y sus ojos se llenaron de lágrimas.

—Lo siento, cariño. Me siento demasiado impotente.

Entonces la abracé, sintiendo la fragilidad de su figura y el peso de su preocupación.

Durante la primavera y el verano de 2023, estuve atrapada en un bucle de pesadilla. Mis llamadas a la policía y al Departamento de Servicios para la Infancia y la Familia no me llevaban a ninguna parte, gracias a la ley de «crianza libre» de Utah. Aprobada en 2018, esta ley estaba pensada para proteger a los padres que permitieran más independencia a sus hijos, pero estaba saboteando por completo la posibilidad de que alguien pudiera proteger a mis hermanos.

Aparentemente, esa ley era como un soplo de aire fresco para los padres que creían en inculcar independencia en sus hijos. La ley básicamente redefinía la negligencia, dejando claro que permitir que los niños realizaran actividades de forma independiente —como ir al colegio solos, jugar fuera sin supervisión o quedarse en casa sin compañía— no suponía una negligencia inherente. Pero el lenguaje vago de la ley estaba abierto a una interpretación que podían acabar explotando aquellas personas que quisieran justificar una auténtica negligencia o hasta el maltrato.

Lo peor de todo es que eso disminuía enormemente la capacidad de las instituciones que trabajaban por el bienestar infantil de responder a las quejas de negligencia. Al enfrentarse al miedo de violar esa nueva legislación, los trabajadores sociales y otros profesionales se encontraban con que tenían las manos atadas cuando les pedían que intervinieran en alguna situación, incluso cuando estaba claro que los menores estaban de verdad en peligro, lo que podía llegar a tener consecuencias devastadoras para los niños vulnerables que necesitaban ayuda desesperadamente, como mis hermanos.

Ni siquiera los vídeos perturbadores que Ruby y Jodi seguían subiendo en el Aula de ConneXions se consideraban causa suficiente para justificar una intervención. Ellas seguían sembrando sus ideas cada vez más alarmantes: que las personas adultas pueden obligar a los niños a hacer cualquier cosa que quieran, que los hijos no tienen ningún derecho a la privacidad o a la autonomía, que la medicación es una señal de vivir en distorsión. Despotricaban contra las redes sociales, asegurando que estaban «corrompiendo» a los niños y «volviéndolos homosexuales», al mismo tiempo que afirmaban que la homosexualidad era un pecado y una elección. Decían que los teléfonos móviles eran más peligrosos que las pistolas, y que los tiroteos escolares no eran más que la consecuencia de que la gente estuviera «desconectada».

En solo un episodio, «La caricia de la Verdad», Ruby soltó una ráfaga de frases alarmantes que ofrecían una ventana perturbadora a su mentalidad desquiciada. Lo más escalofriante fue que declaró: «Si tu hijo te contesta airado o se dirige a ti con rabia, no le acaricias la cabeza y le dices: "Tranquilo, deja que te ayude". No, para nada, lo que haces es darle una paliza con una vara y patearlo con dureza. No puedes llenarle las piernas de heridas y luego cubrirlas amorosamente con vendas, esperando que se curen».

Esa declaración hizo que un escalofrío bajara por mi espalda. ¿Heridas? ¿Aquello era una situación hipotética? ¿O una confesión? Su forma tranquila de hablar sobre infligir daño a un niño hizo que se me pusiera la piel de gallina. No eran solo las palabras por sí mismas, sino su tono prosaico, como si estuviera hablando de algo tan mundano como preparar el desayuno. Yo sabía lo dura que podía ser Ruby en lo relativo a la disciplina de los hijos. Pero aquello parecía diferente. Aquello parecía… sadismo.

Mi mente iba a toda velocidad por caminos muy oscuros. Me atormentaba la imagen de mis hermanos pequeños, vulnerables y a merced de alguien capaz de tales pensamientos, y cada día que transcurría con Ruby teniendo la custodia era como presenciar una cuenta atrás hacia el desastre. ¿Cuánto tiempo pasaría antes de que su retórica acabara transformándose en un daño irreparable, si es que eso no había ocurrido ya?

A pesar de todo aquel contenido perturbador publicado en internet, accesible para cualquiera con un navegador, legalmente no había nada que pudiéramos hacer para quitarle la custodia de mis hermanos pequeños gracias a esa ley de crianza libre. El sistema diseñado para proteger a los más vulnerables estaba fracasando de forma espectacular, dejando a mis hermanos atrapados en lo que me temía que fuera una pesadilla convertida en realidad. ¿Cómo podía permitirse que continuara algo que estaba tan flagrantemente mal? ¿Y dónde demonios estaba Kevin?

En junio de 2023, me llegó la noticia de que mi padre había abandonado de forma abrupta su puesto de profesor en la Universidad Brigham Young. Sentí una punzada de tristeza; sus contribuciones en el campo de la investigación geotécnica sobre terremotos podrían haber salvado incontables vidas en las zonas sísmicas del mundo. Pero entonces fui consciente de una amarga ironía: aquel era un hombre que había dedicado su vida a proteger a la gente, pero se había quedado paralizado frente a la catástrofe que se desarrollaba dentro de su propia familia.

¿Qué le costaría a Kevin redirigir parte de la energía que había invertido en su investigación para salvaguardar a sus hijos? Deseé que fuera capaz de encontrar de alguna manera las fuerzas que necesitaba para plantar cara y luchar contra los peligros reales que se cernían sobre nosotros, y el más importante era Ruby, la mujer que tenía la custodia completa y sin supervisión de mis hermanos. La misma mujer que había hablado desvergonzadamente de llenar de heridas las piernas de sus hijos, como si eso fuera una técnica de crianza totalmente normal.

«Olvídate de los terremotos, Kevin», pensé. El suelo ya se estaba desmoronando bajo nuestros pies.

DIARIO

Mañana hará un año que Ruby y Jodi invitaron a papá a marcharse de casa. También resulta que es el Día del Pionero. En cierto sentido, me siento como si fuera una pionera para mí misma y para mi familia. Estoy poniendo fin a generaciones de maltrato y maldad. Yo seré mejor con mis hijos de lo que mis padres lo fueron con los suyos.

Además de todo lo que estaba ocurriendo con mi familia, tenía que encontrar un lugar donde vivir. El alquiler del piso de dos habitaciones compartido se estaba acabando y, evidentemente, no podía volver a casa, en Springville. Hacía un tiempo había reservado un apartamento de una habitación fuera del campus, en Provo, para poder mudarme allí durante el verano. Sin nadie más, completamente sola. El problema era que Derek figuraba como cotitular del contrato de alquiler, que habíamos firmado meses antes de que yo lo arrancara de mi vida. Entonces yo no comprendía realmente lo que significaba ser cotitular. Como no tenía historial crediticio ni de alquiler, cuando el casero me dijo que necesitaba un cotitular, me quedé en un punto muerto. Mis padres no me hablaban, así que Derek había intervenido, ofreciéndose a ser cotitular. En ese momento me pareció que estaba ayudándome, pero, al mirar atrás, me doy cuenta de que tan solo era otra de sus formas de mantener el control sobre mí.

Después de cortar la relación con él, sabía que tenía que romper ese contrato. Quería —no, necesitaba— ir a algún lugar del que él no supiera nada. Algún lugar donde pudiera sentirme a salvo. Acabé llamando por teléfono al casero para tratar de averiguar cómo cancelar el contrato. Por suerte, él comprendió mi situación y canceló la reserva.

Pero eso me dejaba con un nuevo problema: tenía que encontrar un sitio donde vivir antes de que comenzara mi tercer año en la universidad. Era muy estresante buscar un nuevo hogar cuando me estaba quedando sin tiempo. No fue hasta mediados de agosto que encontré una solución al fin: algunas estudiantes de la universidad tenían una habitación de sobra en un piso en Provo y, por suerte, tan solo unos pocos días antes de que comenzara el semestre, pude mudarme allí con mis escasas posesiones.

Mientras colocaba mis cosas en mi nueva habitación, me sentía al mismo tiempo a salvo e insegura. Derek ya no sabía dónde estaba, lo cual me quitaba un enorme peso de encima. Pero también me sentía perdida, ahogándome en el caos infinito de mi vida, enfrentándome a la cuestión de cómo equilibrar un nuevo semestre en la universidad con el drama continuado de mi familia. El curso anterior me había puesto a prueba de formas que jamás había imaginado posibles. Me sentía doblada y casi rota por las fuerzas que estaban destrozando a mi familia. Y, a pesar de ello, ahí estaba, todavía aferrándome a la esperanza con una desesperación que me sorprendía.

Fuera lo que fuera lo que estuviera por llegar —bueno o malo, alegría o tristeza—, me enfrentaría a ello de cabeza.

DIARIO

Tengo la sensación de que pronto va a pasar algo con mi familia. No sabría decir si va a ser bueno o malo, pero presiento que va a ser im-

portante. Sin embargo, después de todo lo que he sufrido durante el último año, me niego a creer que no voy a tener una oportunidad de ayudar a que mi familia esté unida de nuevo. Haré cualquier cosa que Dios me pida para poder conseguirlo.

Poco después de mudarme a mi nuevo apartamento compartido, me senté con mis nuevas compañeras de piso en la sala de estar para ver un documental de crímenes reales, *Los pecados de nuestra madre*. Trataba sobre una pareja de la Iglesia de Jesucristo de los Santos de los Últimos Días, Lori Vallow y Chad Daybell. Se habían casado muy deprisa después de que los cónyuges de ambos murieran en circunstancias extrañas: la anterior esposa de Chad, Tammy Daybell, murió en octubre de 2019 en circunstancias sospechosas, y el anterior marido de Lori, Charles Vallow, fue asesinado de un disparo por el hermano de Lori en julio de 2019.

En septiembre de 2019, se denunció la desaparición de los dos hijos de Lori, Tylee Ryan, de dieciséis años, y Joshua «JJ» Vallow, de siete. Lori y Chad se casaron en noviembre de 2019, tan solo unas semanas después de la muerte de Tammy Daybell, y mientras sus hijos seguían estando desaparecidos.

La pareja estaba inmersa en las mismas creencias religiosas extremas y las preparaciones para el día del juicio final que Jodi y Ruby, y el descenso hacia la oscuridad de aquella familia me resultó terriblemente similar, con su intensa creencia en el segundo advenimiento y la obsesión con las profecías de las *Visiones de gloria* de Thom Harrison. Eran las mismas cosas de las que mi madre y Jodi no dejaban de hablar a todas horas.

Pero no fue hasta que vi ese documental que mi esperanza se desvaneció en los pensamientos más oscuros que había tenido hasta el momento: Ruby y Jodi estaban tan desquiciadas como Chad y Lori, si no más. «Si no hacemos algo pronto, mis hermanos van a morir», pensé.

Daba gracias al cielo por nuestros vecinos de Springville, mis aliados leales en esa lucha. Ellos estaban ahí conmigo, dejando comida en la puerta de nuestra casa por si acaso los niños tenían hambre, haciendo una llamada tras otra al Departamento de Servicios para la Infancia y la Familia para informar de que mis hermanos se quedaban solos durante varios días cada vez que Ruby se iba a Ivins para ver a Jodi, sin la comida y los cuidados que necesitaban.

Pero, a pesar de que los obstáculos no dejaban de amontonarse, me di cuenta de que algo estaba cambiando dentro de mí. Mediante la terapia, la medicación y un montón de trabajo duro, me estaba volviendo más fuerte y me sentía más preparada para manejar las tormentas emocionales que en el pasado habían amenazado con ahogarme. Derek ya no formaba parte de mi vida. La neblina de vergüenza y autoculpa estaba comenzando a desvanecerse y experimentaba una sensación de claridad y propósito que para mí era nueva.

Durante años, había tenido la sensación de que tiraban de mí en dos direcciones. Una voz me ordenaba que fuera la hija obediente y perfecta, y que confiara en las supuestas autoridades. Pero otra voz me exigía que pensara por mí misma. Me decía que tenía la fuerza necesaria para desobedecer a cualquier persona o cualquier cosa que tratara de deshumanizarnos a mí o a las personas que quiero.

Se había terminado la sumisión mecánica, ahora empezaba a ser fiel a mi propia verdad interna. Fiel a la divinidad y al valor soberano de mi vida en esta tierra, concedida por Dios.

Armada con esta fuerza recién encontrada, redoblé mis esfuerzos para pensar en un plan con el que pudiera salvar a mis hermanos. Prefería morir antes que permitir que se convirtieran en otro relato de advertencia. No dejaba de llamar al Departamento de Servicios para la Infancia y la Familia, no dejaba de estudiar las leyes relacionadas con el maltrato infantil, no dejaba de buscar caminos legales para salvar a mis hermanos.

Seguí intentándolo hasta que recibí una llamada de mi vecina el 30 de agosto de 2023.

Era un miércoles y, por mucho tiempo que viva, jamás olvidaré las palabras que escuché.

—Shari, ¡la policía está en casa de tu madre!

CAPÍTULO 43

La casa de mi madre

Me quedé paralizada en el jardín delantero, respirando de forma rápida y superficialmente y con las manos temblorosas. Las luces rojas y azules de los coches patrulla parpadeaban mientras yo permanecía delante de la casa, incapaz de moverme. El monovolumen blanco de *8 Passengers* de Ruby se encontraba en el camino de entrada como una ballena varada en la playa, reluciendo bajo las luces parpadeantes. «Por favor, Dios, que los niños estén bien», recé en silencio y con el corazón en la garganta.

¡Pum! Los policías golpearon la puerta con el ariete con tanta fuerza que di un respingo. Las astillas de madera salieron volando por todas partes.

—¡Policía! Todo el mundo fuera ¡¡¡ahora mismo!!!

Se apresuraron a entrar sosteniendo sus armas, listas para disparar, y sus voces resonaron por toda la casa. Me sentía como si no pudiera respirar, como si no pudiera pensar. Aquello no podía ser real.

—¡Mirad por todas partes! ¡En todos los armarios, en todos los espacios pequeños, en cualquier lugar donde pueda esconderse un niño! —ladró un agente.

El suelo estaba repleto de cajas a medio preparar. Era evidente que Ruby se había estado preparando para marcharse antes de que el mundo se derrumbara sobre ella.

Pero no había nadie en casa.

«¿Dónde están mis hermanos?», pensé con desesperación.

Ese día, más tarde, estaba sentada con un inspector en una habitación fuertemente iluminada, con las manos temblorosas mientras trataba de procesar el torbellino de acontecimientos que habían destrozado mi mundo.

—Entonces ¿Ruby tenía a mis hermanos más pequeños encerrados en casa de Jodi? —pregunté, tragando saliva con fuerza a pesar del nudo que tenía en la garganta—. ¿Por qué los había llevado allí?

La mirada del inspector se suavizó con una expresión comprensiva, pero su voz siguió siendo profesional.

—No estamos seguros; lo único que puedo decirte es que ahora los dos están a salvo.

—¿Y habéis arrestado a Jodi y a mi madre? —pregunté, y la voz se me rompió ligeramente.

—Sí —confirmó él con tono grave—. Primero a Jodi; a tu madre la detuvimos después, cuando volvía a la casa de Jodi. —Titubeó durante un momento, como si estuviera sopesando sus palabras con cuidado—. Las dos están acusadas de múltiples cargos de maltrato infantil con agravantes, y se les ha denegado la posibilidad de salir bajo fianza.

—¿Qué significa eso de los agravantes? —pregunté. Mi voz era poco más que un susurro, y una parte de mí deseaba desesperadamente poder retirar la pregunta, seguir en la ignorancia tan solo un momento más.

El inspector se inclinó ligeramente hacia delante frunciendo el ceño.

—Bueno —comenzó, ahora con voz más amable—, normalmente se debe a actos repetidos de abuso a lo largo del tiempo, lo que muestra un patrón de crueldad. —Hizo una pausa para calibrar mi reacción antes de continuar—. También puede incluir negligencia extrema, confinamiento o provocación intencionada de daños físicos graves a un niño. —Cada palabra era como una daga retorciéndose que se hundía más en mi corazón—. Lo siento mucho, Shari —añadió el inspector en voz baja.

Yo asentí con la cabeza, aturdida e incapaz de decir nada; solo podía preguntarme qué clase de monstruo podía llegar a causar esa clase de sufrimiento a un niño.

Esa noche, sola en el silencio de mi habitación, me rendí al fin al tsunami de emociones. Unos sollozos intensos y jadeantes sacudían mi cuerpo, y cada uno de ellos liberaba años de miedo, incertidumbre y angustia acumulados. «Se acabó —me dije, y las palabras se convirtieron en un mantra dentro de mi mente—. Ruby no volverá a tocarlos jamás. Jodi no volverá a tocarlos jamás». Lo repetí una y otra vez, tratando de obligarme a creerlo, a internalizar la verdad que eso suponía.

Caí en un sueño agotado, con la mente y el cuerpo drenados. Había estado tan concentrada en aquel momento durante tanto tiempo que no tenía una hoja de ruta para lo que ocurriría a continuación. Sanación. Justicia. Reconstrucción. Todavía tenía un largo camino por delante, eso lo sabía. Pero esa noche, por primera vez en más tiempo del que podía recordar, conseguí dormir en paz. Mis hermanos estaban a salvo por fin. Por el momento, eso era suficiente. Por el momento, eso lo significó todo para mí.

CAPÍTULO 44

Anillos de recuerdo

El Departamento de Servicios para la Infancia y la Familia tenía la custodia de todos mis hermanos, a excepción de Chad. Todavía no sabía exactamente lo que Ruby y Jodi les habían hecho a los más pequeños. En ese momento, nadie lo sabía de verdad. Me concentré en el presente, y en el conocimiento de que por fin estaban a salvo, de que por fin no corrían peligro, al estar muy lejos de esas dos mujeres.

Cuando las arrestaron, tanto Ruby como Jodi se hicieron las tontas, actuaron como si alguien tuviera que haber cometido un terrible error. Mi madre se negó a hablar durante su primer interrogatorio con la policía y Jodi interpretó el papel de la víctima traumatizada con escalofriante precisión. Permaneció sentada en la sala de interrogatorios, con los ojos muy abiertos y llena de una incredulidad inventada, insistiendo amablemente en que tenía que haber habido un terrible malentendido. Su actuación era tan obvia como nauseabunda.

Después del procesamiento inicial, las trasladaron a las dos juntas de Saint George al Centro Penitenciario Purgatory de Hurricane, en Utah. No se me escapó la ironía del nombre, «Purgatorio», mientras trataba de imaginar su viaje. Más tarde, Ruby le dijo a Kevin que permaneció en silencio durante todo el trayecto de quince minutos en coche porque no podía soportar hablar con Jodi o mirarla siquiera. Tan solo puedo tratar de imaginar qué pensamientos podrían haber pasado por la mente de mi madre mientras estaba ahí sentada, con las manos esposadas y mirando por la ventana. ¿Pensaba en sus hijos, en la vida que había dejado atrás? ¿Fue consciente de la gravedad de lo que había hecho, del monstruo en que se había convertido? Puedo imaginar el miedo desgarrando sus entrañas, la desesperación por despertar de esa pesadilla. Pero tal cosa era imposible. Esa era la nueva realidad de Ruby. Nuestra nueva realidad.

Llevaron a Kevin a comisaría para interrogarlo poco después del arresto de mi madre, pues la policía estaba tratando de determinar las circunstancias que rodeaban la serie de acontecimientos que habían ocurrido. Él parecía no saber nada de la situación. Les contó que mi madre lo había llamado por teléfono para que fuera a recoger a los niños el día que la arrestaron, pero que no estaba seguro de por qué lo había hecho. Cuando le preguntaron acerca de su familia, mi padre admitió:

—No los veo desde hace más de un año. He estado… separado de mi mujer y de mi familia. Tengo algunos problemas.

Explicó que Jodi y Ruby tenían una relación muy estrecha, que la primera había visto que él era una persona que necesitaba ayuda y, a continuación, su esposa lo había invitado a marcharse de casa para que pudiera distanciarse un poco. Kevin dijo que había estado de acuerdo con su decisión y declaró que el tiempo que habían pasado separados había sido justo lo que necesitaba para enfrentarse a sus propias «adicciones».

—El distanciamiento ha sido muy muy bueno para mí —dijo, imitando como un loro la retórica manipuladora de Jodi y Ruby.

La desconexión entre el comportamiento tranquilo de mi padre y la realidad de lo que había ocurrido resultaba abrumadora. Kevin seguía viviendo en un universo paralelo, uno en el que le habían lavado el cerebro para que creyera que abandonar a su familia era terapéutico de algún modo.

La policía siguió indagando más. Querían saber si realmente Kevin no conocía las condiciones en las que estaban viviendo sus hijos. Él explicó su papel:

—Mi misión es proporcionar seguridad financiera. Yo pago las facturas con mi trabajo. Les proporciono el dinero, que va a una cuenta bancaria compartida.

En la redada policial de la casa de Jodi que había conducido a su arresto, los investigadores habían encontrado 85.000 dólares en efectivo. Ruby no solo había vaciado las cuentas compartidas que tenía con Kevin, sino también todas las cuentas de ahorros de sus hijos, a excepción de la mía (yo ya había transferido mi dinero a una cuenta diferente que estaba solo a mi nombre).

Kevin dijo que la última vez que había visto a Ruby había sido cinco días antes. Ella le había contado que, a raíz de su separación, estaba buscando formas de ganar dinero, y le pidió que pusiera a su nombre los papeles de los coches que ella conducía, además de pedirle su permiso para unas «inversiones» imprecisas de las que se negó a entrar en detalle. Lo que él no sabía era que mi madre quería vender la casa, pero no podía hacerlo porque el nombre de mi padre estaba en la hipoteca. Confesó que habría firmado cualquier cosa que ella le hubiera puesto por delante sin hacer preguntas. Por suerte, el arresto de Ruby ocurrió antes de que esta tuviera oportunidad de presentarle ningún papel y quitarle los activos de la familia.

Resulta increíble, pero hasta que la policía no le describió lo que sospechaban que Ruby y Jodi les habían hecho a mis hermanos más pequeños y en qué estado los habían encontrado, Kevin no comprendió la razón por la que lo habían llamado para interrogarlo. Entonces se quedó impactado.

—Eso suena horrible —dijo—. Repugnante. Ningún ser humano debería ser tratado de esa manera.

La policía le informó de que sus hijos, a excepción de mí y de Chad, se encontraban ahora bajo la custodia del Departamento de Servicios para la Infancia y la Familia y que estarían bajo supervisión médica durante setenta y dos horas. Kevin preguntó:

—¿Qué va a pasar con mi esposa? Yo la quiero.

Continuó expresando su confianza en Ruby, aparentemente dividido entre la lealtad hacia su mujer y las impactantes revelaciones sobre lo que ella y Jodi les habían hecho a sus hijos.

—Soy una auténtica incomprendida —dijo Ruby en su primera llamada telefónica a Kevin después del arresto, sin expresar ningún remordimiento—. Es el sentimiento más horrible del mundo. Mi propia familia no me comprende, me malinterpretan y, pobre Jodi, también la malinterpretan, tampoco la comprenden. —Continuó hablando, subiendo su tono de voz—. Es que es todo espantoso… Me está pasando lo mismo que le pasó a Joseph Smith; todos los hombres de Dios más maravillosos han sido incomprendidos. Voy a salir de esta. ¿Quién sabe?, es posible que dentro de diez días todo esto se haya acabado. —De repente, empezó a hablar más deprisa, como si estuviera atrapada en una visión—. Dios me habló cuando estaba conduciendo, antes de que te llamara. El Espíritu Santo me dijo: «Van a quitarte a tus hijos».

Hubo una larga pausa.

—Estoy comprometido con nuestra familia —dijo Kevin—. Estoy comprometido contigo y con nuestro matrimonio, sin importar lo que haya pasado.

—Bueno, pues gracias por dar un paso al frente —fue la respuesta de Ruby.

Por increíble que parezca, mi madre había expresado confusión acerca de la razón por la que alguien podría preocuparse por el impactante estado en el que habían encontrado a sus hijos más pequeños.

—No entiendo por qué están en el hospital; se encuentran perfectamente bien —declaró.

Pero los niños no estaban «bien», yo lo sabía. Y también cualquiera que los hubiera visto. Los paramédicos. La policía. Testigos de las consecuencias de los actos de extraordinaria crueldad de Jodi y mi madre.

Le pregunté a la policía si podía ir a mi casa para recoger algunos objetos personales que no habían confiscado como pruebas: diarios, tabletas, teléfonos móviles y pasaportes. Y también recuerdos que quería mantener a salvo, como el pequeño broche que me regaló Kevin cuando fue a Italia, que yo tenía pensado darle a alguna de mis hijas algún día.

Entré acompañada por un agente y miré a mi alrededor. Encontré uno de los portátiles de mi madre y averigüé fácilmente la contraseña de su cuenta de iCloud de Apple. Leí algunos mensajes de texto, correos electrónicos y entradas de diario en la aplicación de Notas que me confirmaron la verdadera naturaleza de su relación con Jodi y cómo se había acabado volviendo física. En esos escritos expresaba su frustración por tener que satisfacer las necesidades de afecto físico de Jodi sin recibir nada a cambio. ¿Mi madre al servicio de otra persona? Hay una primera vez para todo.

No seguí leyendo. Cualquier cosa que hubiera ocurrido entre ellas a nivel romántico no era asunto mío. No quería saberlo ni pensar en ello más tiempo.

Mis ojos se clavaron en la puerta del dormitorio principal; la habitación de Ruby y Kevin. Antes de que pudiera cuestionármelo, caminé hacia allí y la abrí. Parecía tan normal, tan intacta, que por un momento casi podía fingir que no había ocurrido nada. Que en cualquier momento podría entrar mi madre, quejándose sobre el desorden o sermoneando sobre la importancia de hacer las camas.

Mis ojos se detuvieron en el ornamentado joyero que había sobre la cómoda. Dentro, acunados en terciopelo, se encontraban los anillos; preciosos testigos relucientes de los hitos en la relación de mis padres. Obsequios de aniversario, regalos de cumpleaños, muestras de afecto espontáneas. Cada una de esas joyas había sido cuidadosamente escogida por Kevin; cada una de ellas era un símbolo del amor que sentía por mi madre y de su dedicación.

Vi el primer anillo de compromiso que le había comprado a mi madre, cuando ambos eran jóvenes y andaban justos de dinero. Era muy sencillo, un modesto aro con un pequeño diamante. Unos cuantos años antes, Kevin había sorprendido a Ruby con un diamante enorme y reluciente rodeado de dos gruesos aros de plata. Un gesto de su amor incondicional hacia la esposa que creía conocer.

¿Era posible que todo ese amor hubiera sido unidireccional? ¿Una corriente que fluía desde Kevin hasta Ruby, sin llegar a hacer el viaje de vuelta? Si mi madre nunca había amado de verdad a mi padre, ¿en qué me convertía eso a mí? ¿En el producto de un amor falso, de una unión en la que mi madre siempre había visto a mi padre no como a un compañero al que quería, sino como un medio para un fin? ¿Un donante de esperma y un cómplice para sus grandiosos planes?

Casi sin pensarlo, me puse ambos anillos. Ruby no se merecía esas joyas. No después de lo que había hecho.

Me miré la mano e hice un juramento silencioso para recordarlo eternamente: «Jamás olvidaré lo que has hecho, Ruby», me prometí a mí misma, mirando intensamente los anillos en mis dedos.

Comprendía la naturaleza voluble de la memoria; cómo nuestras mentes a veces pueden borrar las experiencias más dolorosas, dejando atrás una versión esterilizada del pasado. Pero no podía permitirme ese lujo. Necesitaba recordar, aferrarme a la dura realidad de lo que había ocurrido, de lo que ella le había hecho a nuestra familia. Esos anillos no eran solo joyas; eran anclas que me conectaban con un pasado que no podía permitirme olvidar.

Cuando me pongo esos anillos en el dedo, no lo hago por nostalgia o por un afecto persistente hacia Ruby. No son recuerdos de tiempos más felices ni símbolos del amor de una madre. No, esos anillos cumplen con un propósito más crucial. Son un contrato que he firmado conmigo misma, un recordatorio constante forjado en metal. Con esos anillos, me ato a mí misma a la verdad.

CAPÍTULO 45

Pruebas a la vista de todos

Kevin se puso furioso cuando descubrió que yo había ido a casa y me había llevado los diarios, las tabletas, los móviles y los pasaportes de todo el mundo, a pesar de que había estado acompañada por la policía. En esa época seguía estando demasiado enfermo, seguía teniendo el cerebro demasiado lavado, y todavía era leal a Ruby y a Jodi por encima de todo.

Le dijo a la policía que deberían acusarme de robo y ellos prácticamente se rieron en su cara y le dijeron que yo tenía tanto derecho como él a coger lo que quisiera de la casa familiar. «A Kevin no le gustó esta respuesta y nos avisó de que tendríamos noticias de su abogado», escribió un agente en su informe.

Mi padre me provocaba más lástima que cualquier otra cosa.

Le di los objetos a la policía y ellos se lo dieron todo a Kevin. Entonces no me centré demasiado en ello. En ese momento, teníamos cuestiones más importantes entre manos; asegurarnos de que se hiciera justicia.

Al principio, Ruby habló en defensa de Jodi, pero esa lealtad no tardó en disolverse cuando se dio cuenta de que podía mejorar su propia situación si se ponía en su contra. Si se declaraba culpable y aceptaba testificar contra Jodi, podría argumentar que maltrató a sus hijos al ser víctima de la influencia manipuladora de esa mujer. Con la iniciativa actual del estado de Utah por conseguir una reforma judicial que enfatizara la rehabilitación por encima del castigo, la estrategia de Ruby estaba clara: mostrar arrepentimiento, mantener una actitud discreta y esperar que la soltaran pronto por buen comportamiento.

Que mi madre se declarara culpable de cuatro cargos de maltrato infantil con agravantes con sentencias consecutivas significaba un máximo de treinta años según la ley de Utah, pero era posible que acabaran siendo unos cuatro años. Añadir más cargos no habría incrementado su posible sentencia. Me enfurecía pensar que las tácticas de manipulación de Ruby podían conducir a una sentencia más corta, a pesar del sufrimiento inimaginable que había infligido a mis hermanos.

Después del arresto de mi madre, me invadió una tormenta de emociones inesperada. Al principio, no era capaz de encontrarle ningún sentido. No fue hasta que me senté con Dana, mi terapeuta, que comencé a desenmarañar las complejas emociones que estaba experimentando. Además del horror que sentía por las acciones de Ruby, me estaba ahogando en una enorme oleada de culpa y odio hacia mí misma, y todo tenía su origen en lo que había ocurrido con Derek. La sensación de que era una rompehogares, una persona fundamentalmente mala, me abrumaba hasta el punto de que me cuestionaba mi deseo de vivir.

—¿Por qué estoy pensando en Derek ahora? —le pregunté a Dana con las lágrimas cayendo por mi cara—. Ya se acabó, hace meses que se acabó. ¡No sé qué hacer! No puedo lidiar con estos sentimientos, no con todo lo que está pasando.

Ruby había implantado en mí unos mecanismos muy efectivos de culpa intensa, vergüenza y odio hacia mí misma. Y durante mi relación con Derek pude experimentar por primera vez las consecuencias de ese condicionamiento en el mundo real. Comprender esa conexión era crucial. Mi experiencia con él me demostró cómo mi crítica interna podía conducirme a un estado mental peligroso, lleno de ansiedad, ataques de pánico y culpa; un estado que puede llevar a pensamientos suicidas a muchas personas.

Mientras Dana y yo íbamos profundizando en todo eso, nos dimos cuenta de que era crucial resolver lo que había ocurrido con Derek antes de comenzar a analizar las complejas consecuencias que había tenido en mí el estilo de crianza de Ruby. ¿Cómo podía esperar comprender veinte años de influencia de Ruby si no era capaz de encontrarle sentido a lo que había ocurrido durante los dos últimos años con Derek? La culpa que sentía era tan intensa, tan gigantesca, que se estaba convirtiendo en una barrera a la hora de trabajar en cualquier otra cosa.

En el pasado pensé que, en cuanto Ruby estuviera fuera de mi vida, las voces negativas dentro de mi cabeza acabarían desapareciendo. Pero todavía estaban dirigiendo el barco. Me sentía abrumada e incapaz de procesar lo que estaba ocurriendo. Iba a tener que aprender a utilizar nuevas herramientas para reconocer y controlar mis intensas emociones si quería tener la esperanza de recuperar de verdad mi narrativa y mi vida en algún momento.

A principios de diciembre de 2023, Ruby llamó a Chad desde la cárcel. El destino quiso que yo estuviera con él en ese momento. Con un sombrío asentimiento de la cabeza, respondió la llamada y puso el altavoz, permitiéndome ser testigo. La voz de mi madre, una vez imponente y segura de sí misma, ahora sonaba con un tono bajo y casi reverente. Hablaba de sus recientes inmersiones profundas en las Escrituras, en las que buscaba desesperadamente un significado para sus circunstancias actuales.

—Estaba leyendo *Doctrina y convenios* —dijo, haciendo referencia a uno de los textos fundacionales de nuestra Iglesia—. Jesucristo no quería tener que beber de una copa amarga, pero lo hizo porque esa era su misión. Yo estoy bebiendo de mi copa amarga ahora mismo.

Allí estaba otra vez: Ruby, la vloguera familiar caída en desgracia, comparándose a sí misma con Cristo en la cruz. Y, en su narrativa, el resto del mundo interpretaba el papel de los romanos, crueles perseguidores que la obligaban a beber vinagre. Chad y yo nos miramos a los ojos, los míos muy abiertos por la incredulidad y los suyos sombríos por la repulsión. El delirio era asombroso. ¿Estaba comparando su sufrimiento con el del Salvador? Se trataba de una sobrecogedora muestra de narcisismo, un retorcimiento de la fe tan profundo que rozaba la blasfemia.

Sin embargo, en público, la narrativa de Ruby había cambiado de forma radical a una de humildad y remordimiento. Probablemente por consejo de su equipo legal, comenzó a describir su arresto como «la intervención más extraña y milagrosa» que podía haber ocurrido. Aseguraba que haberse visto separada de Jodi le había proporcionado claridad:

—Ya no puedo escucharla. Y creo que no escucharla me ha aclarado un montón de cosas. —Mi madre comenzó a enfatizar su propia susceptibilidad a la influencia de su amiga—. ¿Cómo he podido ser tan ingenua? Madre mía, le había dado demasiado poder a esa persona. Y no me daba cuenta.

Sin embargo, para entonces Ruby ya se había declarado culpable de maltratar gravemente a mis hermanos pequeños. Su afirmación de estar bajo el embrujo de Jodi tan solo podía explicar una parte de sus acciones. La verdad seguía siendo que había participado de forma activa en el abuso de mis hermanos, y no sería capaz de borrar ese hecho por mucho que tratara de reescribir la historia. No deberían permitirle manipular el sistema legal para salir de la cárcel antes de tiempo y retratarse como únicamente una víctima de la manipulación de Jodi. Era una narcisista maligna que necesitaba ayuda psicológica en condiciones y rehabilitación para que alguna vez fuera capaz de volver a formar parte de la sociedad de forma segura.

Las pruebas de sus abusos anteriores ya estaban ahí, en internet, en forma de los mil trescientos vídeos de *8 Passengers* que había hecho durante sus siete años de vlogs. Además de todas las demás evidencias, esos vídeos sin duda proporcionarían las pruebas de que Ruby había empleado castigos duros y excesivos contra sus hijos mucho antes de que Jodi entrara en escena. Decidí encargarme de crear un compendio de esos vídeos para que la fiscalía pudiera comprender mejor quién era la persona con la que estaban tratando. Para que comprendieran que, para mí, mi madre siempre había sido una maltratadora.

La idea de revisar más de mil vídeos me resultaba abrumadora, de modo que subí una historia a Instagram para invitar a la gente a que me mandara por mensaje privado momentos cuestionables o preocupantes de los vídeos antiguos de Ruby. La respuesta fue inmediata, alentadora y entusiasta, de modo que abrí un documento de Google Docs en el que la gente pudiera aportar los enlaces. Me sentía más fuerte sabiendo que no estaba sola con aquello. En cuestión de unas seis horas, el documento ya estaba lleno de docenas de enlaces a imágenes en vídeo que mostraban a mi madre siendo mi madre.

Se la veía castigando a los más pequeños prohibiéndoles entrar en sus habitaciones bajo ningún concepto o no permitiéndoles que comieran, o declarando que no tendrían regalos en Navidad porque eran «egoístas». Era un giro irónico: esa mujer que había estado obsesionada con compartir los momentos más íntimos de su familia en internet a cambio de fama y dinero ahora estaba a punto de verse condenada públicamente por maltrato por esos mismos vídeos, que eran evidencias de sus pecados, pruebas de sus mezquinas y extrañas filosofías parentales.

Y también, por supuesto, estaba el Aula de ConneXions: horas y más horas de imágenes que mostraban a Ruby y a Jodi predicando su peligrosa ideología. Su obsesión con el dolor, su intenso desprecio hacia los niños y las personas que tenían problemas de salud mental. Su extraño e inflexible discurso sobre la crianza y sobre la vida estaba a la vista de todos, palabra por palabra y directamente desde la fuente.

Mi madre estaba comenzando a asimilar por fin la dura realidad de su situación. Incluso encontrándose dentro de una cárcel llena de mujeres acusadas de crímenes atroces como asesinatos o agresiones, Ruby no tardó en darse cuenta de que las maltratadoras de niños convictas estaban consideradas como lo peor de lo peor. En una carta a Kevin, su miedo resultaba palpable. Confesaba su terror a que la atacaran, y escribía que estaba siempre de los nervios, con miedo de que pudieran hacerle algo en cualquier momento. Describía un delicado juego de equilibrismo: aprender a mantener la cabeza gacha al mismo tiempo que intentaba que no la percibieran como alguien débil o vulnerable.

Mientras leía sobre sus dificultades dentro de la cárcel, sentí una confusa mezcla de emociones. Una parte de mí no podía evitar preocuparse por su seguridad a pesar de todo lo que había hecho. La idea de que alguien viviera con un miedo constante me resultaba perturbadora, aunque se tratara de mi madre. Pero otra parte de mí, la parte que todavía estaba dolorida por el sufrimiento que ella había infligido a nuestra familia, me susurró una dura verdad: «Ruby, te has hecho esto tú sola».

CAPÍTULO 46

Hogar, dulce hogar

Kevin había regresado a nuestra casa de forma permanente. Dormía solo en su cama demasiado grande, en su casa demasiado silenciosa, atormentado por los «ojalá», atrapado en un bucle infinito de sus propios fracasos y de las señales de advertencia que había pasado por alto, de los momentos en los que podría haber sido más valiente, más fuerte, mejor... Pero el pasado no se puede reescribir. Tan solo es posible hacerse cargo de él, aprender de él, asimilando cada día brutal de uno en uno. Había estado dando enormes pasos a nivel mental y estaba yendo a terapia, al igual que yo, mientras aprendíamos a volver a estar el uno junto al otro como compañeros imperfectos durante la recuperación de lo que había pasado.

Me daba cuenta de que estaba tratando de mejorar las cosas, de reparar su relación con sus hijos, de preparar la casa para cuando acabaran regresando mis hermanos. Por supuesto, tendría que demostrar ante las autoridades que era lo bastante responsable como para volver a ser su padre, y eso le llevaría un tiempo. Por el momento, estaba esforzándose todo lo que podía por convertir la casa de Ruby en un hogar.

Lo primero que hizo fue sumar a la familia a dos cachorros nuevos: un cavapoo llamado Ren y un bernedoodle llamado Stimpy. Vació la despensa de Ruby y tan solo guardó la comida liofilizada y los paquetes de harina y arroz. Donó todos los alimentos enlatados, a excepción de las latas que llevaban cinco años caducadas (nos lo pasamos muy bien tirándolas a la basura).

—Mientras tengamos comida suficiente para unos pocos meses, no necesitamos nada más —dijo—. El resto no es más que... un estorbo.

Mientras limpiaba la casa de su pasado bajo el dominio de Ruby, nos dijo que, cuando todo el mundo volviera a estar bajo el mismo techo, podríamos decorar nuestras habitaciones como quisiéramos.

—Podéis crear vuestro propio espacio —dijo—. Y, oye, ¿sabéis qué?, también podéis tener todos teles en las habitaciones.

Sí, ahora la casa estaba más desordenada, pero parecía tener vida. ¿Zapatos dentro de la casa? No había problema. ¿Animales en el sofá? Kevin ni pestañeaba.

Yo estaba viviendo en mi propio apartamento de un dormitorio cerca del campus —esta vez, sin compañeras de piso—, terminando mi último año de universidad. Había comenzado a luchar contra ese minimalismo arraigado que me había enseñado Ruby. Tenía unas cuantas fotos cuidadosamente escogidas —mis retratos de último curso— pegadas en las paredes, unos pasos vacilantes hacia mi propia expresión, para hacer que mi espacio fuera verdaderamente mío y para habitar mi mundo según mis propios términos.

Aun así, hasta que mis hermanos volvieran a estar en casa, no sería capaz de relajarme.

Esa Navidad de 2023 tan solo estábamos Kevin y yo en la casa, los dos sintiéndonos deprimidos porque los siete no pudiéramos estar juntos y en familia para las fiestas. Todavía no.

Estábamos sentados en el sofá cuando se giró hacia mí de repente.

—¿Sabes? Siempre he querido tener un gato —musitó.

Eso me animó.

—¿En serio? ¡Yo también!

Cuando quise darme cuenta, estábamos los dos en el coche, yendo a ver unos gatitos que habíamos encontrado en un anuncio. Así es como acabamos con Katniss, la gata de Kevin, y Muppet, que sería mío, mi hijo en forma de gato.

Me lo llevé a casa y me acostumbré a la vida con ese pequeño tornado caótico. Muppet saltaba literalmente de las paredes las veinticuatro horas del día, aterrizaba sobre mi cabeza durante las llamadas por Zoom, trepaba por mi pelo y me lo encontraba dormido sobre el teclado de mi ordenador, ronroneando, cuando me disponía a hacer los deberes.

Ahora que era madre (aunque fuera de un felino), me resultaba todavía más imposible comprender lo que querían decir Ruby y Jodi sobre las dificultades de la maternidad, los peligros de poner las necesidades de una pequeña criatura llena de felicidad por encima de las tuyas.

Lo que más me gustaba de Muppet era que, al igual que todos los gatos, era completamente inmune a cualquier clase de disciplina. ¿Obediencia? Olvídalo. Tan solo podía imaginarme tratando de explicarle que su obsesión por las galletitas de queso era un pensamiento distorsionado y que iba a ser condenado.

No, mi bola de pelo tenía su propio camino vital único, y yo me sentía honrada de poder ser testigo de él y de sus decisiones francamente extrañas y desconcertantes, y de proporcionarle los aperitivos que pudiera necesitar por el camino. Una cosa estaba clara; no tenía ninguna intención de subir vídeos suyos a YouTube para monetizar nuestro pequeño equipo de dos. Nop, los momentos especiales de Shari y Muppet iban a ser para nosotros, y solo para nosotros.

CAPÍTULO 47

El día del juicio

DIARIO

Por mucho que no quiera a esa mujer, Ruby es mi madre y se merece un juicio justo. Estoy desolada por no tener privacidad en todo esto, pero así ha sido mi vida desde hace mucho tiempo.

El martes 20 de febrero de 2024, el día de la sentencia de mi madre, me desperté en Saint George después de haber hecho las cuatro horas de viaje hasta allí con Kevin y Chad el día anterior.

Mientras los kilómetros se extendían ante nosotros, mi padre y yo nos enzarzamos en un intenso debate sobre la situación legal actual, mientras que mi hermano estaba ensimismado con su móvil en el asiento de atrás. Algunas cosas nunca cambian.

La conversación se centró en cuáles deberían ser los siguientes pasos para conseguir una indemnización por parte de Jodi. Habíamos descubierto que había puesto su casa en venta por 5,3 millones de dólares y estábamos convencidos de que estaba tratando de deshacerse de sus bienes inmuebles en un intento desesperado de evitar que los tribunales se apoderaran de ellos. La idea de que esa mujer evadiera sus responsabilidades financieras por el daño que había infligido a mis hermanos me resultaba impensable, y nuestro abogado estaba trabajando para conseguir una orden judicial que le impidiera liquidar sus activos hasta que pagara una compensación justa por daños y perjuicios a los niños, algo que les proporcionara los recursos apropiados para su tratamiento y apoyo psicológico a largo plazo.

Llegamos a Saint George y tuvimos una noche extrañamente normal, los tres comiendo comida india y viendo un partido de baloncesto. Era casi como en los viejos tiempos. Un vistazo fugaz a la vida que habíamos conocido una vez, un recordatorio de que, por debajo del dolor y del trauma, los lazos que nos conectaban seguían estando ahí. Kevin ya no se comportaba como una persona poseída. Teníamos mucho más trabajo que hacer, todos necesitábamos mucha más sanación, pero, por el momento, estábamos unidos por la misma causa: asegurarnos de que se hiciera justicia y de que el futuro de los niños quedara protegido.

A la mañana siguiente, nos reunimos con el abogado de la acusación y un defensor de la víctima, que nos explicaron lo que podíamos esperar en el tribunal. Era casi seguro que el juez iba a dictar la sentencia previamente acordada, pero, aun así, me sentía con el estómago revuelto mientras íbamos hacia el juzgado y entrábamos por una puerta lateral para evitar a los medios. Mantuve la cabeza gacha y me concentré en ir poniendo un pie delante del otro, esforzándome por no tropezar. No podía esperar a que llegara el día en el que no tuviera cámaras frente a la cara, capturando mis peores momentos y los más vulnerables. Para mi alivio, la presencia de los medios de comunicación fuera del juzgado era misericordiosamente mínima. Gracias al cielo. Un descanso del circo.

Cuando Chad, Kevin y yo entramos en la sala, me di cuenta de inmediato de por qué no había visto medios fuera: estaban todos ahí dentro, esperándonos. Todas las cabezas de la sala se giraron en nuestra dirección, un mar de ojos curiosos clavados en nosotros.

Ocupamos nuestros asientos en la primera fila, con el cuero crujiendo bajo nosotros mientras nos acomodábamos y esperamos a que comenzara la sesión.

—Todos en pie para recibir al honorable juez —resonó la voz del alguacil mientras el juez entraba en la sala.

Unos momentos después, hicieron entrar a Ruby, con las muñecas y los tobillos esposados. Su mono de la cárcel parecía colgar de su figura. No podía soportar mirarla. Se me había endurecido el corazón. Me provocaba un profundo rechazo. Clavé mi mirada en el juez.

Mi madre dijo que ella era la principal víctima de todo aquello, que había estado «engañada demasiado tiempo», casi como si hubiera sido una participante involuntaria del maltrato. Después, en un tono más apropiado para un discurso de aceptación de un Grammy, comenzó con una interminable lista de agradecimientos a todos los oficiales, abogados y jueces que la habían «sacado de un infierno del que no sabía cómo salir».

«¿Estás segura, Ruby?», pregunté en silencio. La idea absurda de que había estado atrapada, desamparada para escapar de la pesadilla que ella había perpetuado voluntariamente, era un insulto para el tribunal y para el mundo.

Ruby declaró que el momento de su arresto fue el momento en que consiguió la libertad. Entonces dirigió su atención hacia Kevin.

—Eres el amor de mi vida —dijo, y yo lo miré mientras él agachaba la cabeza, con los hombros temblando por el peso de unas emociones que no podía contener.

Después de repartir agradecimientos a diestro y siniestro, mi madre comenzó a hablar por fin de mis hermanos y de mí. No utilizó nuestros nombres, se refirió a nosotros como sus «seis patitos» y a sí misma como la «mamá pato», que se había visto «arrastrada por la corriente» mientras trataba de llevarnos a un lugar seguro. Ni una sola vez reconoció que jamás había sido precisamente la madre del año antes de que Jodi entrara en nuestras vidas. No hubo ninguna disculpa por los años de tormento y explotación previos a la llegada de esa mujer. Al escuchar sus palabras vacías me pregunté si, dentro de su mente narcisista, Ruby llegaría a comprender alguna vez la gravedad de sus acciones o a experimentar un arrepentimiento auténtico.

Un recuerdo de cuando yo tenía doce años apareció en mi mente, justo antes de que Ruby lanzara *8 Passengers*. Había obligado a mis padres a soportar en nuestra sala de estar mi adaptación teatral de *Frozen* de tres horas de duración, protagonizada por mí misma y mis hermanos, escrita y dirigida por mí. La parte de mí que todavía era esa niña que anhelaba el amor y la aprobación de su madre se preguntó de repente si tal vez Ruby, al igual que Elsa, la reina del hielo, podría subir por la montaña del sistema penitenciario de Utah durante unos cuantos años y entonces, una vez ahí arriba, simplemente…, soltarlo todo.

Soltar la maldición del control. Soltar su frialdad. Soltar sus mentiras.

Soltarlo todo, hasta que un día bajara de la montaña convertida en una persona diferente. Una que comprendiera el significado del amor.

La realidad me hizo volver de golpe al presente. Yo ya no era una niña pequeña y mi madre no era ninguna princesa Disney. Era una adulta que había tomado la decisión consciente de infligir un daño inenarrable a las personas que debería haber protegido. Y ahora iba a enfrentarse a las consecuencias de sus acciones. Cuatro sentencias de entre cuatro y quince años que tendría que cumplir de forma consecutiva, según lo dictaminado por el tribunal.

Mientras se llevaban a Ruby, me di cuenta de que yo también iba a tener que aprender a «soltar». Eso no significaba olvidar ni excusar lo que había ocurrido. Significaba permitirme sentir, ser imperfecta, amarme a mí misma y a los demás sin juicios. Significaba romper los ciclos de miedo y control que había heredado. Significaba reconocer mi poder, enfrentarme a mis miedos y escoger siempre el amor antes que el miedo.

Estiré el brazo y le cogí la mano a Kevin. Tras haber buscado orientación en Jesucristo, comprendí que perdonarlo era la decisión apropiada. Jamás olvidaría el dolor que mi padre había provocado, ignorado y permitido. No le había dado la absolución. Pero había escogido soltar la carga de resentimiento que sentía hacia él. Al tenderle una mano de compasión y comprensión, me estaba otorgando a mí misma la libertad para sanar.

A continuación, escoltaron a Jodi a la sala. Decidí mirarla a la cara. Había desaparecido ese pelo meticulosamente arreglado que una vez había sido tan característico de ella; ahora le colgaba lacio y grasiento, enmarcando su piel cenicienta. Mantuvo la mirada fija hacia delante con determinación, sin hacer contacto visual ni una sola vez con nadie de la sala, como si al evitar nuestras miradas pudiera escapar de algún modo del peso de sus acciones. Mientras el juez repasaba el acuerdo judicial, el abogado de Jodi trató de argumentar que «todas las historias tienen dos versiones», lo que hizo que el juez, claramente furibundo por la audacia de la declaración, exigiera saber qué «otra versión» podía haber para torturar a unos niños.

Jodi había estado haciendo llamadas telefónicas desde la cárcel a sus seguidores, retratándose como una profeta injustamente perseguida, la mensajera de Dios entre rejas, comparándose con Joseph Smith, el fundador de nuestra fe, y diciendo cosas como «El Señor habla directamente conmigo». La pura arrogancia y el delirio de sus declaraciones hacían que no me quedara la menor duda: no sentía el más mínimo arrepentimiento.

Había dado por hecho que Jodi permanecería en silencio, pero, para mi sorpresa, se puso en pie para hacer una declaración, tan solo unas cuantas frases breves.

—Yo quería a esos niños —comenzó y, en cuanto esas palabras salieron de su boca, Chad y yo nos miramos a los ojos, con un sentimiento compartido de incredulidad. Entonces nos deseó «una vida bonita y feliz», sin mostrar ningún arrepentimiento ni reconocer su responsabilidad en nada de lo que había ocurrido.

Sin embargo, el juez no se dejó convencer por las palabras vacías de Jodi. No había hecho ningún comentario antes de dictar la sentencia de Ruby, pero esta vez sí que lo hizo. Dijo que los adultos, especialmente aquellos que poseen una formación especializada, tienen el deber sagrado de proteger a los niños vulnerables, y que Jodi había hecho todo lo contrario y había aterrorizado a los que tenía a su cargo. Declaró que estaba «tan desconectada de la realidad, el sentido común y la decencia» que la única respuesta apropiada eran las sentencias consecutivas. Me sentía validada al oír el desdén en su voz, la confirmación de que Jodi no era una testigo inocente, sino una perpetradora activa de horrores inimaginables. La condenó a entre cuatro y quince años, los mismos que Ruby.

Mientras se llevaban a Jodi esposada, asimilé la realidad. Habíamos ganado. El monstruo estaba enjaulado. Quién sabía durante cuánto tiempo; eso dependería de la junta de tratamiento encargada de la libertad condicional. Pero, como mínimo, se pasarían cuatro años encerradas.

En cuanto el juez hizo sonar el martillo, Chad, Kevin y yo salimos disparados hacia la salida secundaria, desesperados por evitar la inevitable arremetida de cámaras y periodistas. Nuestras esperanzas quedaron aplastadas en cuanto abrimos la pesada puerta de metal y salimos a la luz del sol. Había una muchedumbre de reporteros esperando, con sus ojos hambrientos clavados en nosotros y las cámaras y los micrófonos preparados. Cayeron sobre nosotros como buitres, gritando preguntas que resonaban a través del césped bien cuidado mientras corríamos como locos hacia el aparcamiento.

—Shari, ¿tienes algo que decir? —preguntó una periodista, acercándome un micrófono.

—Sin comentarios —respondí, acelerando el paso.

La mujer insistió, sin dejarse disuadir por mi respuesta cortante.

—Kevin, ¿tú sabías que estaban ocurriendo estos abusos?

—Sin comentarios —me imitó él, y apretó la mandíbula.

—Lo entiendo —respondió la reportera con una falsa empatía—. Chad, ¿quieres decir algo?

Mi hermano, a quien se le estaba agotando la paciencia, se dio la vuelta hacia ella y le lanzó una de sus famosas miradas fulminantes.

—Yo creo que tú no entiendes nada de esto, ¿a que no? —le dijo.

Y, con eso, la mujer se calló al fin.

Aturdidos y emocionalmente agotados, nos subimos al coche, cada uno de nosotros perdido en sus propios pensamientos mientras conducíamos a través de las calles de Saint George. A continuación, hicimos algo que nos apeteció a los tres: fuimos al Café Rio de Saint George, pedimos tres burritos acompañados de guacamole y hablamos sobre nada en particular.

CAPÍTULO 48

El diario de Ruby

Lo único que había deseado durante muchísimo tiempo era que el mundo se sentara y escuchara, que comprendiera que había que parar a Ruby y Jodi. Pero, en cuanto lo hicieron, parecía como si para la gente nunca fuera suficiente. De nuevo, gracias a mi madre, nuestra vida ya no nos pertenecía a nosotros.

Los medios de comunicación de Estados Unidos y de todo el mundo se hicieron eco de inmediato de esa mamá youtuber que iba de santurrona y había sido arrestada junto a su mejor amiga por cargos de maltrato infantil. La historia tenía todos los ingredientes: una preciosa familia estadounidense temerosa de Dios que había pasado de la pobreza a la riqueza gracias a YouTube y que, tras un dramático giro de los acontecimientos que incluía posesiones demoniacas y sectas de preparación para el día del juicio final, todo aderezado con un trasfondo lésbico, había quedado destrozada.

Los que llevaban años siguiendo a nuestra familia se sintieron reivindicados cuando el resto del universo conocido supo al fin lo que había estado ocurriendo detrás de la valla de madera blanca de Ruby. En cierto sentido, nosotros representábamos la primera prueba real y condenatoria de cómo pueden llegar a torcerse las cosas en un mundo impulsado por las redes sociales en el que los niños son contenido y el contenido es el rey.

Unas cuantas semanas después de la sentencia de Ruby, la

Fiscalía del Condado de Washington hizo públicas las evidencias y, con ellas, mi pesadilla estaba a punto de empeorar. Y es que, entre las fotografías, los documentos y los archivos digitales, también se encontraban los diarios escritos a mano por mi madre que documentaban con frío y horrible detalle lo que había ocurrido cuando se había llevado a mis dos hermanos más pequeños de nuestra casa de Springville para vivir con Jodi, dejando atrás a mis hermanas medianas. Relataba cómo, durante esos tres meses, ambas mujeres habían sometido a mis dos hermanos más pequeños a un retorcido programa de entrenamiento con el objetivo de purgar el mal que había en ellos mediante un sistema de castigos diarios.

Sin leerlos, yo sabía que esos diarios enfermizos relataban, con la letra de mi madre, cómo Ruby y Jodi se habían transformado en los mismos demonios que aseguraban estar purgando de las almas de mis hermanos, unos diablos retorcidos que torturaban a niños pequeños, como si fueran algo salido de un cuadro grotesco del Bosco.

No quería leerlo jamás. No quería conocer los detalles. Y, cuando las autoridades sacaron a la luz el diario de mi madre, mi mundo dejó de girar por un momento.

Ahí estaba, lo publicaron para que cualquiera pudiera leerlo. Sesenta páginas de horror, que yo me negué a leer. Sabía que era malo. Mi imaginación llenaba los huecos y, a veces, eso era peor que saber lo que realmente había pasado. Pero no podía..., no quería leer esas páginas. No necesitaba leerlas para saber lo que había ocurrido. «Lo siento —pensé, imaginando a mis hermanos más pequeños atrapados en esa pesadilla—. Lo siento mucho, muchísimo. Ojalá pudiera haber hecho más. Ojalá pudiera haberos liberado del dolor. Y a todos los demás: por favor, parad. Dejadlos sanar en paz. Dejadnos sanar a todos».

Pero todo el mundo estaba hablando de ese diario. Las noticias, las redes sociales, hasta la gente de la calle. Diseccionaban cada detalle, alimentando ese... circo de crímenes reales. ¿Es que no lo entendían? Se trataba de unos niños. Mis hermanos. Personas de verdad que habían sufrido unos horrores inimaginables. No era entretenimiento. No era una historia para desmenuzar y analizar. Quería gritarles a todos para que pararan. Para que se olvidaran del tema. Algunas cosas deberían permanecer sin decir. Algunos horrores deberían quedarse en la oscuridad, el lugar al que pertenecen. Y lo que se describía en ese diario era uno de esos horrores.

Un mes después de que se hiciera público el diario de Ruby, me senté con Kevin y Chad con unas cámaras delante de nosotros. Estábamos a punto de ver el episodio de *20/20* titulado «Ruby Franke: de madre influencer a criminal». Lo más surrealista es que íbamos a verlo delante de un equipo de rodaje que nos estaba grabando para hacer su propio documental sobre nuestra familia. Yo odiaba aquello; volver a tener cámaras delante de nosotros. Pero todos habíamos acordado que teníamos que recuperar de alguna manera el control sobre el relato de nuestra historia, y esa era la razón por la que habíamos permitido que esos cineastas de gran reputación nos ayudaran a dejar la historia clara antes de que pudiéramos seguir adelante con nuestra vida.

Mientras comenzaba el episodio de *20/20*, sentí que se me formaba un nudo en el estómago. La estancia se quedó en silencio mientras las imágenes aparecían en la pantalla. De repente, sin advertencia, aparecieron fotos de las heridas de mis hermanos pequeños. Sentí que el aire se escapaba de mis pulmones.

Ninguno de nosotros había visto esas fotos todavía.

Kevin estiró el brazo para apretarme la mano. Chad miró fijamente al suelo. Yo no podía soportarlo.

La cara de Jodi apareció en pantalla y sentí que me invadía una oleada de repulsión. Me quedé entumecida al ver el rostro de Ruby. Ya no sabía quién era esa persona.

Odié el enfoque de *20/20*. No me pareció sensible desde un punto de vista emocional, ni apropiado en cuanto a tono. No me pareció que tuvieran ningún otro objetivo más allá de hacer un documental popular y monetizar una noticia impactante. Me pregunté cómo era posible que el consumo del dolor y el sufrimiento de otras personas por parte del público cruzara la línea de la empatía hacia el voyerismo. ¿Cómo era posible que, como sociedad, nos hubiéramos vuelto indiferentes a las dificultades de los demás, que nuestra capacidad de compasión hubiera quedado erosionada por el inmenso volumen de drama humano al que nos vemos expuestos a diario? Ahora tan solo éramos los personajes de una telenovela, pero por desgracia nuestro drama era real y las consecuencias eran permanentes. Nuestro dolor se había convertido en un mero producto, empaquetado y vendido, consumido y olvidado.

Para los creadores de contenido, los medios de comunicación y los documentales de crímenes reales, las recompensas de esta economía emocional pueden ser seductoras. Y el mundo digital y de las redes sociales sigue siendo enorme y sigue estando lleno de promesas, pero también es un entorno salvaje, y me temo que nos hemos perdido en él.

Sabía que tenía que plantarles cara a todos de alguna manera. Por ello he dicho que no al deseo del mundo de que hablara sobre mis hermanos en cualquier parte, incluso en las páginas de este libro. Corresponde a mis hermanos y hermanas compartir su historia algún día, si lo desean. Creo que yo no sería mejor que Ruby si detallara sus experiencias sin su consentimiento. Se merecen recuperar el poder de decisión que se les arrebató durante tanto tiempo.

«No quiero parecerme en nada a ella —pensé—. No voy a explotarlos tal como lo hizo ella».

CAPÍTULO 49

Se acaba aquí

En agosto de 2024 recibí una carta de Ruby desde la cárcel. Su abogado me la hizo llegar. Me dijo que mi madre la había escrito hacía meses, en febrero, pero se había traspapelado entre la montaña de papeleo legal.

Leer sus palabras me produjo una extraña mezcla de emociones. La carta era de cinco páginas, pero su contenido carecía de verdadero interés. Por ejemplo, dedicaba dos páginas enteras a describir mi habitación de bebé. Ruby se había puesto poética sobre la emoción de prepararse para la llegada de su primera hija, el esmero con el que había escogido los colores y la decoración. Se refería a mí como su bebé, y sus palabras estaban llenas de nostalgia por un tiempo ya muy lejano. Sin embargo, al leerla me sentía como si estuviera revisando el álbum de fotos de un desconocido. Reconocía a los personajes, pero no era capaz de conectar con las emociones que describía.

La carta hasta contenía una disculpa, pero no por cualquiera de las cosas que yo podría haber esperado o deseado. No me pedía perdón por el dolor que nos había causado, y tampoco reconocía la razón por la que estaba en la cárcel. Mi madre expresaba su pesar por no haber pasado más tiempo conmigo antes de que me fuera de casa para ir a la universidad. Parecía una cosa demasiado pequeña en la que centrarse teniendo en cuenta todo lo que había ocurrido entre nosotras.

Mientras leía, me di cuenta de que cada vez me sentía más desconectada de ella. La Ruby que había escrito esa carta parecía existir en una realidad delirante; una en la que ella creía que nuestra relación podía repararse esgrimiendo recuerdos sobre mantas infantiles y los colores de las paredes. Parecía estar tratando de salvar una época antes del dolor, antes de las cámaras, antes de que todo saliera mal, y lo hacía ignorando las cuestiones muy reales y dolorosas que nos habían separado.

Al final, la carta no hacía más que reforzar mi opinión sobre Ruby. Incluso ahora, estando entre rejas, no podía —o no quería— reconocer las heridas tan profundas que nos había hecho, los años de manipulación emocional, la explotación pública de nuestra vida familiar, el estremecedor daño que había infligido a mis hermanos más pequeños.

La cuestión era… ¿por qué?

Últimamente, la palabra «narcisismo» se ha puesto un poco de moda. ¿Tienes un jefe muy egocéntrico? Es un narcisista. ¿Tu amigo siempre está hablando de sí mismo? Seguro que es narcisista. ¿Tienes un familiar que monopoliza todas las reuniones familiares? Un narcisista, no lo dudes. Pero no todos los actos egocéntricos son señal de un trastorno de la personalidad. A veces, la gente solo está teniendo un mal día o a lo mejor no son más que unos capullos comunes y corrientes.

El auténtico trastorno de la personalidad narcisista (TPN) es un problema grave y complejo que va mucho más allá de ser egocéntrico o difícil. La persona que padece este trastorno presenta un patrón generalizado de superioridad, necesidad de admiración y falta de empatía que puede provocar problemas significativos en muchas áreas de su vida.

Alguien con TPN no solo cree que el universo gira alrededor de él, sino que él es el universo. No se trata de una decisión consciente, lo que ocurre es que esa es la única forma de funcionar que tiene su psique. Su mente es una fortaleza construida para proteger un sentido del yo increíblemente frágil. Para Ruby, el narcisismo era una cuestión de supervivencia, algo tan instintivo y necesario como respirar. Al igual que mi respuesta de complacencia era mi escudo contra el mundo, la superioridad que esgrimía mi madre era su armadura. Dos estrategias diferentes, las dos nacidas del mismo sustrato de trauma e inseguridad.

Si podéis, tratad de imaginar las agotadoras volteretas mentales que da una persona con TPN. Es un monólogo incansable y contradictorio: «Soy especial. Soy la mejor. Pero ¿por qué la gente no se da cuenta? Debe de ser envidia o a lo mejor son estúpidos. Tengo que demostrarles lo increíble que soy. Pero ¿qué pasa si se dan cuenta de que no lo soy? No, eso es imposible. Soy perfecta. ¿Verdad? Por supuesto que sí. Tengo que serlo».

Esto no es solo una cuestión de ego o egocentrismo. Es una necesidad desesperada y abrumadora de mantener una imagen de perfección, tanto para el mundo como para uno mismo. Cualquier grieta en esta fachada no es solo algo incómodo: supone una amenaza a nivel existencial.

Comprender esto no excusa el comportamiento, pero sí que arroja luz sobre el profundo sufrimiento que lo provoca. El comportamiento narcisista extremo no consiste solo en afirmar tu superioridad, consiste en compensar el hecho de que te sientes fundamentalmente imperfecto y completamente vacío por dentro.

No tengo claro por qué algunas personas desarrollan estos comportamientos mientras que otras no lo hacen. Es posible que Ruby aprendiera de pequeña que ser «buena» y «perfecta» era la única forma de que la quisieran. En la única llamada que tuvo con

Kevin después del arresto, le dijo lloriqueando: «Pero soy una buena chica».

Sea cual sea la causa, el narcisismo se desarrolla como un escudo; una forma de protegerte de los sentimientos de insuficiencia o sufrimiento. La cruel ironía es que este mismo escudo, creado para salvaguardarse a uno mismo, acaba convirtiéndose en una barrera para la conexión y la realización genuinas. Es una fortaleza que mantiene a los demás fuera, pero también atrapa al narcisista en su interior.

En cuanto a las redes sociales, para los narcisistas es como lanzar gasolina a un fuego que ya arde con furia. Cada «me gusta», cada publicación compartida y cada comentario se convierte en una dosis de validación, un bálsamo momentáneo para esa inseguridad profundamente arraigada. Es fácil darse cuenta de cómo puede convertirse en una obsesión que lo consume todo, un escenario digital para su infinita representación de la perfección.

Aprender sobre el narcisismo me ha ayudado a procesar el impacto que ha tenido Ruby en mi vida. No excusa lo que hizo, ni por asomo. Pero me recuerda que detrás de toda esa manipulación se encontraba una persona profundamente herida que jamás aprendió a conectar con los demás de una forma saludable.

Darte cuenta de que tu propia madre era incapaz de verte de verdad —de quererte por quién eres en lugar de como una extensión de sí misma— es un trago muy amargo. Es la muerte de una esperanza fundamental de la infancia, la esperanza de que, si te esfuerzas lo suficiente, mamá te querrá incondicionalmente.

Pero, de una forma extraña, comprender esto también ha sido muy liberador para mí. Ahora sé que jamás podría haber sido lo bastante «buena» o lo bastante «perfecta» como para hacer que Ruby estuviera feliz u orgullosa de verdad. Ese vacío insaciable que me esforzaba por llenar no lo había creado yo, y no me correspondía a mí arreglarlo. Darme cuenta de eso, por doloroso que fuera, es el primer paso del camino hacia la sanación, tal vez no la suya, pero sí la mía.

A veces me encuentro cayendo por la madriguera de conejos de lo que podría haber pasado. ¿Y si Ruby no hubiera creído que la maternidad era el único camino hacia la realización? ¿Y si la hubieran animado a explorar todas las facetas de sí misma, más allá de lo que su familia le había dicho que era lo «correcto» para alguien que había nacido mujer? A lo mejor, si hubiera tenido la oportunidad de dedicarse a una carrera importante en la banca o en la física —campos en los que la empatía no es una prioridad precisamente—, no habría visto a sus hijos como empleados y extensiones de sí misma. O tal vez no habría tenido hijos en absoluto. Es imposible saberlo.

Pero estas acrobacias mentales son desquiciantes, y lo más probable es que no sea más que otra manifestación de mi naturaleza complaciente. Siempre tratando de resolver el rompecabezas de Ruby, de buscar esa llave mágica que la habría convertido en una mujer feliz y amable. La verdad es que seguramente no haya ninguna llave mágica. El narcisismo no es una elección; es un mecanismo de defensa profundamente arraigado. Y, aunque se puede tratar, exige un esfuerzo minucioso y dedicado por parte del propio narcisista.

Hay unos cuantos «narcisistas conscientes» en las redes sociales, y escucharlos describir su verdadera experiencia del mundo es fascinante y escalofriante al mismo tiempo. Sus relatos sobre sus sentimientos —o su carencia de ellos— en lo relativo al bienestar de los demás son un crudo recordatorio de la desconexión fundamental que hay en el corazón de este trastorno.

Pero, entonces, ¿dónde nos deja eso a los demás? ¿Cómo lidiamos con las Rubys del mundo? ¿Cómo podemos equilibrar la empatía por la persona herida detrás de la máscara narcisista al mismo tiempo que nos protegemos a nosotros mismos y a los demás del daño que pueden provocar? Yo no tengo todas las respuestas, pero sí que sé que el conocimiento es un comienzo. Es crucial comprender que el narcisismo es un trastorno complejo, y no solo una etiqueta para la gente egoísta. Y reconocer que la complacencia es una respuesta frente al trauma, y no solo ganas de agradar a los demás, es igual de importante. Y, mientras todo eso está ocurriendo, hay que proteger a los niños; un gran comienzo sería regular o directamente prohibir los vlogs familiares por las cuestionables prácticas de explotación.

Para mí, comprender esos patrones ha sido al mismo tiempo doloroso y liberador. Ver el patrón significa que puedes romperlo. No es fácil, y algunos días me siento como si estuviera luchando contra mis propios instintos. Esa necesidad de complacer, de sacrificar mi bienestar en el altar de la comodidad de los demás, todavía acecha entre las sombras de mi psique. Pero cada vez que alzo la voz en lugar de quedarme en silencio, cada vez que honro mis propias necesidades en lugar de enterrarlas, cada vez que permito que otra persona soporte su incomodidad en lugar de ir corriendo a suavizar las cosas, estoy cortando otro eslabón de esa cadena de trauma generacional, esa tóxica carrera de relevos en la que el testigo del dolor pasa de una generación a la siguiente.

Tiene que terminar aquí. La cuestión ya no consiste solo en sanarme a mí misma. Consiste en crear un nuevo legado, un nuevo patrón para las generaciones que vengan después de mí y de mi familia. Estoy orgullosa de mis antepasados y quiero que las generaciones venideras también estén orgullosas de mí. De ese modo, cuando nos encontremos en el cielo, podremos mirarnos los unos a los otros y sonreír. (Y sí, le hice una consulta a mi obispo sobre la posibilidad de encontrarme con mi madre en el más allá celestial, si es que consigue llegar hasta allí de alguna manera. Él me aseguró que no tengo ninguna obligación de reconocerla o relacionarme con ella de ninguna forma. Un pequeño consuelo, la verdad).

En las cartas que Ruby le escribió a Kevin —unas cartas que permanecerán sin respuesta para siempre—, ella describía que se sentaba en su celda y se pasaba los días llorando. Y ha habido momentos, como en su cumpleaños o en el Día de la Madre, en los que la imagen de ella sola en su celda ha llenado mi mente y una oleada de tristeza me ha invadido por completo. No le deseo ningún sufrimiento; más bien, deseo desesperadamente que encuentre alguna clase de camino hacia la redención, si es que eso es posible.

Me enteré de que estaba tratando de sacarse un título mediante el sistema penitenciario, lo cual es un paso positivo. Al fin y al cabo, jamás llegó a terminar la universidad; abandonó los estudios en cuanto se casó con Kevin. Va a tener que prepararse, porque la realidad es que, cuando la suelten —ya sea dentro de diez años o cuando sea mucho más vieja—, va a tener que mantenerse por sí misma. No tengo ningún deseo de verla desamparada. Mi esperanza es que pueda utilizar este tiempo para obtener una educación y así, cuando quede en libertad, podrá encontrar una forma de sobrevivir. Tener una casa pequeña y una vida tranquila. Muy lejos de mí.

Tal vez, para entonces, habrá encontrado el valor para mirar de verdad dentro de sí misma y comenzar el arduo viaje del cambio interior. Sin embargo, los cambios son algo que nunca le ha resultado fácil a mi madre, en absoluto. A los cuarenta y tres años, cuando la arrestaron, seguía convencida de que el mundo giraba a su alrededor. Ahora, una vez despojada de la fachada tras la que se escondía, solo le queda la verdad —una verdad cruda y sin filtros— como su única compañera. ¿Reunirá la fuerza necesaria para enfrentarse a su propio reflejo? ¿Para verse a sí misma como lo que es en realidad? Espero que sí.

En cuanto a Jodi, dejaré su diagnóstico en manos de los expertos. Y el destino de su alma en manos de Dios.

EPÍLOGO

Siete pasajeros

Un año después

Un domingo por la mañana, le di un beso de despedida a Muppet mientras estaba holgazaneando sobre mi cama, con su collar recién adquirido reluciendo bajo la luz del sol que se colaba por la ventana. Me miró con esos ojos grandes e inocentes y yo le rasqué por detrás de las orejas, sintiendo que mi corazón se henchía de amor por esa pequeña criatura alocada que se había convertido en mi ancla en mitad del caos.

Mientras salía al fresco aire de Utah, sentí un revoloteo de nervios en el estómago, pero, en esa ocasión, eran de los buenos. Eran nervios de los que nacen de la expectación, de la promesa de algo bonito en el horizonte: estaba yendo a una cena familiar. Sin cámaras grabando. Sin nadie diciéndonos lo que teníamos que hacer o sentir. Simplemente nosotros, juntos de nuevo.

Me subí al asiento del conductor de mi Ford Focus, el motor cobró vida con un ronroneo y recorrí el camino hacia Springville que tan bien conocía. Las calles cuadriculadas, las zonas de parques verdes, tan pequeñas, con el paisaje montañoso de fondo y el enorme cielo arriba; daba igual adónde me llevara la vida, porque sabía que una parte de mí siempre tendría su lugar en aquel pequeño pueblo cobijado al pie de las montañas.

Mientras salía de la carretera para entrar en Springville, mi móvil vibró con la llegada de un mensaje. Era de mi nuevo obispo, el que se había convertido en un gran pilar de apoyo desde que había dejado atrás a mi antigua congregación. Me contaba que iban a llevar a Derek ante un consejo disciplinario formal, que iban a despojarlo de sus responsabilidades. Una pequeña victoria, pero no era suficiente.

Él jamás había perdido su recomendación para el templo, como sí me había pasado a mí. Y la experiencia me había enseñado una lección vital: un líder de la Iglesia no siempre tiene razón, sus palabras no expresan necesariamente la voluntad de Dios. Con todas las cosas que había sufrido, me había dado cuenta de que lo que pueda decir un ser humano tiene menos valor para mí que mis conversaciones personales con Dios. Ahora esas charlas son mi estrella polar.

Giré hacia mi calle y vi la enorme silueta de mi casa. En el camino de entrada, oxidándose, se encontraba nuestro viejo monovolumen Chevy. Kevin había quitado la matrícula de 8PSNGRS y la pegatina hacía mucho tiempo. Quería venderla y comprar una camioneta para cuando los niños regresaran. Realmente, ya no necesitábamos tener un vehículo tan grande.

Aparqué y caminé hacia la casa, detectando el distintivo aroma a queso fundido y *pepperoni* mientras llevaba la mano al pomo. ¿De verdad aquel seguía siendo mi hogar después de todo lo que había pasado? No estaba segura. Pero al oír el sonido de las risas supe algo con una certeza feroz y repentina: estábamos juntos, y ese era el único lugar donde quería estar.

Solía creer que todo lo bueno que hay en mí se lo debía a Ruby. Y, desde luego, hay algunos rasgos positivos que he heredado de ella o que he aprendido de ella. Mi feroz lealtad a mis convicciones. Mi habilidad para limpiar un cuarto de baño hasta dejarlo reluciente. Sí, esas cosas son propias de mi madre, son los ecos de su presencia dentro de mí. Pero, conforme me he ido haciendo mayor, también me he dado cuenta de que la vida que he creado para mí y la persona en la que me he convertido no existen *debido* a Ruby, sino *a pesar* de ella.

Por primera vez en mi vida, soy verdaderamente feliz. He emergido de la crisálida de mi pasado y, de alguna manera, he encontrado la luz. Con la ayuda de mi comunidad, la terapia infinita y el poder de sanación de los perritos calientes de maíz en miniatura y los donettes con azúcar glas, estoy remendando mi psique con lentitud, enseñándole a mi sistema nervioso que es seguro volver a sentir, que es seguro descansar. Estoy aprendiendo a aceptar el dolor, la furia y el júbilo desenfrenado que siento al haber podido recuperar la autonomía robada a esa niña que se veía obligada a esbozar una sonrisa vacía para una cámara delante de la cual nunca pidió estar.

Sí, todavía tengo que lidiar con las consecuencias que han provocado en mi salud mental tanto mi crianza como todo lo que ha ocurrido, pero no puedo evitar sentirme orgullosa de mí misma cuando pienso en la extraña odisea que he vivido durante mi corto tiempo en este mundo. Cada vez que respiro, recuerdo que estoy viva, que he sobrevivido y que tengo el poder para crear mi propio legado... sin YouTube. (Ah, también he cerrado mi propio canal y he puesto en privado todos esos años de contenido, para que solo los disfrutemos mi familia y yo. No sentí ninguna emoción al hacer eso, ninguna sensación de pérdida. De hecho, me sentí bien).

Ahora estoy concentrada en el futuro. Un lienzo en blanco esperando a que lo pinte. Pero sé una cosa: voy a romper el ciclo. Voy a confiar en los niños. En la niña de mi interior y en los niños que criaré algún día.

Voy a confiar en su resiliencia, en su sabiduría, en su imaginación ilimitada y en su capacidad innata para amar.

Los voy a guiar, pero también aprenderé de ellos y permitiré que su inocencia y su capacidad de asombro sanen las partes heridas de mi alma. Juntos crearemos una nueva historia.

Ahora que tengo paz, esta es mi promesa. Ahora que tengo felicidad, este es mi propósito.

Por fin.

AGRADECIMIENTOS

Estoy muy agradecida a todas las personas que me han ayudado a sacar esta historia a la luz. Primero, y ante todo, me gustaría dar las gracias a la editorial Simon & Schuster por proporcionarme la plataforma para compartir mi verdad, y a mi editora Natasha Simons, cuya atención y comprensión me han ayudado a abrirme camino entre mis miedos y mis dudas a lo largo de este difícil proceso.

Estaré eternamente agradecida a Caroline Ryder, mi compañera de escritura, por expresar con palabras las emociones en carne viva y los diálogos que he guardado cerca de mi corazón durante años.

Además, este libro no habría sido posible sin Larry Shapiro, mi representante y amigo. Tu apoyo inquebrantable ha sido mi ancla en tiempos turbulentos.

Estoy profundamente agradecida por el amor y el apoyo que me han dado mamá y papá, y el resto de mi familia escogida. Vuestro apoyo ha sido un faro de esperanza que me ha recordado que la familia va más allá de la sangre.

Y, en último lugar, no podría haber escrito este libro sin el valor de mis hermanos y de mi padre, Kevin; gracias por vuestros corazones puros y vuestro amor. Este libro es un testamento de nuestra resiliencia compartida y de los lazos inquebrantables que hay entre nosotros, ahora y para toda la eternidad.